BULLETINS

DES

CONTRIBUTIONS INDIRECTES,

Faisant suite au TRAITÉ DU CONTENTIEUX,

Par Mr. D'AGAR, Chef de la Division du Contentieux de la Régie, Auteur du *Nouveau Ferrière*, de la *Traduction du Legum delectus* de *Domat*, et d'autres Ouvrages de Jurisprudence.

TOME II.

PREMIÈRE et SECONDE LIVRAISONS.

Six Livraisons, dont la dernière comprend une Table Alphabétique des Matières, forment un volume, dont le prix, *franc de port*, par la poste, est de *sept* francs.
Le prix du premier volume déjà publié, est de six francs, pris à Paris, et de sept francs par la poste.
Les demandes doivent être adressées, à M. RENARD, Libraire, *rue Sainte-Anne*, Nº. 71.

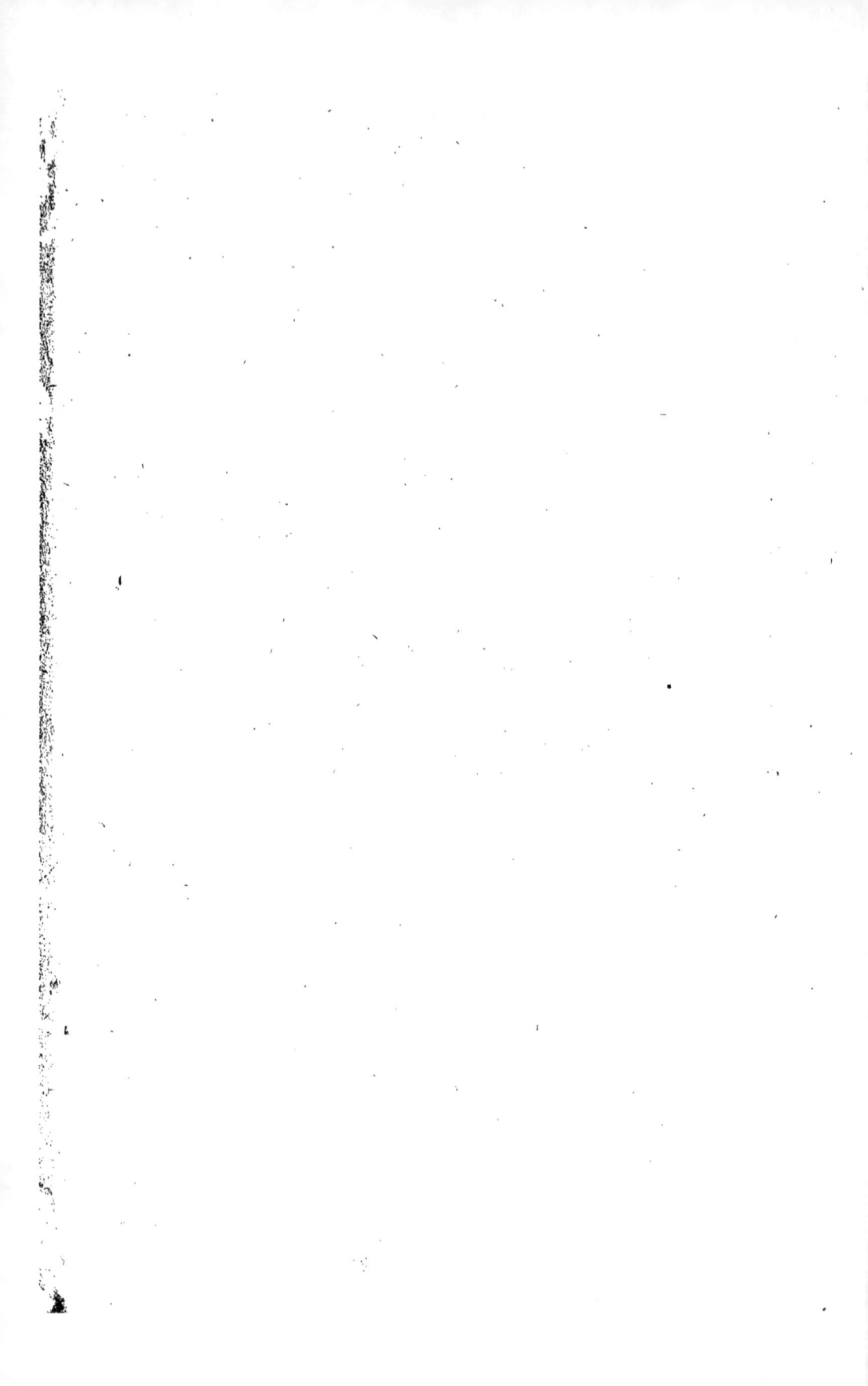

TABLE SOMMAIRE DES BULLETINS

Contenus dans les première et deuxième Livraisons du second Volume.

Fin des Bulletins des 1re. et 2me. Livraisons.

DELAGUETTE, Imprimeur, rue Saint-Merry, N°. 22, à Paris.

BULLETINS

DES

CONTRIBUTIONS INDIRECTES.

BULLETINS.	OBJETS des Bulletins et renvois aux Ouvrages dont ils sont le supplément.

BULLETIN N°. 141. Ordonnance du Roi, portant organisation et réglement d'attributions de l'administration centrale des Contributions indirectes. (3 *janvier* 1821.)

Louis, etc. Avons ordonné et ordonnons ce qui suit :

ART. 1er. Il y aura un directeur général de la régie des Contributions indirectes, et cinq administrateurs.

ART. 2. Le directeur général dirigera et surveillera, sous les ordres de notre ministre des finances, toutes les opérations relatives à cette perception.

Il travaillera seul avec le ministre des finances.

Il correspondra seul avec les autorités militaires, administratives et judiciaires.

Il aura seul le droit de recevoir et d'ouvrir la correspondance.

Il signera seul les ordres généraux de service.

ART. 3. Le ministre des finances fera la division du travail entre les administrateurs.

Chacun d'eux sera tenu de suivre les parties de service qui lui seront attribuées spécialement.

Il correspondra avec les directeurs sur les objets qui seront placés sous sa surveillance; il travaillera particulièrement avec le directeur général, et prendra ses décisions sur tous les points qui sont dans ses attributions directes, lorsqu'il y aura lieu à discussion ou à décision nouvelle.

ART. 4. Le directeur général et les administrateurs se formeront en conseil d'administration.

Le directeur général en aura la présidence.

OBJETS
des Bulletins et renvoïs
aux Ouvrages dont ils
sont le supplément.

BULLETINS.

En cas d'empêchement, il la déléguera à l'un des administrateurs.

Le ministre des finances appellera près de lui, dans les occasions où il le jugera convenable, le conseil d'administration.

En cas d'absence du directeur général, le ministre des finances désignera celui des administrateurs qui en remplira les fonctions.

Art. 5. Le conseil d'administration délibérera, sur le rapport qui lui sera fait par l'un des administrateurs,

1°. Sur le budget général des dépenses de l'administration, sur lequel il donne son avis motivé;

2°. Sur toutes les affaires résultant de procès-verbaux, saisies et contraventions;

3°. Sur le contentieux de la comptabilité, débets des receveurs, contraintes à exercer contre les redevables;

4°. Sur les demandes en décharge ou remboursemens de droits;

5°. Sur la liquidation des pensions de retraite de tous grades;

6°. Sur les suppressions, divisions et créations d'emplois;

7°. Sur les projets, devis, marchés et adjudications à passer pour le service de la régie;

8°. Sur les révocations, destitutions et mises à la retraite des employés;

9°. Sur les questions douteuses, dans tous les cas d'application des lois, ordonnances et règlemens, dans tous ceux qui ne sont pas prévus ou qui ne sont pas suffisamment définis par lesdites lois, ordonnances et réglemens, et sur les instructions générales relatives à leur exécution;

10°. Sur les autres affaires sur lesquelles notre ministre des finances jugera convenable d'avoir son avis, et sur celles qui lui seront aussi, à cet effet, renvoyées par le directeur général.

Art. 6. Les délibérations du conseil d'administration seront prises à la majorité des voix: en cas de partage d'opinion, la voix du directeur général sera prépondérante.

BULLETINS.

OBJETS
des Bulletins et renvois
aux Ouvrages dont ils
sont le supplément.

Il pourra, lorsqu'il le jugera nécessaire, suspendre l'effet d'une délibération pour en référer au ministre des finances, qui statuera ; mais, dans ce cas, il fera préalablement part de ses motifs au conseil, pour le mettre à même de modifier sa délibération, s'il y a lieu, ou de l'appuyer de nouvelles observations, qui seront jointes par le directeur général à son rapport au ministre.

ART. 7. Le directeur général présentera à l'approbation du ministre des finances l'état de composition des bureaux de l'administration centrale à Paris, avec l'indication des traitemens attribués à chaque grade.

Il lui soumettra, chaque année, le budget général des dépenses de l'administration, tel qu'il aura été délibéré par le conseil.

Il lui remettra, chaque mois, les bordereau et états de situation de toutes les recettes et dépenses.

Il soumettra à son approbation les délibérations du conseil d'administration sur les dispositions de service qui donneraient lieu à une dépense nouvelle, sur les objets dont la décision ne lui est pas attribuée, et sur les questions douteuses dans tous les cas d'application des lois, ordonnances et réglemens, dans tous ceux qui ne seraient pas prévus ou qui ne seraient pas suffisamment définis par lesdites lois, ordonnances et réglemens, ainsi que sur les instructions générales relatives à leur exécution.

Il lui rendra compte périodiquement de tous les résultats de son administration.

ART. 8. Les administrateurs et les inspecteurs généraux seront nommés par nous, sur le rapport de notre ministre des finances.

Notre ministre des finances proposera à notre approbation la nomination aux places de directeurs.

Il nommera aux places d'entreposeurs et d'entreposeurs-receveurs centraux.

Le directeur général nommera à tous les autres emplois, après avoir pris l'avis de celui des administrateurs dans les attributions duquel se trouvera la suite principale de la partie de service pour laquelle la nomination aura lieu.

OBJETS
des Bulletins et renvois
aux Ouvrages dont ils
sont le supplément.

BULLETINS.

Il se conformera à l'ordre hiérarchique des grades, et aux règles pour l'avancement et les nominations.

Art. 9. Le directeur général révoque, destitue et met à la retraite les employés dont la nomination lui est attribuée, après avoir pris l'avis du conseil d'administration, conformément aux art. 5 et 6 ci-dessus.

Il peut aussi suspendre les autres employés, sauf à rendre compte immédiatement au ministre, qui statue.

Art. 10. Dans les affaires résultant de procès-verbaux de saisie et de contravention, les transactions seront définitives,

1°. Par le consentement du directeur d'arrondissement, lorsque les condamnations, confiscations ou amendes ne pourront s'élever à une valeur de plus de 500 francs;

2° Avec l'approbation du directeur général, lorsque lesdites condamnations pourront s'élever de 500 à 3,000 francs;

3°. Par l'approbation du ministre des finances, lorsqu'il y aura eu dissentiment entre le directeur général et le conseil d'administration ; et, dans tous les cas, lorsque le montant des condamnations excédera 3,000 fr.

Art. 11. Le conseil d'administration arrête, sur le rapport de l'administrateur chargé de la comptabilité, les comptes annuels de l'administration ; le directeur général les vise et les transmet au ministre des finances, avec les pièces à l'appui.

Art. 12. Notre ministre secrétaire d'état des finances est chargé de l'exécution de la présente ordonnance.

Donné au château des Tuileries, le 3 janvier de l'an de grâce 1821, et notre règne le vingt-sixième.

Signé LOUIS.

BULLETIN N°. 142. M. BENOIST, conseiller d'état, est nommé directeur général de l'administration des Contributions indirectes. (*Ordonnance du Roi, du 23 janvier 1821.*)

BULLETINS.

OBJETS
des Bulletins et renvois
aux Ouvrages dont ils
sont le supplément.

BULLETIN N°. 143. Sont nommés administrateurs des Contributions indirectes, les cinq
membres actuels du conseil d'administration :
savoir : le vicomte Colin de Sussy , maître des
requêtes; le sieur Calet; le sieur Pasquier ;
le baron Dutramblay, maître des requêtes ; et
le sieur Guéau de Reverseau. (*Ordonnance
du Roi, du 23 janvier 1821.*)

NOMINATION DES
ADMINISTRAT.^{rs}.

BULLETIN N°. 144. Arrêté du ministre des
finances, qui répartit le travail entre les cinq
administrateurs de la régie. (*2 février 1821.*)

RÉPARTITION
DU TRAVAIL
ENTRE LES
ADMINISTRAT^{rs}.

Le ministre secrétaire d'état des finances , en exécution de l'article 3 de l'ordonnance royale du 3 janvier
1821 , et sur la proposition de M. le directeur général
des Contributions indirectes ,

Arrête , ainsi qu'il suit, la division du travail entre
les cinq administrateurs attachés à la régie des Contributions indirectes.

Art. 1er. Monsieur le vicomte *de Sussy* , maître des
requêtes, reste chargé de la comptabilité générale , de
la suite des caisses, des cautionnemens et des retraites.

Art. 2. Monsieur *Calet* reste également chargé de
l'achat, de la fabrication et de la vente des tabacs ,
de la vente des poudres , du personnel des manufactures et des magasins , et de la comptabilité - matière
relative à ces services.

Art. 3. Monsieur *Pasquier* est chargé de la 2e. division territoriale et du bureau central des acquits-à-caution.

Monsieur le baron *Dutramblay* , maître des requêtes,
sera chargé de la 1re. division et du matériel de l'administration générale.

Monsieur *Guéau de Reverseaux* est chargé de la 3e.
division.

OBJETS
d Bulletins et renvois
a x Ouvrages dont ils
ont le supplement.

BULLETINS.

Art. 4. Monsieur le directeur général des Contributions indirectes est chargé de l'exécution du présent arrêté.

Fait à Paris, le 2 février 1821. Le ministre secrétaire d'état des finances, *signé* Roy.

ORGANISATION DU CABINET DU DIRECTEUR GÉNÉRAL.

Bulletin N°. 145. Arrêté de M. le conseiller d'état, directeur général des Contributions indirectes, portant organisation de son cabinet. (7 *février* 1821.)

Le conseiller d'état, etc. Vu l'arrêté de son excellence le ministre des finances en date du 2 février, qui répartit le travail entre messieurs les administrateurs, arrête ce qui suit :

Art. 1er. Le cabinet particulier du directeur général comprendra les divisions centrales du personnel, du contentieux et du secrétariat.

Les attributions de chacune de ces divisions demeurent fixées ainsi qu'il suit :

DIVISION DU PERSONNEL.

Art. 2. La division du personnel conserve ses attributions actuelles ; elle est chargée en outre de tout le travail relatif au personnel de l'administration centrale.

DIVISION DU CONTENTIEUX.

Art. 3. La division du contentieux est chargée de l'examen des procès-verbaux de contravention, et de tout le travail auquel ces actes peuvent donner lieu, depuis leur rédaction jusqu'à la répartition du produit des amendes et confiscations inclusivement.

Les divisions territoriales donneront leur avis sur ces procès-verbaux et sur les transactions qui les auront terminés, par des annotations sur les états mensuels du modèle N°. 125 nouveau, dont une expédition leur sera transmise par les directeurs.

BULLETINS.

OBJETS
des Bulletins et renvois
aux Ouvrages dont ils
sont le supplément.

Il n'est apporté aucune autre modification aux attributions actuelles de cette division.

DIVISION DU SECRÉTARIAT.

ART. 4. Cette division sera spécialement chargée :

1°. De l'ouverture, de l'enregistrement, de la distribution et du départ des dépêches ;

2°. De la correspondance particulière du directeur général ;

3°. De la correspondance et du travail relatifs aux objets généraux ;

4°. De la réunion des rapports et questions sur lesquels le conseil d'administration doit statuer, et de la convocation de ce conseil ;

5°. Du dépôt et de l'enregistrement des décisions prises en conseil d'administration, et des ordonnances, réglemens et arrêtés ministériels;

6°. Du dépôt des cahiers des charges, soumissions, traités et autres actes relatifs aux adjudications ;

7°. De la délivrance des ampliations de tous les actes déposés aux archives de la régie.

Fait à Paris, le 7 février 1821, *signé* BENOIST.

BULLETIN N°. 146. Organisation de l'administration des Contributions indirectes, au 1er. avril 1821.

ADMINISTRATION CENTRALE.

M. BENOIST, conseiller d'état, directeur général.

CABINET DU DIRECTEUR GÉNÉRAL.

M. *Jarry*, chef de la division du personnel.

M. *D'Agar*, chef de la division du contentieux.

M. *Benoist fils*, chef de la division du secrétariat.

OBJETS
des Bulletins et renvois
aux Ouvrages dont ils
sont le supplément.

BULLETINS.

Iʳᵉ. DIVISION TERRITORIALE et MATÉRIEL.

M. le baron *Dutramblay*, maître des requêtes, administrateur.

M. *Béné*, chef de division.
M. *Bouthilier*, chef de la section du matériel.

La suite du service général dans les départemens formant la consistance des inspections générales de *Paris*, *Lille*, *Strasbourg*, *Troyes* et *Moulins*; le matériel de la régie pour Paris et les départemens.

2ᵉ. DIVISION TERRITORIALE et ACQUITS-A-CAUTION.

M. *Pasquier*, administrateur.

M. *Boursy*, chef de division.

La suite du service général dans les départemens dépendans des inspections générales de *Rouen*, *Rennes*, *Tours* et *Limoges*; le travail relatif aux acquits-à-caution pour tout le royaume.

3ᵉ. DIVISION TERRITORIALE.

M. *Guéau de Reverseau*, administrateur.

M. *Vaugien*, chef de division.

La suite du service général dans les départemens formant la consistance des inspections générales de *Lyon*, *Marseille*, *Bordeaux* et *Cahors*.

DIVISION DES TABACS ET POUDRES.

M. *Calet*, administrateur.

M. *Dareste*, chef de division.
M. *Lebeschu de Labastay*, chef de division adjoint.

L'achat, la fabrication et la vente des tabacs, la vente des poudres.

DIVISION DE LA COMPTABILITÉ GÉNÉRALE.

M. le vicomte *de Sussy*, maître des requêtes, administrateur.

M. *Massé*, chef de division.

BULLETINS.

OBJETS

des Bulletins et renvois aux Ouvrages dont ils sont le supplément.

M. *Lœillet*, chef de division adjoint.

M. *Desouches*, caissier payeur.

La comptabilité générale, la suite des caisses, les cautionne-mens et la liquidation des pensions de retraite.

CONSEIL JUDICIAIRE DE LA RÉGIE.

M. *Bourguignon*, conseiller honoraire à la cour royale.

M. *Gairal*, avocat à la cour royale.

M. *Panier*, avocat.

M. *Cochin*, avocat aux conseils du Roi et à la cour de cassation.

SERVICE DE LA RÉGIE DANS LES DEPARTEMENS.

INSPECTIONS GÉNÉRALES.

Paris. M. LANGLUMÉ DESANGLES, *inspecteur général*, dirige le service des Contributions indirectes dans Paris et sa banlieue ; exerce la surveillance attri-buée aux inspecteurs généraux sur la direction des droits d'entrée et d'octroi, et sur les directions d'arrondissement du département de Seine et Oise.

Lille. M. LE MARQUIS D'AMBLY , *inspecteur général*, pour les départemens des Ardennes , de la Meuse , de la Moselle, du Nord, de l'Oise, du Pas de Calais et de la Somme.

Strasbourg. M. AUDÉOUD, *inspecteur général*, pour les départemens du Doubs, du Jura, de la Meurthe, du Rhin (Bas), du Rhin (Haut), de la Haute-Saône et des Vosges.

Troyes. M. LAVIGNE , *inspecteur général*, pour les départemens de l'Aisne , de l'Aube , de la Côte-d'Or, de la Marne , de la Haute-Marne , de Seine et Marne et de l'Yonne.

OBJETS des Bulletins et renvois aux Ouvrages dont ils sont le supplément.	BULLETINS.

Moulins. M. NAU, *inspecteur général*, pour les départemens de l'Allier, du Cher, de la Loire, de la Haute-Loire, de la Nièvre, du Puy de Dôme, et de Saône et Loire.

Rouen. M. PRAT, *inspecteur général*, pour les départemens du Calvados, de l'Eure, d'Eure et Loir, de l'Orne, de la Sarthe et de la Seine-Inférieure.

Rennes. M. LELEVREUR, *inspecteur général*, pour les départemens des Côtes du Nord, du Finistère, d'Ille et Vilaine, de la Loire-Inférieure, de la Manche, de la Mayenne et du Morbihan.

Tours. M. DUFOUGERAIS, *inspecteur général*, pour les départemens d'Indre et Loire, Loir et Cher, Loiret, Maine et Loire, Deux-Sèvres, Vendée et Vienne.

Limoges. M. PLOUVIÉ, *inspecteur général*, pour les départemens de la Charente, de la Charente-Inférieure, de la Corrèze, de la Creuse, de la Dordogne, de l'Indre et de la Haute-Vienne.

Lyon. M. PITOU, *inspecteur général*, pour les départemens de l'Ain, des Hautes et Basses-Alpes, de l'Ardèche, de la Drôme, de l'Isère et du Rhône.

Marseille. M. MÉGALLAND, *inspecteur général*, pour les départemens de l'Aude, des Bouches du Rhône, du Gard, de l'Hérault, des Pyrennées Orientales, du Var et de Vaucluse.

Bordeaux. M. DE LA CORBIERE, *inspecteur général*, pour les départemens de l'Arriége, de la Haute-Garonne, du Gers, de la Gironde, des Landes, des Hautes et des Basses-Pyrennées.

Cahors. M. PRINCETEAU, *inspecteur général*, pour les départemens de l'Aveyron, du Cantal, du Lot, de Lot et Garonne, de la Lozère, du Tarn et de Tarn et Garonne.

BULLETINS.	OBJETS des Bulletins et renvois aux Ouvrages dont ils sont le supplément.

DIRECTIONS,

ENTREPÔTS, CONTRÔLES AMBULANS ET DE VILLE,
et RECETTES PARTICULIÈRES SÉDENTAIRES,

au 1er. Avril 1821.

Avec l'indication de la classe à laquelle ces divers emplois appartiennent.

NOTA. Les entrepôts sont de même classe que les directions.

AIN. (*Inspection générale de Lyon.*)

BOURG, direction de 7e. classe, recette particulière de 5e. classe ; MM. Diday, *directeur*, Delatour, *entreposeur*, Delaye, *contrôleur ambulant* de 3e. classe, Daudiffret, *contrôleur de ville* de 3e. classe.

BELLEY, direction de 8e. classe, recette particulière de 7e. classe ; MM. Hérissé, *directeur*, Clerc, *entreposeur*.

NANTUA, direction de 8e. classe qui comprend les arrondissemens de Nantua et de Gex, recette particulière de 7e. classe ; MM. Routhier, *directeur*, Le Brument, *entreposeur*, Meynier, *contrôleur ambulant* de 3e. classe.

TREVOUX, direction de 7e. classe ; M. Constant, *directeur*, Monier Destaillades (Mme.), *entreposeur*.

AISNE. (*Inspection générale de Troyes.*)

LAON, direction de 4e. classe, recette particulière de 5e. classe ; MM. Virgile, *direct.*, Barrin de Champrond, *entrep.*, Devassé, *contr. amb.* de 2e. classe, Gosselin-Bénicourt, *contr. de ville* de 3e. classe.

La Fère, recette particulière de 6e. classe.

CHATEAU-THIERRY, direction de 7e. classe, recette particulière de 6e. classe ; MM. Roger, *direct.*, Vatard de Saubier, *entreposeur*.

OBJETS des Bulletins et renvois aux Ouvrages dont ils sont le supplément.	BULLETINS.

SAINT-QUENTIN, direction de 4e. classe, recette parti-culière de 4e. classe; MM. De Croismare, *direct.*, Bidaux (Mme.), *entrep.*, Maire, *contr. amb.* de 2e. classe, Lecureux, *contr. de ville* de 2e. classe.

SOISSONS, direction de 6e. classe, recette particulière de 4e. classe; MM. Sablières, *direct.*, Pille, *entrep.*, Mayou, *contr. amb.* de 2e. classe, Saint-Lary, *contr. de ville* de 2e. classe.

VERVINS, direction de 6e. classe, recette particulière dé 6e. classe; MM. Beuve, *direct.*, Deroquefeuil, *entreposeur.*

———

ALLIER. (*Inspect. gén. de Moulins.*)

MOULINS, direction de 5e. classe, recette particulière de 4e. classe; MM. Faudoas, *direct.*, Bonarme, *entr.*, Besombes, *contr. amb.* de 3e. classe, Deschamps, *contr. de ville* de 2e. classe.

GANNAT, direction de 8e. classe; MM. Vernet, *direct.*, Bost, *entrep.*, Sainneville, *contr. amb.* de 3e. cl.

LA PALISSE, direction de 8e. classe; MM. Lecluse-Delachaussée, *direct.*, Gravier, *entreposeur.*

MONTLUÇON, direction de 8e. classe, recette particulière de 7e. classe; MM. Besse-Dumas, *direct.*, De Bou-singen, *entreposeur.*

———

ALPES (BASSES). (*Insp. gén. de Lyon.*)

DIGNE, direction de 7e. classe comprenant les arrondis-semens de Digne, de Castellanne et de Barcelonnette, recette particulière de 7e. classe; MM. Pialla-Cham-pier, *direct.*, Builly, *entrep.*, Plonquet, *contr. amb.* de 2e. classe.

SISTERON, direction de 8e. classe comprenant les arrondissement de Sisteron et de Forcalquier; MM. Mereuil, *direct.*, Laugier, *entreposeur.*

———

BULLETINS.

OBJETS
des Bulletins et renvois
aux Ouvrages dont ils
sont le supplément.

ALPES (HAUTES). (*Insp. gén. de Lyon.*)

GAP, direction de 7e. classe, recette particulière de 6e. classe; MM. Allizon, *direct.*, Blanc (Mme.), *entrep.*, Guérin, *contr. amb.* de 2e. classe.

EMBRUN, direction de 8e. classe comprenant les arrondissemens d'Embrun et de Briançon; M. Cretin, *direct.*, De Marillac (Mlle.), *entrep.*

ARDÈCHE. (*Inspect. gén. de Lyon.*)

PRIVAS, direction de 6e. classe; MM. Marmilor, *direct.*, Ladroit de la Charrière, *entrep.*, Lepage, *contr. amb.* de 3e. classe.

L'ARGENTIÈRE, direction de 8e. classe; MM. Ferrand, *direct.*, Du Theil, *entreposeur.*

TOURNON, direction de 6e. classe, recette particulière de 6e. classe; MM. Cotton, *direct.*, Neuville, *entrep.*, Montanier, *contr. amb.* de 3e. classe.

Annonay, recette particulière de 6e. classe; M. Parades, *contr. de ville* de 3e. classe.

ARDENNES. (*Inspect. gén. de Lille.*)

CHARLEVILLE, direction de 4e. classe, recette particulière de 3e. classe; MM. Scheppers-Crepy, *dir.*, Duhan de Crevecœur, *entrep.*, Lafontaine, *contr. amb.* de 2e. classe, Quignon et Gilles, *contr. de ville* de 2e. classe.

RHETEL, direction de 6e. classe, recette particulière de 4e. classe; MM. Dufay, *direct.*, Glad, *entr.*, Ventrappen, *contr. amb.* de 2e. classe, Raison, *contr. de ville* de 3e. classe.

ROCROY, direction de 7e. classe, M. Dauvergne, *dir.* Lachevardière de la Granville (Mme.), *entrep.*

Givet, recette particulière de 3e. classe; M. Huet Durotois, *contr. de ville.*

| OBJETS
des Bulletins et renvois
aux Ouvrages dont ils
sont le supplément. | BULLETINS. |

Sedan, direction de 4e. classe, recette particulière de 3e. classe; MM. Nyel, *direct.*, Morin, *entrep.*; Haton de la Goupillière, *contr. de ville* de 2e. cl.

Vouziers, direction de 7e. classe, recette particulière de 6e. classe; MM. L'Huillier de Senneval, *dir.*, Boblique, *entreposeur.*

ARIÉGE. (*Inspect. gén. de Bordeaux.*)

Foix, direction de 6e. classe comprenant les arrondissemens de Foix et de Pamiers; MM. De Calvet, *direct.*, Delestang, *entrep.*, Bonvallet, *contr. amb.* de 2e. classe.

Saint-Girons, direction de 8e. classe; M. Arnaud, *direct.*, Raboteau (Mlle.), *entrep.*

AUBE. (*Inspect. gén. de Troyes.*)

Troyes, direction de 4e. classe, recette particulière de 3e. classe; MM. Lherbette, *direct.*, Thierry (Mme.Ve.), *entrep.*, Neuve-Eglise, *contr. amb.* de 2e. classe, Gachet et Colcomb, *contr. de ville* de 2e. classe.

Arcis-sur-Aube, direction de 8e. classe, recette particulière de 6e. classe; MM. Corbigny, *direct.*, De Mauroy, *entrep.*

Bar-sur-Aube, direction de 8e. classe, recette particulière de 7e. classe; MM. Dehoex, *direct.*, Alain Dutaillis, *entr.*, Ménelon, *contr. amb.* de 2e. cl.

Bar-sur-Seine, direction de 8e. classe, recette particulière de 7e. classe; MM. Recoing, *directeur*, Camusat du Saussay, *entrep.*

Les Ryceis, recette particulière de 7e. classe.

Nogent-sur-Seine, direction de 8e. classe, recette particulière de 7e. classe; MM. Mermet, *direct.* Noël, *entrep.*

BULLETINS.

OBJETS
des Bulletins et renvois
aux Ouvrages dont ils
sont le supplément.

AUDE. (*Inspect. gén. de Marseille.*)

CARCASSONNE , direction de 7ᵉ. classe , recette particulière de 4ᵉ. classe ; MM. Grand , *direct.*, Thoron
de Montirat , *entrep.* , Chomel , *contr. amb.* de
3ᵉ. classe , Goy , *contr. de ville* de 3ᵉ. classe.

CASTELNAUDARY , direction de 8ᵉ. classe , recette particulière de 5ᵉ. classe , MM. Parisot , *direct.*, De-
labouisse , *entrep.* , Monbolo , *contr. amb.* de 3ᵉ.
classe , Benoît , *contr. de ville* de 3ᵉ. classe.

LIMOUX , direction de 8ᵉ. classe , recette particulière
de 6ᵉ. classe ; Sicaud , *direct.*, Dupré , *entrep.*

NARBONNE, direction de 8ᵉ. classe , recette particulière de 6ᵉ classe ; MM. Parron , *direct.* , Thoron
d'Honfroy (Mᵐᵉ. Vᵉ.) , *entrep.*, Bonnemant,
contr. de ville de 3ᵉ. classe.

AVEYRON. (*Inspect. gén. de Cahors.*)

RODÈS , direction de 8ᵉ. classe , recette particulière de
6ᵉ. classe ; MM. Berne de Levaux , *direct.*, Manzon,
entrep., Lavalette , *contr. amb.* de 2ᵉ. classe ,
Sabater , *contr. de ville* de 3ᵉ. classe.

ESPALION , direction de 8ᵉ. classe ; MM. Perrard , *dir.* ,
De Castelnau , *entrep.*

MILHAU , direction de 7ᵉ. classe comprenant les arrondissemens de Milhau et de St.-Affrique , recette
particulière de 6ᵉ. classe ; MM. Bertrand , *direct.*,
Armand , *entrep.*, Jacquier , *contr. amb.* de 3ᵉ.
classe.

VILLEFRANCHE , direction de 8ᵉ. classe , recette particulière de 6ᵉ. classe ; MM. Romeuf , *direct.* , Du-
bruel , *entrep.* , Dumont, *contr. de ville* de 3ᵉ. cl.

BOUCHES-DU-RHONE. (*Inspection géné-
rale de Marseille.*)

MARSEILLE , direction de 1ʳᵉ. classe , deux recettes parti-

OBJETS
des Bulletins et renvois
a x Ouvrages dont ils
sont le supplement.

BULLETINS.

culières de 2ᵉ. classe; MM. D'Urbain Gautier, *direct.*, Ducremat, *entrep.*, Hubert, *contr. amb.* de 1ʳᵉ. classe, Cadel, Rossy et Baudeu, *contr. de ville* de 1ʳᵉ. classe.

Aix, direction de 4ᵉ. classe, recette particulière de 4ᵉ. classe; MM. Sauveur, *direct.*, Turcas, *entrep.*, Dantan, *contr. de ville* de 2ᵉ. classe.

Martigues, recette particulière de 7ᵉ. classe.

Arles, direction de 5ᵉ. classe, recette particulière de 5ᵉ. classe; MM. Randon, *direct.*, Durivoire (Mᵐᵉ. Vᵉ.), *entrep.*, Biar, *contr. de ville* de 3ᵉ. classe.

Tarascon, recette particulière de 6ᵉ. classe; M. Julien, *contr. de ville* de 3ᵉ. classe.

CALVADOS. (*Inspect. gén. de Rouen.*)

Caen, direction de 3ᵉ. classe, recette particulière de 2ᵉ. classe; MM. Rageot-Laroche, *direct.*, Limare (Mᵐᵉ.Vᵉ.), *entrep.*, Andreau, *contr. amb.* de 1ʳᵉ. classe, Coustard et Mahieu, *contr. de ville* de 2ᵉ. classe, Willemin, *contr. de la garantie.*

Bayeux, direction de 6ᵉ. classe, recette particulière de 5ᵉ. classe; MM. Desprez, *direct.*, Doisnel, *entrep.*, Bénard, *contr. de ville* de 3ᵉ. classe.

Falaise, direction de 7ᵉ. classe, recette particulière de 5ᵉ. classe; MM. Belly, *direct.*, Auber, *entrep.*, Guiod, *contr. amb.* de 2ᵉ. classe, Pioche, *contr. de ville* de 3ᵉ. classe.

Lisieux, direction de 7ᵉ. classe, recette particulière de 5ᵉ. classe; MM. Pillaut, *direct.*, Tabarié, *entrep.*, Mauger, *contr. amb.* de 2ᵉ. classe, Garnier Kigaut, *contr. de ville* de 3ᵉ. classe.

Honfleur, direction de 7ᵉ. classe, recette particulière de 5ᵉ. classe; MM. Bouffey, *direct.*, Ménibus (Mᵐᵉ. de), *entrep.*, Baudrouet, *contr. de v.* de 3ᵉ. cl.

Vire, direction de 6ᵉ. classe, recette particulière de

BULLETINS.	OBJETS des Bulletins et renvois aux Ouvrages dont ils sont le supplément.

5ᵉ. classe; MM. Despréaux, *direct.*, Rouyer, *entr.*, Lemoine, *contr. de ville* de 3ᵉ. classe.

CANTAL. (*Inspect. gén. de Cahors.*)

Aurillac , direction de 5ᵉ. classe , comprenant les arrondissemens d'Aurillac et de Mauriac , recette particulière de 5ᵉ. classe ; MM. Tharin , *direct.*, Miquel, *entrep.* , Bosonnier , *contr. amb.* de 2ᵉ. classe, Willmann, *contr. de ville* de 3ᵉ. classe.

Mauriac, recette particulière de 7ᵉ. classe.

Saint-Flour , direction de 8ᵉ. classe, comprenant les arrondissemens de Saint-Flour et de Murat, recette particulière de 6ᵉ. classe ; MM. Simonard , *direct.*, Borel de Monchauvel , *entrep.*, Tarry, *contr. amb.* de 3ᵉ. classe.

CHARENTE. (*Inspect. gén. de Limoges.*)

Angoulême , direction de 5ᵉ. classe, recette particulière de 4ᵉ. classe ; MM. Gennet , *direct.*, Siredey de Préfort, *entrep.* , Favre, *contr. amb.* de 3ᵉ. classe, Marquet et Prieur, *contr. de ville* de 2ᵉ. classe.

Barbezieux , direction de 8ᵉ. classe, recette particulière de 7ᵉ. classe ; MM. Savignhac, *direct.* , Pailhoud (Mᵐᵉ. Vᵉ.) , *entrep.*

Cognac , direction de 8ᵉ. classe , recette particulière de 6ᵉ. classe; MM. Rousseau, *direct.*, Bernard, *entrep.*, Magnier , *contr. de ville* de 3ᵉ. classe.

Confolens , direction de 8ᵉ. classe ; MM. Doudet, *direct.* , Barbier Landrevie , *entrep.*

Ruffec , direction de 8ᵉ. classe ; MM. Boitelle , *dir.*, Beaucorps, *entrep.*, Ruyssen , *contr. amb.* de 2ᵉ. classe.

OBJETS
des Bulletins et renvois
aux Ouvrages dont ils
sont le supplément.

BULLETINS.

CHARENTE (Inférieure). (*Inspection générale de Limoges.*)

Saintes, direction de 6e. classe, recette particulière de 5e. classe; MM. Augier-la-Saussaye, *direct.*, Patoureaux, *entrep.*, Guillon et Ranjard, *contr. amb.* de 3e. classe, Trébuchet-d'Aumont, *contr. de ville* de 3e. classe.

Jonzac, direction de 8e. classe; MM. Hérissé, *dir.*, Bourin, *entrep.*

La Rochelle, direction de 5e. classe, recette particulière de 4e. classe; MM. Belzevrie, *direct.*, Chasseloup, *entrep.*, Groumeau, *contr. amb.* de 2e. classe, Prebois, *contr. de ville* de 2e. classe.

Marennes, direction de 8e. classe, recette particulière de 7e. classe; MM. Delaage, *direct.*, Sieyes, *entrep.*

Rochefort, direction de 6e. classe, recette particulière de 4e. classe; MM. Lanet, *direct.*, Jouneau, *entrep.*, Bernard et Migeon, *contr. de ville* de 2e. classe.

Saint-Jean-d'Angely, direction de 8e. classe, recette particulière de 6e. classe; MM. Jaquemet, *dir.*, Mallard, *entrep.*

CHER. (*Inspect. gén. de Moulins.*)

Bourges, direction de 4e. classe, comprenant les arrondissemens de Bourges et de Sancerre, recette particulière de 4e. classe; MM. Cheminade, *direct.*, Dubois, *entrep.*, Saint-Chéron, *contr. amb.* de 3e. classe, Leroux, *contr. de ville* de 2e. classe.

Saint-Amand, direction de 7e. classe; MM. Duchet, *direct.*, Maguard-Duvernay, *entrep.*

BULLETINS.

OBJETS
des Bulletins et renvois
aux Ouvrages dont ils
sont le supplément.

CORRÈZE. (*Inspect gén. de Limoges.*)

TULLE, direction de 6e. classe, recette particulière de 6e. classe ; MM. Devienne, *direct.*, Tortel, *entr.*, Vauvilliers, *contr. amb.* de 3e. classe, Doncieux, *contr. de ville* de 3e. classe.

BRIVES, direction de 7e. classe, recette particulière de 6e. classe ; MM. Benezet, *direct.*, De Villeneuve, *entrep.*, Novion, *contr. amb.* de 3e. classe.

USSEL, direction de 8e. classe ; MM. Morin, *dir.*, Fairmaire, *entrep.*

COTE-D'OR. (*Inspect. gén. de Troyes.*)

DIJON, direction de 3e. classe, recette particulière de 3e. classe ; MM. Regnier, *direct.*, Denuits, *entr.*, Gauthier, *contr. amb.* de 3e. classe, Desaunets et Baumeyer, *contr. de ville* de 2e. classe.

Auxonne, recette particulière de 6e. classe ; M. Gapani, *contr. de ville* de 3e. classe.

BEAUNE, direction de 4e. classe, recette particulière de 5e. classe ; MM. Teynard, *direct.*, Sassenaye, *entrep.*, Toupriant, *contr. amb.* de 3e. classe, Hargenvilliers, *contr. ville* de 3e. classe.

CHATILLON-SUR-SEINE, direction de 8e. classe, recette particulière de 6e. classe ; MM. Heudelet, *direct.*, Chassin, *entrep.*, Benard, *contr. amb.* de 3e. cl.

SEMUR, direction de 8e. classe, recette particulière de 7e. classe ; MM. Tiquet, *direct.*, Baudot, *entrep.*

COTES-DU-NORD. (*Inspection générale de Rennes.*)

SAINT-BRIEUX, direction de 2e. classe, recette particulière de 5e. classe ; MM. Bonamy, *direct.*, Magaud, *entrep.*, Blaise, *contr. amb.* de 3e. classe, Périer, *contr. de ville* de 2e. classe.

OBJETS des Bulletins et renvois aux Ouvrages dont ils sont le supplément.	**BULLETINS.**

Lamballe, recette particulière de 6ᵉ. classe.

Quintin, recette particulière de 7ᵉ. classe.

DINAN, direction de 5ᵉ. classe, recette particulière de 5ᵉ. classe ; MM. Labourot, *direct.*, Vauquelin Delarivière, *entrep.*, Liborel, *contr. amb.* de 3ᵉ. classe, Jamain, *contr. de ville* de 3ᵉ. classe.

GUINGAMP, direction de 4ᵉ. classe, recette particulière de 6ᵉ. classe ; MM. Coatgourden, *direct.*, Delanascel, *entrep.*, Levesque-Durostu, *contr. amb.* de 3ᵉ. classe, Lemoine, *contr. de ville* de 3ᵉ. classe.

LANNION, direction de 4ᵉ. classe, recette particulière de 6ᵉ. classe ; MM. Labuffetière, *direct.*, Loton, *entrep.*, De Saint-Meloir, *contr. de ville* de 3ᵉ. classe.

LOUDÉAC, direction de 5ᵉ. classe ; MM. Gautier, *direct.*, Souris d'Herbeville, *entrep.*

CREUSE. (*Inspect. gén. de Limoges.*)

GUÉRET, direction de 8ᵉ. classe, comprenant les arrondissemens de Guéret et de Boussac, recette particulière de 7ᵉ. classe ; MM. Brunat, *direct.*, Varambon, *entrep.*, Golle-Dupon, *contr. amb.* de 3ᵉ. classe.

AUBUSSON, direction de 7ᵉ. classe, comprenant les arrondissemens d'Aubusson et de Bourganeuf, recette particulière de 7ᵉ. classe ; MM. Lafon, *direct.*, Michellet, *entrep.*, Poisle, *contr. amb.* de 3ᵉ. cl.

Bourganeuf, recette particulière de 7ᵉ. classe.

DORDOGNE. (*Inspect. gén. de Limoges.*)

PÉRIGUEUX, direction de 6ᵉ. classe, recette particulière de 5ᵉ. classe ; MM. Armynot, *direct.*, De la Gibertie Desalles, *entrep.*, Aimé, *contr. amb.* de 3ᵉ. classe, Bonnefous, *contr. de ville* de 3ᵉ. classe.

BERGERAC, direction de 7ᵉ. classe, recette particulière

BULLETINS.

OBJETS
des Bulletins et renvoiés
aux Ouvrages dont ils
sont le supplément.

de 5e. classe ; MM. De Pancey, *direct.*, Ginet,
entrep., Douat, *contr. amb.* de 3e. classe, Longa,
contr. de ville de 3e. classe.

NONTRON, direction de 8e. classe, recette particulière
de 7e. classe ; MM. Milès d'Alton, *direct.*, Des-
vergnes, *entrep.*

RIBERAC, direction de 8e. classe ; MM. Fontbonne,
direct., Dalesme, *entrep.*, Fourchent, *contr.*
amb. de 3e. classe.

SARLAT, direction de 7e. classe, recette particulière
de 7e. classe ; MM. Michal, *direct.*, Lachaud Du-
codère, *entrep.*

DOUBS. (*Inspection gén. de Strasbourg.*)

BESANÇON, direction de 4e. classe, recette particulière de 3e. classe ; MM. Bosc, *direct.*, De Cissey
(Mme.), *entrep.*, Delacroix, *contr. amb.* de 3e.
classe, Bazire et Pothenot, *contr. de ville* de 2e.
classe.

BAUME, direction de 8e. classe ; MM. Jaussaud, *dir.*,
Charlé, *entrep.*, Simond, *contr. amb.* de 3e.
classe.

PONTARLIER, direction de 8e. classe, recette particulière de 6e. classe ; MM. De Linage, *directeur*,
Delélée (Mme.Ve.), *entrep.*, Jacob, *contr. de*
ville de 3e. classe.

MONTBÉLIARD, direction de 8e. classe, recette particulière de 6e. classe ; MM. Gengoult, *directeur*,
Bonichon, *entrep.*

DROME. (*Inspection générale de Lyon.*)

VALENCE, direction de 4e. classe, recette particulière
de 6e. classe ; MM. Français, *direct.*, Dorey,
entrep., Vence, *contr. amb.* de 3e. classe,
Pison, *contr. de ville* de 2e. classe.

OBJETS des Bulletins et renvois aux Ouvrages dont ils sont le supplément.	BULLETINS.

Romans, recette particulière de 6e. classe ; M. Fieron, *contr. de ville* de 3e. classe.

CREST, direction de 8e. classe, comprenant les arron-dissemens de Crest et de Die, recette particulière de 7e. classe ; MM. Teissonnier, *direct.*, Bonnet, *entrep.*

MONTÉLIMART, direction de 7e. classe, comprenant les arrondissemens de Montélimart et Nyons, recette particulière de 6e. classe ; MM. Salamon, *direct.*, Roux, *entrep.*, Dusolon, *contr. amb.* de 3e. classe.

EURE. (*Inspection générale de Rouen.*)

EVREUX, direction de 5e. classe, recette particulière de 5e. classe ; MM. Lhopital, *direct.*, Horeau, *entrep.*, Tricotté, *contr. amb.* de 3e. classe, Lucas, *contr. de ville* de 3e. classe.

Verneuil, recette particulière de 6e. classe.

LES ANDELYS, direction de 6e. classe, recette parti-culière de 6e. classe ; MM. Lucot d'Hauterive, *direct.*, Vallon, *entrep.*, Aubert, *contr. amb.* de 3e. classe.

BERNAY, direction de 7e. classe, recette particulière de 6e. classe ; MM. Dezauche, *direct.*, Lecoulteux-de-Caumont, *entrep.*, Peeters, *contr. amb.* de 3e. classe.

LOUVIERS, direction de 5e. classe, recette parti-culière de 5e. classe ; MM. Saint-Didier, *direct.*, Ancel, *entrep.*, Miquelard, *contr. de ville* de 3e. classe.

PONT-AUDEMER, direction de 6e. classe, recette parti-culière de 6e. classe ; MM. Romanet, *direct.*, Bur-gault-Saint-Léonard, *entrep.*, Triboul, *contr. de ville* de 3e. classe.

EURE ET LOIR. (*Insp. gén. de Rouen.*)

CHARTRES, direction de 3e. classe, recette particulière

BULLETINS.

OBJETS
des Bulletins et envois
aux Ouvrages dont ils
font le supplément.

de 3e. classe ; MM. Lemonnier , *direct.* , Bouton, *entrep.* , Nérat , *contr. de ville* de 2e. classe.

CHATEAUDUN , direction de 6e. classe , recette particulière de 5e. classe ; MM. Montfleury , *direct.* , Clary-Saint-Hubert, *entrep.* , Burdelot , *contr. amb.* de 3e. classe, Guillaume , *contr. de ville* de 3e. classe.

DREUX , direction de 6e. classe, recette particulière de 5e. classe ; MM. Lerouyer , *direct.* , Hufty , *entr.* , Gros de Montagne , *contr. de ville* de 3e. classe.

NOGENT-LE-ROTROU , direction de 8e. classe , recette particulière de 6e. classe ; MM. Baillio , *direct.* , Gouju , *entrep.* , Dieudonné de Calabre , *contr. amb.* de 3e. classe.

FINISTÈRE. (*Inspect. gén. de Rennes.*)

QUIMPER , direction de 4e. classe , recette particulière de 5e. classe ; MM. Joyau de Conesnongle , *direct.*, De Plœuc (Mme.) , *entrep.* , Lalia , *contr. amb.* de 2e. classe, Losties , *contr. de ville* de 2e. classe.

BREST , direction de 2e. classe, recette particulière de 3e. classe ; MM. Gentillon , *direct.* , Allary (Mme. V^e.), *entrep.* , D'Andibert de la Villasse , *contr. amb.* de 2e. classe, Lenepveu de Carfort et Bigoy, *contr. de ville* de 2e. classe.

Notre-Dame-de-Recouvrance , recette particulière de 6e. classe.

CHATEAULIN , direction de 5e. classe , recette particulière de 7e. classe ; M. Harrington , *direct.*, Demascle (Mlle.), *entrep.*

MORLAIX , direction de 3e. classe , recette particulière de 5e. classe ; MM. Ledissez-Penaurun , *dir.*, Bourboulon , *entrep.*, L'Evesque de Rocoux , *contr. amb.* de 2e. classe , Bossinot-Ponphily , *contr. de ville* de 2e. classe.

QUIMPERLÉ , direction de 7e. classe , recette particulière

| OBJETS
des Bulletins et renvois
aux Ouvrages dont ils
sont le supplement. | B U L L E T I N S. |

de 6ᵉ. classe ; MM. Ranson , *directeur,* Heyrand , *entreposeur.*

GARD. (*Inspection générale de Marseille.*)

Nismes , direction de 2ᵉ. classe , recette particulière de 2ᵉ. classe ; MM. De Giry, *direct.*, Picot de Limoélan , *entrep.*, Perouse , *contr. amb.* de 1ʳᵉ. classe, Moublet et Pavin-Courteville , *contr. de ville* de 2ᵉ. classe.

Beaucaire , recette particulière de 4ᵉ. classe ; M. Bedos, *contr. de ville* de 3ᵉ. classe.

Saint-Gilles , recette particulière de 7ᵉ. classe ; M. Corneille , *contr. de ville* de 3ᵉ. classe.

Alais, direction de 7ᵉ. classe , recette particulière de 6ᵉ. classe ; MM. Lenoir, *direct.*, Harel-de-Vulaines, *entrep.*, Lavinay, *contr. amb.* de 3ᵉ. classe , Marmilor, *contr. de ville* de 3ᵉ. classe.

Uzès, direction de 6ᵉ. classe , recette particulière de 7ᵉ. classe ; MM. Franque , *direct.*, Robernier de Maiffredy , *entrep.*, Lapassade , *contr. amb.* de 2ᵉ. classe.

Saint-Hippolite-le-Vigan , direction de 8ᵉ. classe , recette particulière de 7ᵉ classe ; MM. Montchenu, *direct.*, Bony, *entreposeur.*

GARONNE (Haute). (*Inspection générale de Bordeaux.*)

Toulouse , direction de 2ᵉ. classe , recette particulière de 1ʳᵉ. classe ; MM. Clappier, *direct.*, Daran , *entrep.*, Alibert , *contr. amb.* de 1ʳᵉ. classe, Roger, Roux-Lacroix et Duchol, *contr. de ville* de 1ʳᵉ. classe.

Muret , direction de 8ᵉ. classe , recette particulière de 6ᵉ. classe ; MM. Delavannetière , *direct.*, Dumasbon , *entrep.*

BULLETINS.	OBJETS des Bulletins et renvois aux Ouvrages dont ils sont le supplément.

SAINT-GAUDENS, direction de 7e. classe, recette particulière de 6e. classe; MM. Perrotin, *direct.*, Mosneron (Mme.), *entrep.*, Pascalis, *contr. amb.* de 2e. classe.

VILLEFRANCHE, direction de 8e. classe; MM. Desbœufs, *direct.*, Desazars, *entrep.*

GERS. (*Inspect. gén. de Bordeaux.*)

AUCH, direction de 7e. classe comprenant les arrondissement d'Auch et Lombez, recette particulière de 5e. classe; MM. Vernety, *direct.*, Wallon, *entr.*, Laborde, *contr. amb.* de 3e. classe, Astier, *contr. de ville* de 3e. classe.

CONDOM, direction de 8e. classe; MM. Saint-Gresse, *direct.*, Dubarry, *entrep.*, Lalombardière, *contr. amb.* de 2e. classe.

LECTOURE, direction de 8e. classe; MM. Allenet, *dir.*, Mermet, *entrep.*

MIRANDE, direction de 8e. classe; MM. Conchon, *direct.*, Campardon, *entrep.*

GIRONDE. (*Inspect. gén. de Bordeaux.*)

BORDEAUX, direction de 1re. classe, quatre recettes particulières, dont deux de 2e. classe et deux de 3e. classe; MM. Bergerot, *direct.*, Carnolet de Pontis, *entrep.*, Dania et Loneux, *contr. amb.* de 1re. classe, Destrillies, Feuillassier, Juhel, Depolicard et Bailly, *contr. de ville* de 1re. classe.

BAZAS, direction de 8e. classe, recette particulière de 7e. classe; MM. Vieux, *direct.*, Bravet, *entrep.*, Brachet, *contr. amb.* de 1re. classe.

Langon, M. Rivet, *contr. de ville* de 3e. classe.

BLAYE, direction de 8e. classe, recette particulière de 6e. classe; MM. Morin, *direct.*, Montouroy, *entrep.*, Montagnac, *contr. de ville* de 3e. classe.

OBJETS des Bulletins et renvois aux Ouvrages dont ils sont le supplément.	BULLETINS.

LA RÉOLE, direction de 8e. classe; MM. Delacantrie, direct., Monnier, entrep., Johanis, contr. amb. de 2e. classe.

LESPARRE, direction de 8e. classe; MM. De Pellagot, direct., Clavet, entrep.

LIBOURNE, direction de 6e. classe, recette particulière de 5e. classe; MM. Jay-Laussac, direct., Bonnard (Mme.), entrep., Lacanterie, contr. de ville de 3e. classe.

HÉRAULT. (*Inspection gén. de Marseille.*)

MONTPELLIER, direction de 2e. classe, recette particulière de 2e. classe; MM. D'Isoard, direct., Prunet, entrep., Carayol, contr. amb. de 2e. classe, François et Beinet, contr. de ville de 2e. classe.

Lunel, recette particulière de 6e. classe; M. Plaffain, contr. de ville de 3e. classe.

Mèze, recette particulière de 7e. classe.

Cette, recette particulière de 5e. classe; M. D'Estienne, contr. de ville de 3e. classe.

BEZIERS, direction de 4e. classe, recette particulière de 5e. classe; MM. Henry, direct., Baron, entrep., Roguier, contr. amb. de 2e. classe, Mercié, contr. de 3e. classe.

Pezenas, recette particulière de 6e. classe; M. Olibo, contr. de ville de 3e. classe.

Agde, recette particulière de 6e. classe; M. Rossi, contr. de ville de 3e. classe.

LODÈVE, direction de 8e. classe, recette particulière de 6e. classe; MM. Drevon, dir., Dastanières, ent.

SAINT-PONS, direction de 8e. classe, recette particulière de 7e. classe; MM. Mondet, direct., Oudart (Mme.Ve.), entrep.

BULLETINS.	OBJETS des Bulletins et renvois aux Ouvrages dont ils sont le supplément.

ILLE et VILAINE. (*Inspection générale de Rennes.*)

RENNES, direction de 2e. classe, recette particulière de 2e. classe ; MM. Anthoine, *direct.*, De Béru, *entrep.*, Heurtevent, *contr. amb.* de 2e. classe, Gillet-Dutertre et Delaunay, *contr. de ville* de 2e. classe.

FOUGÈRES, direction de 7e. classe, recette particulière de 5e. classe ; MM. Lebastard, *direct.*, Le Beschu de Champsavin, *entrep.*, Ducosquer-Riou, *contr. de ville* de 3e. classe.

MONTFORT, direction de 7e. classe ; MM. Jac, *direct.*, D'Hédouville de Merval, *entrep.*

REDON, direction de 7e. classe, recette particulière de 6e. classe ; MM. Laferrière-l'Evesque, *directeur*, Trémaudant, *entrep.*, Chabert de Fondville, *contr. amb.* de 2e. classe, Le Boucher de l'Isle, *contr. de ville* de 3e. classe.

SAINT-MALO, direction de 4e. classe, recette particulière de 4e. classe ; MM. Bossinot-Ponphily, *dir.*, Daguenet, *entrep.*, Pelé, *contr. amb.* de 2e. classe, Duhaffont, *contr. de ville* de 3e. classe.

Saint-Servan, recette particulière de 5e. classe ; M. Perret, *contr. de ville* de 3e. classe.

VITRÉ, direction de 7e. classe, recette particulière de 5e. classe ; MM. Lemarchand, *direct.*, Cor, *entrep.*, Decourville, *contr. de ville* de 3e. cl.

INDRE. (*Inspect. gén. de Limoges.*)

CHATEAUROUX, direction de 6e. classe, recette particulière de 5e. classe ; MM. Baulmont, *directeur*, Voyer, *entrep.*, Disson, *contr. amb.* de 3e. classe, Pinon, *contr. de ville* de 3e. classe.

LE BLANC, direction de 8e. classe, recette particulière de 7e. classe ; MM. Lojon-Lagrange, *direct.*, Rouillé, *ent.*, Sandeau, *contr. amb.* de 3e. classe.

OBJETS des Bulletins et renvois aux Ouvrages dont ils sont le supplément.	BULLETINS.

Issoudun, direction de 8ᵉ. classe, recette particulière de 6ₑ. classe ; MM. Lemoine-Lenoir, *dir.*, Richard, *entrep.*, De Lasalle, *contr. de ville* de 3ᵉ. classe.

La Chatre, direction de 8ᵉ. classe, recette particulière de 7ᵉ. classe ; MM. Lamoureux-Delagennetière, *direct.*, Robin de la Ronde, *entrep.*

INDRE et LOIRE. (*Insp. gén. de Tours.*)

Tours, direction de 3ᵉ. classe, recette particulière de 3ᵉ. classe ; MM. Regnault, *direct.* Laurent, *ent.*, Richebourg, *contr. amb.* de 3ᵉ. classe, Bourgeois, *contr. de ville* de 2ᵉ. classe.

Amboise, recette particulière de 6ᵉ. classe.

Chinon, direction de 7ᵉ. classe, recette particulière de 6ᵉ. classe ; MM. Danican-Philidor, *direct.*, Gault de la Galmendiene, *entrep.*

Loches, direction de 8ᵉ. classe, recette particulière de 6ᵉ. classe ; M. Montreuil, *direct.*, De la Bourdonnaye (Mᵐᵉ.), *entrep.*

ISÈRE. (*Inspect. gén. de Lyon.*)

Grenoble, direction de 3ᵉ. classe, recette particulière de 3ᵉ. classe ; MM. Dalteyrac, *direct.*, Dupuy de Bordes, *entrep.*, Dutheil, *contr. amb.* de 3ᵉ. cl., Gache et Verdier, *contr. de ville* de 2ᵉ. cl.

Bourgoin, direction de 7ᵉ. classe, recette particulière de 6ᵉ. classe ; MM. Michal, *direct.*, Pascal, *entrep.*, Genissieu, *contr. amb.* de 3ᵉ. classe.

Saint-Marcellin, direction de 7ᵉ. classe, recette particulière de 7ᵉ. classe ; MM. Devoud, *direct.*, Juventin, *entrep.*

Vienne, direction de 5ᵉ. classe, recette particulière de 5ᵉ. classe ; MM. Jacquier, *direct.*, Gril (Mᵐᵉ. Vᵉ.), *entrep.*, Lhoste, *contr. de ville* de 3ᵉ. classe.

BULLETINS.

OBJETS
des Bulletins et renvois
aux Ouvrages dont ils
sont le supplément.

JURA. (*Insp. gén. de Strasbourg.*)

Lons-le-Saulnier, direction de 5e. classe , recette particulière de 5e. classe ; MM. Morel de Thurey, *direct.* , Baumal , *entrep.* , Cinck , *contr. amb.* de 2e. classe, Collomb-d'Arcine , *contr. de ville* de 3e. classe.

Dole , direction de 7e. classe, recette particulière de 5e. classe ; MM. Montgenet , *direct.* , Bouvier , *entrep.* , Partie , *contr. amb.* de 3e. classe , Dodoz, *contr. de ville* de 3e. clase.

Poligny , direction de 6e. classe, recette particulière de 7e. classe; MM. Petit-Mengin , *direct.* , Rousselet , *entrep.*

Arbois , recette particulière de 7e. classe.

Salins, recette particulière de 7e. classe; M. Dupin de la Guérivière , *contr. de ville* de 3e. classe.

Saint-Claude, direction de 8e. classe; MM. Charvet, *direct.* , Lenoir, *entrep.*

LANDES. (*Insp. gén. de Bordeaux.*)

Mont-de-Marsan , direction de 7e. classe, recette particulière de 6e. classe ; MM. Petitot , *directeur,* Lobit, *entrep.* , Collet , *contr. amb.* de 3e. classe, Gaugiran , *contr. de ville* de 3e. classe.

Dax , direction de 5e. classe , recette particulière de 5e. classe ; MM. Desarps , *direct,* Darrac, *entr.,* Davezac de Mozan , *contr. amb.* de 3e. classe , Lartigue, *contr. de ville* , de 3e. classe.

Saint-Sever , direction de 7e. classe ; MM. Joyeux , *direct.* , Delissalde-Castremont , *entrep.*

LOIR et CHER. (*Insp. gén. de Tours.*)

Blois, direction de 4e. classe, recette particulière de 4e. classe ; MM. Defermon , *direct.* , De Saint-

OBJETS des Bulletins et renvois aux Ouvrages dont ils sont le supplément.	BULLETINS.

Marsault (Mlle.), *entrep.*, Michaud, *contr. amb.* de 3e. classe, Pillon de Chollé, *contr. de ville* de 2e. classe.

ROMORANTIN , direction de 8e. classe, recette particulière de 6e. classe ; MM. Saget, *direct.*, Dieudonné, *entrep.*, Bardel, *contr. de ville* de 3e. cl.

VENDÔME, direction de 7e. classe, recette particulière de 6e. classe ; MM. Roy, *direct.*, Desbrulys (Mme.V^e.), *entrep.*, Lemercier, *contr. de ville* de 3e. classe.

LOIRE. (*Insp. gén. de Moulins.*)

MONTBRISON, direction de 6e. classe, recette particulière de 5e. classe ; MM. Colomb, *direct.*, De Curnieu, *entrep.*, Larrieu, *cont. amb.* de 3e. cl. Benedetti, *contr. de ville* de 3e. classe.

ROANNE , direction de 6e. classe, recette particulière de 5e. classe ; MM. Didier, *direct.*, Mazerat-de-Lor, *entrep.*, Tardy, *contr. amb.* de 3e. classe, Senac, *contr. de ville* de 3e. classe.

SAINT-ETIENNE, direction de 4e. classe, recette particulière de 3e. classe; MM. Toussaint, *directeur*, De Fonthieure (Mme.V^e.), *entrep.*, Clement, *contr. de ville* de 2e. classe.

LOIRE (HAUTE). (*Insp. gén. de Moulins.*)

LE PUY, direction de 5e. classe, comprenant les arrondissemens du Puy et d'Yssengeaux, recette particulière de 4e. classe ; MM. De Lanthenas , *dir.*, Clapier, *entrep.*, Monplanqua, *contr. amb.* de 2e. classe, Boscal de Réals, *contr. de ville* de 2e. classe.

BRIOUDE, direction de 8e. classe, recette particulière de 7e. classe ; MM. Jaccaz, *directeur*, Vivier, *entrep.*

BULLETINS.	OBJETS des Bulletins et renvois aux Ouvrages dont ils sont le supplément.

LOIRE (Inférieure). (*Inspection générale de Rennes.*)

Nantes, direction de 2e. classe, recette particulière de 2e. classe ; MM. Mosneron, *direct.*, Merrot Dubarré, *entrep.*, De Campora, *contr. amb.* de 1re. classe, Boutciller, Boulanger et Lebourdais, *contr. de ville* de 1re. classe.

Ancenis, direction de 8e. classe ; MM. Rat d'Amblemont, *direct.*, Palierne, *entrep.*, Boutciller, *contr. amb.* de 2e. classe.

Chateaubriant, direction de 8e. classe, recette particulière de 7e. classe ; MM. Savariau, *direct.*, De Fermon, *entrep.*

Paimboeuf, direction de 8e. classe ; MM. Gruet, *dir.*, Préponnier, *entrep.*

Savenay, direction de 5e. classe ; MM. De Vauguérin, *direct.*, Poulain, *entrep.*

LOIRET. (*Insp. gén. de Tours.*)

Orléans, direction de 2e. classe, recette particulière de 2e. classe ; MM. De Brunville, *direct.*, Rogé, *entrep.*, La Bédollière, *contr. amb.* de 1re. classe, Bressand et Lacour, *contr. de ville* de 2e. classe.

Gien, direction de 6e. classe ; MM. Vivalda, *direct.*, Brocard, *entrep.*, Belle, *contr. amb.* de 3e. classe.

Montargis, direction de 7e. classe, recette particulière de 5e. classe ; MM. Bazin, *direct.*, Vincent, *entrep.*, De Chamon, *contr. de ville* de 3e. cl.

Pithiviers, direction de 7e. classe, recette particulière de 6e. classe ; MM. Fontaine, *direct.*, Oger (Mme.), *entrep.*, Van-Remoortère, *contr. amb.* de 3e. cl.

LOT. (*Insp. gén. de Cahors.*)

Cahors, direction de 7e. classe, recette particulière

OBJETS des Bulletins et renvois aux Ouvrages dont ils sont le supplément.	BULLETINS.

de 5e. classe; MM. Bazire, *direct.*, Noaillan (Mme. de), *entrep.*, Schisler, *contr. amb.* de 3e. classe, Raynaud, *contr. de ville* de 3e. classe.

FIGEAC, direction de 8e. classe; MM. Roche, *direct.*, Froment, *entrep.*, Lhulier, *contr. amb.* de 3e. classe.

GOURDON, direction de 8e. classe, recette particulière de 7e. classe; MM. Bardel, *direct.*, Richard, *entrep.*

———

LOT ET GARONNE. (*Inspection générale de Cahors.*)

AGEN, direction de 6e. classe, recette particulière de 5e. classe; MM. Belloc, *direct.*, Desplaces, *ent.*, Reynal, *contr. amb.* de 2e. classe, Bardines, *contr. de ville* de 3e. classe.

TONNEINS, direction de 7e. classe, recette particulière de 7e. classe; MM. Brothier, *direct.*, Frenais de la Briais, *entrep.*, Duburgua, *contr. amb.* de 2e. classe.

NÉRAC, direction de 8e. classe; MM. Woillez, *dir.*, Defitte, *entrep.*

VILLENEUVE-D'AGEN, direction de 8e. classe, recette particulière de 6e. classe; MM. Gervais, *direct.*, Choisne, *entrep.*

———

LOZÈRE. (*Insp. gén. de Cahors.*)

MENDE, direction de 8e. classe, comprenant les arrondissemens de Mende et Florac, recette particulière de 6e. classe; MM. Pascal, *direct.*, Coudroy, *entrep.*, Vial, *contr. amb.* de 2e. classe.

MARVEJOLS, direction de 8e. classe; MM. Génissieu, *direct.*, Libes, *entrep.*

———

BULLETINS.	OBJETS des Bulletins et renvois aux Ouvrages dont ils sont le supplement.

MAINE et LOIRE. (*Inspection générale de Tours.*)

ANGERS, direction de 3e. classe, recette particulière de 3e. classe ; MM. Roman , *direct.*, Perrotin (Mlle), *entrep.*, Taxis et Laligant, *contr. de ville* de 2e. classe.

BEAUGÉ , direction de 7e. classe, recette particulière de 7e. classe ; MM. Massé , *direct.* , Hamon, *entrep.*, Griffaton, *contr. amb.* de 2e. classe.

BEAUPRÉAU , direction de 7e. classe ; MM. Daubigny, *direct.* , Soyer , *entrep.*, Ménestrier , *contr. amb.* de 3e. classe.

SAUMUR , direction de 6e. classe, recette particulière de 4e classe ; MM. Faivre, *direct.* , Revelière de Cholet, *entrep.*, Munier, *contr. de ville* de 2e. classe

SEGRÉ, direction de 8e classe ; MM. Faure-Douville , *direct.*, Bardet , *entrep.*, Salgues, *contr. amb.* de 2e. classe.

MANCHE. (*Insp. gén. de Rennes.*)

SAINT-LÔ , direction de 6e. classe, recette particulière de 5e. classe ; MM. Bourdeau , *direct.*, Poilloue de Bonneveaux, *entrep.*, Laurence , *contr. amb.* de 3e. classe, Lemoine , *contr. de ville* de 3e. classe.

AVRANCHES, direction de 5e. classe, recette particulière de 5e. classe ; MM. Bourbon , *direct.* , Tribot, *entrep.*, Loisel , *contr. amb.* de 3e. classe, Lerozay, *contr. de ville* de 3e. classe.

Granville , recette particulière de 5e. classe ; M. Morain, *contr. de ville* de 3e. classe.

COUTANCES , direction de 4e. classe , recette particulière de 5e. classe ; MM. Allaire , *direct.*, Le Boucher (Mme.Ve.) , *entrep.*, Lebrun, *contr. de ville* de 3e. classe.

| OBJETS des Bulletins et renvois aux Ouvrages dont ils sont le supplément. | BULLETINS. |

MORTAIN, direction de 8e. classe, recette particulière de 7e. classe ; MM. Lepaire, *direct.*, Delamarthe. *entrep.*

VALOGNES, direction de 5e. classe, recette particulière de 5e. classe ; MM. Vibert, *direct.*, Thion, *entrep.*, Hubert, *contr. amb.* de 3e. classe, Junot, *contr. de ville* de 3e. classe.

CHERBOURG, direction de 4e. classe, recette particulière de 4e. classe ; MM. Molroguier, *directeur*, Cabart d'Anneville, *entrep.*, De Brucan, *contr. de ville* de 2e. classe.

—

MARNE. (*Insp. gén. de Troyes.*)

CHALONS, direction de 6e. classe, recette particulière de 4e. classe; MM. Meunier, *direct.*, Collard (Mme.Ve.), *entrep.*, Duménil, *contr. amb.* de 2e. classe, Pérard, *contr. de ville* de 2e. classe.

EPERNAY, direction de 5e. classe, recette particulière de 5e. classe ; MM. Perard-Bourdelois, *direct*, Gauthier, *entrep.*, Hauffroy, *contr. amb.* de 2e. classe, Braconnot, *contr. de ville* de 3e. classe.

REIMS, direction de 3e. classe, recette particulière de 2e. classe ; MM. Boquet-Danthenay, *direct.*, Portevin, *entrep.*, Turlin, *contr. amb.* de 2e. classe, Sennequier et Claude, *contr. de ville* de 2e. classe.

SAINTE-MENEHOULD, direction de 8e. classe, recette particulière de 7e. classe; MM. Gaudon, *direct.*, Lemaire, *entreposeur.*

VITRY-SUR-MARNE, direction de 7e. classe, recette particulière de 5e. classe; MM. Servoz, *direct.*, De Torcy, *entrep.*, Bouvier, *contr. de ville* de 3e. classe.

—

MARNE (HAUTE). (*Insp. gén. de Troyes.*)

CHAUMONT, direction de 7e. classe, recette particu-

BULLETINS.

OBJETS
des bulletins et renvois
aux Ouvrages dont ils
sont le supplément.

lière de 5e. classe ; MM. Chenot, *directeur*, De
Nolivos, *entrep.*, Renard, *contr. amb.* de 3e.
classe, Thomassin, *contr. de ville* de 3e. classe.

LANGRES, direction de 6e. classe, recette particulière
de 5e. classe ; MM. Feytou, *direct.*, Mellier,
entrep., Clignet, *contr. de ville* de 3e. classe.

VASSY, direction de 7e. classe ; MM. Aboville, *direct.*,
Pillot, *entrep.*, Martin, *contr. amb* de 3e. classe.

MAYENNE. (*Insp. gén. de Rennes.*)

LAVAL, direction de 4e. classe, recette particulière de
5e. classe ; M. Crépy, *direct.*, De Rivière (Mme.),
entrep., Bignon, *contr. amb.* de 3e. classe, Danton,
contr. de ville de 2e. classe.

CHATEAU-GONTHIER, direction de 7e. classe, recette
particulière de 6e. classe ; MM. Tisseron, *direct.*,
Venard, *entrep.*, Bazennerie, *contr. amb.* de 3e.
classe.

MAYENNE, direction de 5e. classe, recette particulière
de 5e. classe ; MM. Lacombe, *direct.*, Gougis,
entrep., Leplai, *contr. de ville* de 3e. classe.

MEURTHE. (*Insp. gén. de Strasbourg.*)

NANCY, direction de 3e. classe, recette particulière de
3e. classe; MM. Pernot-Fontenoy, *direct.*, Hé-
mard, *entrep.*, Chatel, *contr. amb.* de 1re. cl.,
Bailly et Louis, *contr. de ville* de 2e. classe.

Pont-à-Mousson, recette particulière de 6e. classe; M.
Bresson, *contr. de ville* de 3e. classe.

CHATEAU-SALINS, direction de 6e. classe, recette par-
ticulière de 7e. classe; MM. Courtois, *direct.*,
Florimont - Destremont (Mme. Ve.), *entrep.*,
Rolland, *contr. amb.* de 2e. classe.

LUNÉVILLE, direction de 7e. classe, recette particulière de 5e. classe; MM. Gory, *dir.*, De Magnac

| OBJETS des Bulletins et renvois aux Ouvrages dont ils sont le supplément. | BULLETINS. |

de la Framboisière (Mme. V^e.), *entrep.*, Brochard, *contr. amb.* de 2e. classe, Goujon, *contr. de ville* de 3e. classe.

SARREBOURG, direction de 8e. classe, recette particulière de 7e. classe; MM. Deguilly, *direct.*, Delabarre, *entrep.*

TOUL, direction de 8e. classe, recette particulière de 6e. classe; MM. Thezard, *direct.*, Dhardouyneau, *entrep.*, D'Hennin, *contr. de ville* de 3e. classe.

MEUSE. (*Inspect. gén. de Lille.*)

BAR-LE-DUC, direction de 5e. classe, recette particulière de 5e. classe; MM. Coudenhove, *direct.*, Flameng, *entrep.*, Braconnot, *contr. amb.* de 3e. classe, Robin, *contr. de ville* de 3^r. classe.

COMMERCY, direction de 6e. classe, recette particulière de 5e. classe; MM. Battine, *direct.*, Delisle, *entr.*, Dubois, *contr. amb.* de 3e. classe.

Saint-Mihiel, recette particulière de 5e. classe.

MONTMÉDY, direction de 6e. classe, recette particulière de 6e. classe; MM. Dacraigue, *direct.*, Robert, *entrep.*

VERDUN, direction de 5e. classe, recette particulière de 4e. classe; MM. Desfrenais, *direct.*, Dorival Duhouleux, *entrep.*, Gironcourt, *contr. amb.* de 3e. classe, Legras, *contr. de ville* de 2e. cl.

MORBIHAN. (*Inspect. gén. de Rennes.*)

VANNES, direction de 4e. classe, recette particulière de 4e. classe; MM. Lelubois-Marcilly, *direct.*, Leloutre, *entr.*, Coatgoureden, *contr. amb.* de 3e. classe, Chenot, *contr. de ville* de 2e. classe.

PONTIVY, direction de 5e. classe, recette particulière de 6e. classe; MM. Plouin-Desvignes, *direct.*, Duhoméel, *entrep.*, Devillers, *contr. amb.* de 3e. cl., Legris-Kergavarec, *contr. de ville* de 3e. cl.

BULLETINS.

OBJETS
des Bulletins et renvois
aux Ouvrages dont ils
sont le supplément.

LORIENT, direction de 3e. classe, recette particulière
de 4e. classe ; MM. Esnault, *direct.*, Foucaud,
entrep., Robiou, *contr. amb.* de 3e. classe,
Vassal, *contr. de ville* de 2e. classe.

PLOERMEL, direction de 6e. classe, recette particulière
de 7e. classe; MM. Banéat, *direct.*, Lejeune,
entreposeur.

MOSELLE. (*Insp. gén. de Lille.*)

METZ, direction de 3e. classe, recette particulière
de 2e. classe; MM. Robert, *direct.*, Semellé
(Mme. Ve.), *entrep.*, Scrolle, *contr. amb.* de 2e.
classe, Lorquet et Mallarmé, *contr. de ville* de
2e. classe.

BRIEY, direction de 6e. classe ; MM. Saussay, *direct.*,
Fischer Discour, *entrep.*

Longwy, recette particulière de 5e. classe.

SARGUEMINES, direction de 6e. classe, recette particulière de 6e. classe ; MM. Henrion, *direct.*, Paquy,
entrep., Marly, *contr. amb.* de 2e. classe.

THIONVILLE, direction de 5e. classe, recette particulière de 5e. classe ; MM. Bocquet, *direct.*, Warel
de Beauvoir (Mme.), *entrep.*, Provensal, *contr.
amb.* de 2e. classe, Michelin, *contr. de ville*
de 2e. classe.

NIÈVRE. (*Inspect. gén. de Moulins.*)

NEVERS, direction de 5e. classe, recette particulière de
4e. classe ; MM. Malassez, *direct.*, Deschamps
(Mme.), *entrep.*, Robert, *contr. amb.* de 3e. cl.,
Dagonnin, *contr. de ville* de 2e. classe.

CHATEAU-CHINON, direction de 8e. classe, recette particulière de 7e. classe ; MM. Jourdheuille, *direct.*,
Fauchier, *entrep.*

CLAMECY, direction de 8e. classe, recette particulière

OBJETS
des Bulletins et renvois
aux Ouvrages dont ils
sont le supplément.

BULLETINS.

de 6ᵉ. classe; MM. Laquieze, *direct.*, Boyer, *entrep.*

Cosne, direction de 7ᵉ. classe; MM. Devaux, *direct.*, Dalbaret de Caumont, *entrep.*, Lusson, *contr. amb.* de 3ᵉ. classe.

La Charité, recette particulière de 6ᵉ. classe.

————

NORD. (*Insp. gén. de Lille.*)

Lille, direction de 1ʳᵉ. classe, recette particulière de 1ʳᵉ. classe; MM. Boucher d'Argis, *direct.*, Vanblaremberghe, *entrep.*, Lefebre, *contr. amb.* de 1ʳᵉ. classe, Lambert, Haignierée, Sautel et Jeaunet, *contr. de ville* de 1ʳᵉ. classe.

Roubaix, recette particulière de 5ᵉ. classe; M. Latour, *contr. de ville* de 3ᵉ. classe.

Armentières, recette particulière de 5ᵉ. classe; M. Hébert, *contr. de ville* de 3ᵉ. classe.

Turcoing, recette particulière de 5ᵉ. classe; M. Plichon, *contr. de ville* de 3ᵉ. classe.

Avesnes, direction de 3ᵉ. classe, recette particulière de 5ᵉ. classe; MM. Flobert, *direct.*, Boutard, *entrep.*, Tierce, *contr. amb.* de 1ʳᵉ. classe, Thiéry, *contr. de ville* de 3ᵉ. classe.

Landrecyes, recette particulière de 5ᵉ. classe.

Maubeuge, recette particulière de 4ᵉ. classe, M. Deguine, *contr. de ville* de 3ᵉ. classe.

Cambray, direction de 2ᵉ. classe, recette particulière de 2ᵉ. classe; MM. Boulanger, *direct.*, Fenerolles (Mᵐᵉ.Vᵉ.), *entrep.*, Billet, *contr. amb.* de 1ʳᵉ. classe, Gamonet, *contr. de ville* de 2ᵉ. cl.

Douai, direction de 1ʳᵉ. classe, recette particulière de 3ᵉ. classe; MM. De Bavay, *direct.*, Dainval (Mᵐᵉ.Vᵉ.), *entrep.*, Paganon, *contr. amb.* de 1ʳᵉ. classe, Eudes, *contr. de ville* de 2ᵉ. classe.

BULLETINS.

OBJETS
des Bulletins et renvois
aux Ouvrages dont ils
sont le supplément.

Saint-Amand, M. Dumoulin, *contr. de ville* de 3ᵉ. classe.

Condé, recette particulière de 4ᵉ. classe ; M. Guittière, *contr. de ville* de 3ᵉ. classe.

Valenciennes, recette particulière de 2ᵉ. classe ; M. Fouassier, *contr. de ville* de 2ᵉ. classe.

Dunkerque, direction de 3ᵉ. classe, recette particulière de 3ᵉ. classe ; MM. Hovelt, *directeur*, Prud'homme, *entrep.*, Deschaux, *contr. amb.* de 1ʳᵉ. classe, Crampon, *contr. de ville* de 2ᵉ. classe.

Bourbourg, recette particulière de 5ᵉ. classe.

Bergues, recette particulière de 5ᵉ. classe ; M. Frechon, *contr. de ville* de 3ᵉ. classe.

Watten, recette particulière de 6ᵉ. classe.

Hazebrouck, direction de 5ᵉ. classe, recette particulier de 5ᵉ. classe ; MM Lenglé, *direct.*, Worms de Romilly, *entrep*, Lacaze Sarta, *contr. amb.* de 1ʳᵉ. classe, Guy, *contr. de ville* de 3ᵉ. classe.

Bailleul, recette particulière de 5ᵉ. classe ; M. Bouchot, *contr. de ville* de 3ᵉ. classe.

OISE. (*Insp. gén. de Lille.*)

Beauvais, direction de 4ᵉ. classe, recette particulière de 4ᵉ. classe ; MM. Fontanges, *direct.*, Lhoier, *entrep.*, Auber, *contr. amb.* de 3ᵉ. classe, Scheppers, *contr. de ville* de 2ᵉ. classe.

Clermont, direction de 6ᵉ. classe, recette particulière de 6ᵉ. classe, MM. Courtellemont, *directeur*, Leclercq, *entreposeur*.

Compiegne, direction de 4ᵉ. classe, recette particulière de 4ᵉ. classe ; MM. De Monès d'Elbouix, *direct.*, Marin, *entrep.*, Renault, *contr. de ville* de 2ᵉ. classe.

OBJETS des Bulletins et renvois aux Ouvrages dont ils sont le supplément.	BULLETINS.

SENLIS, direction de 4e. classe, recette particulière de 5e. classe ; MM. Gudin, *direct.*, Lochet, *entrep.*, Guibert, *contr. amb.* de 3e. classe.

ORNE. (*Inspect. gén. de Rouen.*)

ALENÇON, direction de 6e. classe, recette particulière de 4e. classe ; MM. Turbat, *direct.*, Crochard, *entrep.*, De Brunet de la Renoudière, *contr. de ville* de 2e. classe.

ARGENTAN, direction de 7e. classe, recette particulière de 6e. classe ; MM. Blanchard, *direct.*, Lautour *entrep.*, Bellefontaine, *contr. ambulant* de 3e. classe.

DOMFRONT, direction de 7e. classe, recette particulière de 7e. classe ; MM. Cagin, *direct*, Fleury, *entr.*

MORTAGNE, direction de 6e. classe, recette particulière de 6e classe ; MM. Mallet des Marans, *direct.*, Guyot Dubuisson, *entrep.*, Frappart, *contr. amb.* de 3e. classe.

L'Aigle, recette particulière de 6e. classe.

PAS-DE-CALAIS. (*Inspection générale de Lille.*)

ARRAS, direction de 3e. classe, recette particulière de 3e. classe ; MM. Palfart, *direct.*, Jacqueminot, *entrep.*, Montchanin, *contr. amb.* de 1re. classe, Daverdoing et Chamont, *contr. de ville* de 2e. classe.

BÉTHUNE, direction de 4e. classe, recette particulière de 5e. classe, MM. Huet, *direct.*, Lomel, *entr.*, Chameau, *contr. amb.* de 1re. classe, Degantés, *contr. de ville* de 3e. classe.

Laventie, recette particulière de 7e. classe.

Carvin, recette particulière de 7e. classe.

BULLETINS.

OBJETS
des Bulletins et renvois
aux Ouvrages dont ils
sont le supplément.

Lillers, recette particulière de 6e. classe.

Boulogne , direction de 3e. classe , recette particulière de 4e. classe; Lorel , *direct.*, Damboise , *entrep.*, Durocher, *contr. amb.* de 1re. classe , Dambrine , *contr. de ville* de 2e. classe.

Calais, recette particulière de 3e. classe; M. Tenard , *contr. de ville* de 2e. classe.

Montreuil, direction de 6e. classe , recette particulière de 6e.classe ; MM. Gizolme , *direct.*, Lemoce Vaudouard, *entrep.*, Mauroy , *contr. de ville* de 3e. classe.

Saint-Omer , direction de 3e. classe , recette particulière de 3e. classe; MM. Zylof, *direct.*, Cotillon , *entrep.*, Vincent, *contr. amb.* de 1re. classe , Beaupois, *contr. de ville* de 2e. classe.

Aire, recette particulière de 5e. classe ; M. Famechon, *contr. de ville* de 3e. classe.

Saint-Pol , direction de 4e. classe , recette particulière de 6e. classe; MM. Ledoux , *direct.*, Jacquet , *entrep.*, Duval, *contr. amb.* de 1re. classe.

PUY-DE-DOME. (*Inspection générale de Moulins.*)

Clermont , direction de 4e. classe , recette particulière de 3e. classe ; MM. Dutheil , *direct.*, Chaise-Martin , *entrep.*, Bonnois, *contr. amb. de* 2e. classe , Bardenet et Delarue , *contr. de ville* de 2e. classe.

Ambert , direction de 8e. classe; MM. Defay , *direct.*, De Parseval , *entrep.*

Issoire , direction de 8e. classe , recette particulière de 7e. classe ; MM. Astaix, *direct.*, Berthelot, *entrep.*, Bordaz , *contr. amb.* de 2e. classe.

Riom , direction de 7e. classe , recette particulière de 6e. classe ; MM. Meistre , *direct.*, Villard , *entr.*, Guyot, *contr. de ville* de 3e. classe.

| OBJETS des Bulletins et renvois aux Ouvrages dont ils sont le supplément. | BULLETINS. |

THIERS, direction de 8e. classe, recette particulière de 6e. classe; MM. De Vaureix, *direct.*, Chassaigne de Franc Séjour, *entrep.*, Gay, *contr. de ville* de 3e. classe.

PYRENNÉES (BASSES). (*Inspect. gén. de Bordeaux.*)

PAU, direction de 5e. classe, recette particulière de 4e. classe; MM. Vandermonde, *direct.*, Bartier, *entrep.*, Sicard, *contr. amb.* de 2e. classe, Canthillon, *contr. de ville* de 2e. classe.

BAÏONNE, direction de 4e. classe, recette particulière de 3e. classe; MM. Gerval, *direct.*, Testu, *entrep.*, Pelletier, *contr. amb.* de 2e. classe, Rey, *contr. de ville* de 2e. classe.

MAULÉON, direction de 8e. classe; MM. Bastale, *direct.*, Jaureguy de Berry, *entrep.*

OLÉRON, direction de 7e. classe, recette particulière de 5e. classe; MM. Emery, *direct.*, Lavedan, *entrep.*, Petit, *contr. de ville* de 3e. classe.

ORTHÈS, direction de 6e. classe, recette particulière de 6e. classe; MM. Durand, *direct.*, Montfort fils, *entrep.*, Romme, *contr. amb.* de 3e. classe, Bureaux, *contr. de ville* de 3e. classe.

Salies, recette particulière de 3e. classe; M. Martin, *contr. de ville* de 2e. classe.

PYRENNÉES (HAUTES). (*Inspect. génér. de Bordeaux.*)

TARBES, direction de 7e. classe, recette particulière de 5e. classe; MM. Lacour, *direct.*, Forgues (Mme.), *entrep.*, Sales, *contr. amb.* de 2e. classe, Vignes, *contr. de ville* de 3e. classe.

LOURDES, direction de 8e. classe; MM. Castagnol, *direct.*, Lavigne, *entrep.*

BULLETINS.

OBJETS
des bulletins et renvois
aux Ouvrages dont ils
sont le supplément.

BAGNÈRES, direction de 7ᵉ. classe, recette particulière de 6ᵉ. classe; MM. Harriet, *direct.*, Behaut, *entrep.*, Lapallu, *contr. de ville* de 3ᵉ. classe.

PYRENNÉES (ORIENTALES). (*Inspection générale de Marseille.*)

PERPIGNAN, direction de 6ᵉ. classe, comprenant les arrondissemens de Perpignan et Céret, recette particulière de 4ᵉ. classe, MM. Geofroy, *direct.*, Azerm, *entrep.*, Bouette-Chiron, *contr. amb.* de 3ᵉ. classe, Martigny, *contr. de ville* de 2ᵉ. classe.

PRADES, direction de 8ᵉ. classe; M. Moutrille, *direct.*, Rouflay (Mᵐᵉ.), *entrep.*

RHIN (BAS). (*Insp. gén. de Strasbourg.*)

STRASBOURG, direction de 2ᵉ. classe, recette particulière de 2ᵉ. classe; MM. Guinard, *direct.*, Favereau, *entrep.*, Maret, *contr. amb.* de 1ʳᵉ. classe; Goetschy, Naslin et Beck, *contr. de ville* de 1ʳᵉ. classe.

Bischewiller, recette particulière de 6ᵉ. classe.

Hagueneau, recette particulière de 5ᵉ. classe.

Molsheim, recette particulière de 6ᵉ. classe.

SAVERNE, direction de 6ᵉ. classe; recette particulière de 6ᵉ. classe; MM. Hénraux, *direct.*, Barois, *entrep.*

SCHELESTAT, direction de 6ᵉ. classe, recette particulière de 5ᵉ. classe; MM. Emery, *direct.*, Perseguers, *entrep.*, Roland, *contr. amb.* de 1ʳᵉ. cl., Joud, *contr. de ville* de 3ᵉ. classe.

WISSEMBOURG, direction de 7ᵉ. classe; recette particulière de 6ᵉ. classe; MM. Daclon, *direct.*, Klein (Mᵐᵉ.Vᵉ.) *entrep.*, Reinhard, *contr. amb.* de 1ʳᵉ. classe.

OBJETS des Bulletins et renvois aux Ouvrages dont ils sont le supplément.	BULLETINS.

RHIN (Haut). (*Insp. gén. de Strasbourg.*)

Colmar, direction de 3ᵉ. classe, recette particulière de 3ᵉ. classe; MM. Gendel, *direct.*, Gouy, *entrep.*, Richard, *contr. amb.* de 2ᵉ. classe, Héron, *contr. de ville* de 2ᵉ. classe.

Altkirch, direction de 5ᵉ. classe, recette particulière de 6ᵉ. classe; MM. Hato, *direct.*, Paquet, *entrep.*, Flayelle, *contr. amb.* de 2ᵉ. classe.

Mulhausen, recette particulière de 4ᵉ. classe, M. Sartre, *contr. de ville* de 3ᵉ. classe.

Belfort, direction de 5ᵉ. classe, recette particulière de 6ᵉ. classe; MM. Chambon, *direct.*, De Robert du Châtelet, *entrep.*, Auclaire, *contr. de ville* de 3ᵉ. classe.

RHONE. (*Insp. gén. de Lyon.*)

Lyon, direction de 1ʳᵉ. classe, recette particulière de 1ʳᵉ. classe; MM. De Gerando, *direct.*, Darceste de Saconay, *entrep.*, Varengien de Villepin, *contr. amb.* de 1ʳᵉ. classe, Cirlot, Lebreton, Rabuis, Dassonvalle et Gras, *contr. de ville* de 1ʳᵉ. classe.

Condrieux, recette particulière de 6ᵉ. classe; M. Verne, *contr. de ville* de 3ₑ. classe.

Villefranche, direction de 6ᵉ. classe, recette particulière de 7ᵉ. classe; MM. Audiffret, *direct.*, Delataille, *entrep.*, Lafont, *contr. amb.* de 3ᵉ. classe.

Givors, M. Chabert, *contr. de ville* de 3ᵉ. classe.

SAONE (Haute). (*Inspection générale de Strasbourg.*)

Vesoul, direction de 7ᵉ. classe, recette particulière de 5ᵉ. classe; MM. Vayron, *direct.*, Saint-

BULLETINS.

OBJETS
des Bulletins et renvois
aux Ouvrages dont ils
sont le supplément.

Requier, *entrep.*, Degon, *contr. amb.* de 3ᵉ. classe, Millot, *contr. de ville* de 3ᵉ. classe.

GRAY, , direction de 6ᵉ. classe, recette particulière de 5ᵉ. classe ; MM. Romanin de Beauséjour, *dir.*, Pingenet, *entrep.*, Desloges, *contr. amb.* de 3ₑ. classe, Bouteiller, Saint-Germain *contr. de ville* de 3ᵉ. classe.

LURE, direction de 6ᵉ. classe ; MM. Hugonin, *direct.*, Dam de Francalmont, *entrep.*

SAONE ET LOIRE. (*Inspection générale de Moulins.*)

MACON, direction de 5ᵉ. classe, recette particulière de 5ᵉ. classe ; MM. Delavacquerie, *direct.*, Godet, *entrep.*, Preveraud. *contr. amb.* de 3ᵉ. classe, Greliche, *contr. de ville* de 3ᵉ. classe.

Tournus, recette particulière de 7ᵉ. classe.

AUTUN, direction de 7ᵉ. classe ; MM. Cassen, *dir.*, Delaye, *entrep.*, Delaunay, *contr. de ville* de 3ᵉ. classe.

CHALONS, direction de 4ᵉ. classe, recette particulière de 4ᵉ. classe ; MM. Frachon, *direct.*, Cordelier, *entrep.*, Archambault, *contr. amb.* de 3ᵉ. classe, Debrun, *contr. de ville* de 2ᵉ. classe.

CHAROLLES, direction de 6ᵉ. classe, recette particulière de 7ᵉ. classe ; MM. Bleschamp, *direct.*, Quinet de Certines, *entrep.*, Delasalle, *contr. amb.* de 3ᵉ. classe.

Paray, recette particulière de 6ₑ. classe.

LOUHANS, direction de 8ᵉ. classe ; MM. Tauriac, *direct.*, Serph-Dumagnon, *entrep.*

SARTHE. (*Inspect. gén. de Rouen.*)

LE MANS, direction de 4ₑ. classe, recette particulière

BULLETINS.

de 3e. classe ; MM. Gaude, *direct.*, Renault, *entrep.*, Dubin-Aubin et Moreau-Vilbily, *contr.* *de ville* de 2e. classe.

LA FLECHE, direction de 6e. classe, recette particulière de 6e. classe; MM. Bourdet, *direct.*, Menard, *entrep.*, Savy, *contr. amb.* de 3e. classe.

MAMERS, direction de 5e. classe, recette particulière de 6e. classe; MM. Malter, *direct.*, Le Coulteux de Vertron, *entrep.*, Charles Delatouche, *contr.* *amb.* de 3e. classe.

SAINT-CALAIS, direction de 7e. classe, MM. Guérard, *direct.*, Saint-Lo, *entrep.*

SEINE. (*Insp. gén. de Paris.*)

NOTA. Les entreposeurs dans le département de la Seine ne remplissent pas les fonctions de receveurs centraux.

PARIS, direction de 1re. classe, cinq recettes particulières de 1re. classe; MM. Nigon de Berty, *direct.*, Rigolot, *cont. amb.* de 1re. classe, Roy, Bourrut, Mulonière et Folley, *contr. de ville* de 1re. classe.

PARIS, (*Direction des Entrées et Octrois.*) MM. le Vicomte D'Audiffret, *direct.*, Morlet, *contr. de* *ville* de 1re. classe.

PARIS, (*Banlieue.*) direction de 1re. classe; MM. Choley, *direct.*, Binstock et Reynard, *contr.* *amb.* de 1re. classe.

Belleville, recette particulière de 3e. classe; M. Rebion, *contr. de ville* de 1re. classe.

La Chapelle, recette particulière de 4e. classe; M. Parent, *contr. de ville* de 1re. classe.

La Villette, recette particulière de 5e. classe.

Neuilly, recette particulière de 4e. classe; M. Aury, *contr. de ville* de 1re. classe.

Passy, recette particulière de 4e. classe; M. Barthod, *contr. de ville* de 1re. classe.

BULLETINS.

OBJETS
des Bulletins et renvois
aux Ouvrages dont ils
sont le supplément.

Choisy, recette particulière de 6e. classe.

Vaugirard, recette particulière de 4e. classe ; M. Rivey, *contr. de ville* de 1re. classe.

Montrouge, recette particulière de 3e. classe ; M. Grillot, *contr. de ville* de 1re. classe.

Bercy, recette particulière de 2e. classe ; MM. Desfossé et Oger, *contr. de ville* de 1re. classe.

Vincennes, recette particulière de 5e. classe.

Carrières-Charenton, M. Roger, *contr. de ville* de 1re. classe.

———

SEINE (Inférieure). (*Inspection générale de Rouen.*)

Rouen, direction de 1re. classe, recette particulière de 1re. classe ; MM. Dublan, *direct.*, Le Bouvier, *entrep.*, Levasseur, *contr. amb.* de 1re. cl., Dussaugey, Legrand, Darridole et Maisnier, *contr. de ville* de 1re. classe.

Darnetal, recette particulière de 6e. classe ; M. Dorey, *contr. de ville* de 3e. classe.

Le Croisset, recette particulière de 6e. classe ; M. Decologne, *contr. de ville* de 3e. classe.

Elbœuf, recette particulière de 4e. classe ; M. Meynier, *contr. de ville* de 2e. classe.

Dieppe, direction de 3e. classe, recette particulière de 4e. classe ; MM. Lepage, *direct.*, Hamel, *entrep.*, Lallemant, *contr. de ville* de 2e. classe.

Le Havre, direction de 2e. classe, recette particulière de 3e. classe ; MM. Prissette, *direct.*, Caumont, *entrep.*, Vassal, *contr. amb.* de 1re. classe, Massire et Bardel, *contr. de ville* de 2e. classe.

Fécamp, recette particulière de 5e. classe ; M. Leymin, *contr. de ville* de 3e. classe.

Neufchatel, direction de 5e. classe, recette particu-

OBJETS
des Bulletins et renvois
aux Ouvrages dont ils
sont le supplément.

BULLETINS.

lière de 6e. classe ; MM. Delannoise , *dir.* , Morel , *entrep.*, Bonnin Volpesnil , *cont. amb.* de 1re. cl.

YVETOT , direction de 4e. classe, recette particulière de 5e. classe ; MM. Sabès , *direct.* , Le Sauniers , *entrep.* , Réguault, *contr. de ville* de 3e. classe.

Caudebec , recette particulière de 6e. classe.

SEINE ET MARNE. (*Inspection générale de Troyes.*)

MELUN , direction de 5e. classe , recette particulière de 5e. classe; MM. Rome , *direct.* , Hachin Courbeville , *entrep.* , Petit, *contr. amb.* de 1re. classe, Frezet , *contr. de ville* de 3e. classe.

COULOMMIERS, direction de 7e. classe; MM. Pacate , *direct.* , Gaugain de Saint-Vigor , *entrep.*

FONTAINEBLEAU , direction de 5e. classe , recette particulière de 5e. classe ; MM. Mercier, *direct.* , Daiguillon , *entrep.* , Auger , *contr. de ville* de 3e. classe.

MEAUX , direction de 4e. classe, recette particulière de 4e. classe ; MM. Lebreton , *direct.* , Le Duc (Viollet) , *entrep.* , Tondu Quennefer , *contr. amb.* de 1re. classe, Camiat, *contr. de ville* de 3e. classe.

PROVINS , direction de 7e. classe, recette particulière de 5e. classe ; MM. Daubigny, *directeur* , Grandjean de Fouchy, *entrep.*, Oudaille , *contr. de ville* de 3e. classe.

SEINE ET OISE. (*Insp. gén. de Paris.*)

VERSAILLES, direction de 2e. classe , recette particulière de 2e. classe ; MM. Randon-Duthil , *direct.*, Huot, *entrep.* , Parseval, *cont. amb.* de 1re. cl. Saladin, *contr. de ville* de 2e. classe.

BULLETINS.	OBJETS des Bulletins et renvois aux Ouvrages dont ils sont le supplément.

Sèvres , recette particulière de 5ᵉ. classe ; M. Jeannet; *contr. de ville* de 3ᵉ. classe.

Argenteuil , recette particulière de 5ᵉ. classe.

Saint-Germain-en-Laye , recette particulière de 4ᵉ. classe ; M. Lallemant de la Pommeraye , *contr. de ville* de 2ᵉ. classe.

Corbeil, direction de 4ᵉ. classe , recette particulière de 5ᵉ. classe; MM. Saligny , *direct.* , Aubry, *entrep.* , Pajot de Marcheval , *contr. amb.* de 1ʳᵉ. classe , Lambert, *contr. de ville* de 3ᵉ. cl.

Etampes, direction de 6ᵉ. classe , recette particulière de 5ᵉ. classe ; MM. Duportail, *direct.* , Berthier de Sauvigny (Mᵐᵉ Vᵉ.) , *entrep.* , Deville , *contr. de ville* de 3ᵉ. classe.

Mantes, direction de 5ᵉ. classe , recette particulière de 6ᵉ. classe ; MM. Regnier, *direct.*, Le Comte , *entrep.*, De Saint-Gilles , *contr. de ville* de 3ᵉ. classe.

Pontoise, direction de 3ᵉ. classe , recette particulière de 5ᵉ. classe ; MM. Frouart , *direct.* , De Sainte-Hermine (Mᵐᵉ.Vᵉ.) , *entrep.* , Lambert-Lolieur, *contr. amb.* de 1ʳᵉ. classe , Bigault de Boureuille, *contr. de ville* de 3ᵉ. classe.

Rambouillet , direction de 5ᵉ. classe , recette particulière de 6ᵉ. classe ; MM. Fortin , *direct.* , Depoléon , *entrep.*

SÈVRES (Deux). (*Insp. gén. de Tours.*)

Niort, direction de 5ᵉ. classe, recette particulière de 4ᵉ. classe ; MM. Brunie, *direct.*, Agier, *entrep.*, Bloquel, *contr. amb.* de 3ᵉ. classe, Andrieux-Miremont, *contr. de ville* de 2ᵉ. classe.

Thouars, direction de 8ᵉ. classe , recette particulière de 7ᵉ. classe ; MM. Millot, *direct.*, Allard , *entrep.*

OBJETS des Bulletins et renvois aux Ouvrages dont ils sont le supplément.	BULLETINS.

MELLE, direction de 8e. classe; MM. Roy, *direct.*, De Neufchaise, *entrep*.

PARTHENAY, direction de 8e. classe, recette particulière de 6e. classe; MM. Gorrin, *direct.*, De Mondion, *entrep.*, Lemagnent, *contr. amb.* de 3e. classe.

SOMME. (*Insp. gén. de Lille.*)

AMIENS, direction de 2e. classe, recette particulière de 2e. classe; MM. Marsilly de Commines, *direct.*, Bonefoy, *entrep.*, Fontaine, *contr. amb.* de 1re. classe, Gruson et Fourré, *contr. de ville* de 1re. classe.

ABBEVILLE, direction de 4e. classe, recette particulière de 4e. classe, MM. Delagarde, *direct.*, De Monfort, *entrep.*, Boé, *contr. amb.* de 1re. classe, Beauger, *contr. de ville* de 2e. classe.

Saint-Vallery, M. Faivre, *contr. de ville* de 3e. cl.

DOULLENS, direction de 8e. classe, recette particulière de 6e. classe; MM. Joly, *direct.*, Loyer, *ent.*

MONTDIDIER, direction de 5e. classe, recette particulière de 6e. classe; MM. Torchon, *direct.*, Thory, *entrep*.

Roye, recette particulière de 6e. classe.

PÉRONNE, direction de 4e. classe, recette particulière de 5e. classe; MM. Boishamon de Classé, *direct.*, De Héricourt, *entrep.*, Prophète, *contr. amb.* de 1re. classe, Girard, *contr. de ville* de 3e. classe.

TARN. (*Inspect. gén. de Cahors.*)

ALBY, direction de 8e. classe, recette particulière de 5e. classe; MM. Dargamaratz, *direct.*, Papailhau, *entrep.*, Penin, *contr. amb.* de 3e. classe, Arnail, *contr. de ville* de 3e. classe.

BULLETINS.	OBJETS des Bulletins et renvois aux Ouvrages dont ils sont le supplement.

CASTRES, direction de 7e: classe, recette particulière de 5e. classe ; MM. Merigonde, *direct.*, Bataillon, *entrep.*, Yver de la Bruchollerie, *contr. amb.* de 3e. classe, Brun, *contr. de ville* de 3e. classe.

GAILLAC, direction de 8e. classe, comprenant les arrondissemens de Gaillac et Lavaur, recette particulière de 6e. classe ; M. Clavier, *direct.*, Saint-Jullien (Mlle.), *entrep.*

Lavaur, recette particulière de 7e. classe.

TARN ET GARONNE. (*Inspection générale de Cahors.*)

MONTAUBAN, direction de 5e. classe, recette particulière de 4e. classe ; MM. Perrin, *direct.*, Portal, *entrep.*, Lachapelle, *contr. amb.* de 3e. classe, Lebrun de Mark, *contr. de ville* de 2e. classe.

MOISSAC, direction de 6e. classe, comprenant les arrondissemens de Moissac et de Castel-Sarrasin ; MM. Billecoq, *direct.*, Beaumes, *entrep.*

Castel-Sarrasin, recette particulière de 7e. classe.

VAR. (*Inspection gén. de Marseille.*)

DRAGUIGNAN, direction de 7e. classe, recette particulière de 6e. classe; MM. Guillemet, *directeur*, Reynaud, *entrep.*, Tillion, *contr. amb.* de 3e. classe, Lachaux, *contr. de ville* de 3e. classe.

BRIGNOLLES, direction de 7e. classe, recette particulière de 7e. classe; MM. Latil, *direct.*, Machelard, *entrep.*

GRASSE, direction de 7e. classe, recette particulière de 6e. classe ; MM. Couret, *direct.*, Sadde, *entrep.*, Reille, *contr. de ville* de 3e. classe.

TOULON, direction de 3e. classe, recette particulière de 3e. classe ; MM. Geffrier, *direct.*, Boursier,

OBJETS
des Bulletins et renvois
aux Ouvrages dont ils
sont le supplément.

BULLETINS.

entrep., Penchaud, *contr. amb.* de 2e. classe,
Bovis (de) et Blégier, *contr. de ville* de 2e. cl.

VAUCLUSE. (*Insp. gén. de Marseille.*)

Avignon, direction de 3e. classe, comprenant les arrondissemens d'Avignon et de Carpentras, recette particulière de 3e. classe; MM. Thumin, *direct.*, Gauthier de Saint-Paulet (Mme.), *entrep.*, Billion Duplan, *contr. amb.* de 3e. classe, Archier, *contr. de ville* de 2e. classe.

Carpentras, recette particulière de 6e. classe; M. Bonnardel-Argenty, *contr. de ville* de 3e. classe.

Apt, direction de 8e. classe; MM. Sablières-des-Hayes, *direct.*, Desaporta, *entrep.*

Orange, direction de 8e. classe, recette particulière de 7e. classe; MM. Trousset, *direct.*, Essautier (Mme. Ve.), *entrep.*

VENDÉE. (*Inspect. gén. de Tours.*)

Bourbon-Vendée, direction de 7e. classe, recette particulière de 6e. classe; MM. Levicomte, *direct.*, Nicolon des Abbayes (Mme.), *entr.*, Rigaud, *contr. de ville* de 3e. classe.

Fontenay, direction de 6e. classe, recette particulière de 5e. classe; MM. Palustre, *direct.*, Pyonnier, *entrep.*, Eparvier, *contr. amb.* de 3e. classe, De Nogent, *contr. de ville* de 3e. classe.

Les Sables, direction de 6e. classe, recette particulière de 6e. classe; MM. Lefèvre de Vaux, *direct.*, Veau, *entrep.*, Massion, *contr. amb.* de 3e. classe, Bordaz, *contr. de ville* de 3e. classe.

VIENNE. (*Inspect. gén. de Tours.*)

Poitiers, direction de 4e. classe, recette particulière

BULLETINS. --

OBJETS
des Bulletins et renvois
aux Ouvrages dont ils
sont le supplément.

de 3ᵉ. classe ; MM. Bourguignon, *direct.*, De Menou, *entrep.*, Duchène, *contr. amb.* de 3ᵉ. classe, Chierdel et Roblain, *contr. de ville* de 2ᵉ.cl.

CHATELLERAULT, direction de 8ᵉ. classe, recette particulière de 5ᵉ. classe; MM. Danglure, *direct.*, Odit, *entrep.*, Jahan, *contr. de ville* de 3ᵉ. classe.

CIVRAY, direction de 8ᵉ. classe, recette particulière de 7ᵉ. cl. ; MM. Durand, *direct.*, Herault, *entrep.*

LOUDUN, direction de 8ᵉ. classe, recette particulière de 7ᵉ. classe ; MM. Bourdet - Cadeville, *direct.*, Hersant de la Rougerie, *entrep.*, Rapatel, *contr. amb.* de 3ᵉ. classe.

MONTMORILLON, direction de 8ᵉ. classe, recette particulière de 7ᵉ. classe ; MM. Peragallo, *direct.*, Bichier des Ages, *entrep.*, Barillau, *contr. amb.* de 3ᵉ. classe.

VIENNE (HAUTE). (*Inspection générale de Limoges.*)

LIMOGES, direction de 4ᵉ. classe, recette particulière de 3ᵉ. classe ; MM. Mauriet, *direct.*, Dubouzet (Mˡˡᵉ.), *entrep.*, Von-Elsberg, *contr. amb.* de 3ᵉ.classe, Simonin et Chanal, *contr. de ville* de 2ᵉ.cl.

BELLAC, direction de 7ᵉ. classe ; MM. Dunogué, *direct.*, Tarneau, *entrep.*, Legendre, *contr. amb.* de 3ᵉ. classe.

ROCHECHOUART, direction de 8ᵉ. classe ; MM. Renauld, *direct.*, Castelnau, *entrep.*

SAINT-YRIEX, direction de 8ᵉ. classe, recette particulière de 7ᵉ. classe; MM. Valentin, *direct.*, Montbron (de), *entrep.*

VOSGES. (*Insp. gén. de Strasbourg.*)

EPINAL, direction de 6ᵉ. classe, recette particulière de 5ᵉ. classe; MM. Bonnefoy, *direct.*, Bassange,

OBJETS des Bulletins et renvois aux Ouvrages dont ils sont les supplément.	BULLETINS.

entrep., Lereboullet, *contr. amb.* de 2e. classe, Châtel, *contr. de ville* de 3e. classe.

MIRECOURT, direction de 8e. classe, recette particulière de 6e. classe; MM. Cagniard, *direct.*, Tiroche, *entrep.*

NEUFCHATEAU, direction de 8e. classe, recette particulière de 6e. classe; MM. Parisot, *direct.*, Lyon de Buselot, *entrep.*

REMIREMONT, direction de 8e. classe, recette particulière de 6e. classe; MM. Rey, *dir.*, Bresson, *entr.*

SAINT-DIÉ, direction de 6e. classe, recette particulière de 5e. classe; MM. Comeau, *direct.*, Chappuy, *entrep.*, Anthoine, *contr. amb.* de 3e. classe.

YONNE. (*Inspect. gén. de Troyes.*)

AUXERRE, direction de 6e. classe, recette particulière de 5e. classe; MM. Bajat, *direct.*, Daleyrac, *entrep.*, Hettier de Beaulieu, *contr. amb.* de 3e. classe, Ponsin, *contr. de ville* de 3e. classe.

AVALLON, direction de 8e. classe, recette particulière de 7e. classe; MM. Bureau, *direct.*, Joachim, *entrep.*, Dorizy, *contr. amb.* de 3e. classe, Culembourg, *contr. de ville* de 3e. classe.

JOIGNY, direction de 7e. classe, recette particulière de 6e. classe; MM. Royer, *direct.*, Lavollée, *entrep.*, Piednoël, *contr. de ville* de 3e. classe.

SENS, direction de 8e. classe, recette particulière de 5e. classe; MM. Dubaux, *directeur*, Levert, *entrep.*, Laval, *contr. amb.* de 3e. classe, Pérard, *contr. de ville* de 3e. classe.

TONNERRE, direction de 8e. classe, recette particulière de 7e. cl.; MM. Léorier, *dir.*, Fayard de Bourdeille, *entrep.*

AVIS ESSENTIEL. — MM. les Employés compris dans la présente organisation, ne doivent pas perdre de vue que les

BULLETINS.	OBJETS des Bulletins et renvois aux Ouvrages dont ils sont le supplément.

emplois y sont classés *à raison des localités ;* ainsi, il n'y a pas, à proprement parler, de contrôleurs ambulans ou de contrôleurs de ville, de 1re. ou de 2e. classe; mais bien des employés occupant un contrôle ambulant ou de ville, de 1re. ou de 2e. classe; il en est de même des directeurs.

EMPLOYÉS SUPÉRIEURS DES MANUFACTURES DE TABAC.

Paris, MM. Desmarest, *régisseur*, Philippon, *inspecteur de fabrication*, Duvivier, *contrôleur de manufactures*, Dumas, *garde-magasin*.

Lille, MM. Kolb, *rég.*, Maillot, *inspect. de fab. ;* Libas, *contr. de man.*, Roucher, *gard.-mag.*

Le Havre, MM. Boursy, *rég.*, Cousin-Lavarenne, *inspect. de fab.*, Le Bouvier, *contr. de manuf.*, Esnault, *gar.-mag.*

Morlaix, MM. Brulard, *rég.*, Loriot, *insp. de fab.*, Cailleux, *contr. de man.*, Antoine, *gar.-mag.*

Bordeaux, MM. Tournier, *rég.*, Allemand-Dulauron, *inspect. de fab.*, Fieuzal, *contr. de man.*, Castéra, *gar.-mag.*

Tonneins, MM. Faure-le-Caussade, *rég.*, Lafond-du-Cujula, *inspect. de fab.*, Legrand, *contr. de man.*, Fontaine, *garde-magasin*.

Toulouse, MM. Menard, *rég.*, Lamy, *inspect. de fab.*, Roux, *contr. de man.* Lamothe, *gar.-mag.*

Marseille, MM. Accinelly, *rég.* Moyroud, *insp. de fab.*, Prat, *contr. de man.*, Plauche, *gar. mag.*

Lyon, MM. Colomb, *rég.*, Teissier, *inspect. de fab.*, Turquin, *contr. de man.*, Simonard, *gar -mag.*

Strasbourg, MM. Guibert, *rég.*, Droz, *insp. de fab.*, Playoult, *contr. de man.*, Vandeper, *gar.-mag.*

| OBJETS des Bulletins et renvois aux Ouvrages dont ils sont le supplément. | BULLETINS. |

BULLETIN N°. 147. Un simple certificat d'employés de la régie, attestant que des eaux-de-vie, circulant avec un acquit-à-caution portant une destination fixe, sont arrivées dans un lieu *autre que celui de cette destination,* ne suffit pas pour opérer la décharge de cet acquit. (*Arrêt de cassation, section civile, du* 20 *décembre* 1820.)

Le 16 janvier 1816, le sieur Tort, distillateur à Prades, prit un acquit-à-caution au bureau de Montolieu, pour trois pièces d'eau-de-vie, contenant ensemble six hectolitres quarante litres, qu'il déclara faire conduire, pour son compte, à *Alby*, département du Tarn, *en passant par Castres.* Il s'engagea, comme il est d'usage, conjointement avec une caution, à rendre ces boissons à la destination déclarée dans le délai de six jours, et à rapporter, avant le quinze février suivant, pour tout délai, l'acquit-à-caution dûment visé et revêtu du certificat constatant l'arrivée, sous les peines de droit.

Le sieur Tort dirigea donc ses eaux-de-vie sur Castres; il y fit, dit-il, rencontre du sieur Enjalbal, avec lequel il les échangea pour du merrein. Il restait à décharger l'acquit-à-caution, voici ce qu'on lit au dos de cet acte:

« Cejourd'hui dix-neuf janvier mil huit cent seize, nous soussignés, employés des droits réunis, résidant à la porte Saix, arrondissement de Castres, département du Tarn, certifions que la quantité de trois pièces eau-de-vie, contenant six hectolitres quarante litres, énoncée d'autre part, est arrivée le dix-huit janvier mil huit cent seize à Castres, chez le sieur Coggé, destinataire pour M. Enjalbal. »

Le reste du modèle de certificat de décharge est resté en blanc, ainsi que l'espace laissé pour la signature.

Vient ensuite le modèle préparé pour la déclaration des soumissionnaires de l'acquit-à-caution, quand ils

BULLETINS.

OBJETS
des Bulletins et renvois
aux Ouvrages dont ils
sont le supplément.

rapportent l'acquit-à-caution au bureau d'enlèvement, on y lit que les actes de décharge dont il est revêtu sont tels qu'ils nous ont été remis par M. Tort, demeurant à Peyriac, profession d : *en blanc*); à Castres, le 19 janvier 1816. Signé Barran.

Il faut remarquer que les soumissionnaires étaient les sieurs Tort et Roument, sa caution; que le bureau d'enlèvement était celui de Montolieu, département de l'Aude, tandis qu'il paraît que le sieur Barran était buraliste à la porte Saix, à Castres, département du Tarn.

Le sieur Tort reste tranquille sur cette opération, sans s'occuper de la remise de l'acquit.à caution.

Le quatorze février mil huit cent dix-sept, plus d'un an après, il fut décerné contre lui une contrainte pour la somme de cent vingt-un francs seize centimes, et le vingt-un septembre suivant, une saisie brandon fut faite à son préjudice, à la requête de la régie. Dans l'instance, et il ne paraît pas que l'on ait contesté que ce fût postérieurement à cette saisie brandon, l'acquit-à-caution fut remis par le sieur Tort au bureau de la régie.

Dès le trente du même mois de septembre mil huit cent dix-sept, le sieur Tort avait formé opposition aux actes faits à son préjudice, et il se fondait sur ce que la somme à lui demandée n'était pas due, et que s'il y avait à exercer quelque contrainte, c'était contre le sieur Enjalbal de Castres qu'elle devait être dirigée.

Le huit octobre le sieur Tort fut assigné en débouté de son opposion, et lui-même, dans la huitaine, il appela en garantie le sieur Enjalbal.

Toutes les parties comparurent et conclurent, le sieur Tort à l'annullation de la contrainte et de la saisie brandon, et subsidiairement à la garantie contre Enjalbal.

Celui-ci conclut, attendu que les eaux-de-vie qui lui ont été remises par Tort ne doivent rien à la régie, puisque Tort ne lui en a fait la vente qu'autant qu'il s'était déjà mis en règle relativement à l'acquit-à-caution et à la décharge dudit acquit-à-caution ; attendu qu'en

OBJETS
des Bulletins et renvois
aux Ouvrages dont ils
sont le supplément.

BULLETINS.

serait - il autrement, il ne peut être responsable de rien dans cette cause ; il plaise au tribunal le relaxer de la demande.

La régie soutient que l'acquit-à-caution délivré par le receveur de Montolieu, n'ayant point été rapporté dans le délai fixé, il y avait eu lieu, en conformité de l'article 12 de la loi du 22 août 1791, à décerner contre le sieur Tort une contrainte pour le paiement du double droit ; que le certificat de décharge, inscrit au dos dudit acquit est illégal, l'article 6 de la même loi déclarant insuffisante la signature d'un seul employé; que celle qu'on remarque au bas dudit acquit, émane d'un buraliste qui n'a pas de caractère pour signer les décharges ; que l'art. 10 de la même loi astreint les soumissionnaires à certifier la remise des décharges des acquits-à-caution au moment où ils l'opèrent, ce qui n'a pas eu lieu non plus dans la cause ; qu'il y avait donc lieu de rejeter l'opposition du sieur Tort.

Les conclusions du ministère public ayant servi de base au jugement attaqué, il est inutile de les rapporter ici.

Enfin, la cause, après avoir été présentée aux audiences des 8, 10, 14 et 21 janvier 1818, fut jugée à celle du 5 février suivant en ces termes :

« Considérant que la régie rapporte l'acquit-à-caution avec le certificat de décharge exigé par la loi ; qu'elle produit elle-même le titre qui doit déterminer le relax du sieur Tort, puisqu'il demeure alors établi que les droits ont été acquittés ; considérant que, d'après les lois invoquées par la régie, le double droit ne peut être acquis lorsqu'il y a simple retard de remettre la décharge de l'acquit-à-caution ; que ce retard peut tout au plus légitimer les poursuites faites par la régie ; considérant que le défaut de deux signatures des employés sur la décharge, est couverte par la remise et la réception de cette décharge par la régie, qui l'a produite elle-même ; qu'elle ne peut se faire un titre de la négligence de ses employés ; qu'elle ne contredit pas d'ailleurs le fait attesté par cette décharge;

BULLETINS.

OBJETS
des Bulletins et renvois
aux Ouvrages dont ils
sont le supplément.

qu'une simple omission, un vice de forme, imputable aux seuls employés, ne peuvent donner ouverture à une condamnation, qui n'est, et ne peut être que la peine décernée contre une contravention aux droits, et non contre une simple omission de formalités dans les écritures; considérant que le relax de Tort étant reconnu juste, il devient inutile de s'occuper de la garantie, et enfin que celui qui succombe doit supporter les dépens; le tribunal annulle la contrainte et la saisie, avec dépens envers toutes les parties.

La direction se pourvut en cassation de ce jugement, et sa requête fut admise par arrêt du 31 mars 1819, notifié le 1er. juin suivant, au sieur Tort, qui ne jugea pas à propos de comparaître.

Dans sa requête en cassation, la régie a d'abord rappelé que, depuis la loi de 1806 jusqu'à celle du 28 avril 1816, article 230, tout ce qui concerne les acquits-à-caution délivrés par elle, a dû être réglé par les dispositions de la loi du 22 août 1791. Il suffit maintenant de rapporter les dispositions du titre 3 de cette dernière loi, pour établir l'erreur dans laquelle est tombé le tribunal de Carcassonne. Pas une des formalités exigées par cette loi pour la régularité des décharges, n'a été remplie.

Par l'article 4, les expéditionnaires et leurs cautions s'obligent à payer la valeur des marchandises, avec amende, s'ils ne rapportent au *bureau de départ*, *dans le délai fixé*, l'acquit-à-caution *valablement déchargé.*

Par l'article 6, les certificats de décharge doivent être signés *au moins de deux préposés.*

Par l'article 10, les soumissionnaires, en rapportant lesdits acquits valablement déchargés, doivent certifier la remise qu'ils en font, et déclarer le nom, la demeure et la profession de celui qui leur aura remis le certificat de décharge, pour être procédé contre lui, s'il y a lieu.

Par l'article 12, à défaut de certificat de décharge, *dans les délais fixés*, les receveurs de la régie doivent exiger le paiement du double droit, par la voie de la contrainte.

OBJETS
des Bulletins et renvois
aux Ouvrages dont ils
sont le supplément.

BULLETINS.

Par l'article 14, lorsque les acquits ont été déchargés en temps utile, et qu'ils sont représentés dans les six mois qui suivent l'expiration du délai dans lequel ils devaient être rapportés, le double droit payé doit être restitué ; les frais seulement, sont acquis à la régie. « Après ledit délai de six mois, est-il ajouté dans cet article, aucunes réclamations ne seraient admises. »

Si l'on applique tous ces articles à la cause, on trouve que le tribunal les a violés tous.

En effet, on s'est fondé d'abord sur l'assertion, que les eaux-de-vie sont arrivées à *Castres*, le 18 janvier 1816 ; mais *Castres* n'était pas le lieu de la destination déclarée, ce n'était qu'un lieu de passage, et l'acquit-à-caution portait pour destination la ville d'*Alby*.

En les vendant, a-t-on payé le droit auquel sont soumises toutes les eaux-de-vie, depuis 1812, soit qu'elles soient adressées à des consommateurs ou à des personnes soumises aux exercices ? Il n'en est pas dit un mot. Au contraire, le vendeur a soutenu qu'il fallait s'adresser à l'acheteur, et il l'a appelé en garantie. Celui-ci a soutenu, de son côté, qu'il n'avait acheté les eaux-de-vie qu'après que le vendeur se serait mis en règle pour la décharge de l'acquit-à-caution ; aucun des deux n'a donc même prétendu avoir payé le droit.

Aussi n'ont-ils pas obtenu la décharge légale de l'acquit-à-caution ; aussi n'ont-ils pas rapporté ladite décharge, ni avant le 15 février 1816, délai fixé, ni dans les six mois après ce délai ; ce n'est que lorsqu'il a été poursuivi, que le sieur Tort a essayé de présenter son acquit-à-caution comme valablement déchargé ; c'est après le 21 septembre 1817, qu'il l'a produit ; mais la direction qui en a aperçu de suite tous les défauts, a refusé d'interrompre ses poursuites, et a fait observer que Tort en étant resté détenteur, ne pouvait imputer le retard aux employés de la régie, et que, d'après l'article 10 ci-dessus cité, la seule remise de l'acquit au bureau, n'en opérait pas une approbation telle, que la régie ne fût plus recevable à opposer les vices qu'elle y découvrait.

BULLETINS.

OBJETS
des Bulletins et renvois
aux Ouvrages dont ils
sont l supplement.

Il n'y avait pas non plus ici un simple retard ; Tort devant rapporter l'acquit avant le 15 février, pouvait, à défaut de ce rapport, être poursuivi et contraint de payer le double droit; dans ce cas, la loi usait encore d'indulgence, et pendant six mois, après le 15 février, il pouvait encore obtenir la restitution du double droit, s'il rapportait l'acquit régulièrement déchargé dans le délai. Mais il n'a point profité de ce nouveau délai, ce n'est que plus d'un an après le délai expiré, qu'il a produit un simple certificat de l'arrivée des boissons *à Castres*; ce qui ne peut être assimilé à la décharge d'un acquit-à-caution à destination *d'Alby*, dont les formalités sont rigoureusement fixées par la loi, précisément parce qu'elles tendent à prévenir la fraude qui cherche toujours à se soustraire aux droits du fisc.

C'est en effet ce qui est arrivé dans l'espèce, où les boissons n'ont pas été rendues à leur destination déclarée, et où la vente a eu lieu en cours de transport, sans paiement du droit de détail ou de consommation, ou sans qu'elles aient été prises en charge chez un redevable soumis aux exercices.

Il y a donc, de la part du tribunal de Carcassonne, une contravention bien formelle aux articles précités de la loi du 22 août 1791, qui a été réprimée par arrêt de la cour de cassation, dans les termes suivants :

« La cour : ouï le rapport fait par M. le conseiller Le Gonidec, et les conclusions de M. l'avocat-général Cahier :

» Vu les articles 12 et 14 du titre 3 de la loi du 22 août 1791, des *acquits-à-caution*, lesquels articles sont ainsi conçus :

Article 12. « Si les certificats de décharge ne sont » pas rapportés dans les délais fixés sur les acquits-à- » caution, les préposés décerneront contrainte contre » les soumissionnaires et leurs cautions, pour le paie- » ment du double droit. »

Article 14. « Néanmoins, si lesdits soumissionnaires » rapportent dans le terme de six mois après l'expi- » ration du délai fixé par les acquits-à-caution, les

OBJETS
des Bulletins et renvois
aux Ouvrages dont ils
sont le supplément.

BULLETINS.

» certificats de déchargé en bonne forme et délivrés
» en temps utile, les droits, amendes ou autres sommes
» payés, leurs seront remis; ils seront néanmoins tenus
» des frais faits par la régie, jusqu'au jour du rapport
» desdites pièces; après ledit délai de six mois, au-
» cunes réclamations ne seront admises. »

» Attendu que le prétendu certificat de décharge,
remis par le sieur Tort, ne constate que l'arrivée à
Castres, déclaré simple lieu du passage des eaux-de-
vie dont *Alby* était la destination;

» Que cet acte ne présente aucune des formalités
expressément exigées par les articles 4, 6, 10, 12 et
14 de la loi de 1791, précisément dans la vue de prévenir la soustraction des droits dont l'acquit-à-caution
tend à assurer le paiement;

» Qu'il ne s'agit point ici d'un simple retard, puisque l'acquit-à-caution qui aurait dû être remis avant le
15 février 1816, ou au plus tard, dans les six mois suivans; ne l'a été que postérieurement au 21 septembre
1817, époque où aucune réclamation ne pouvait être
admise ;

» Qu'on ne saurait non plus accuser de négligence
les employés, puisqu'il a été mis en fait, et non contredit, que c'est le sieur Tort qui a fait la remise dudit
acte, dont il paraît qu'il était resté le détenteur;

» Attendu enfin, que bien loin qu'il soit justifié
de l'acquittement du droit dû sur les eaux-de-vie, il
résulte au contraire de la défense des parties elles-mêmes
qu'aucune d'elles ne prétend même l'avoir acquitté,
puisque d'une part le vendeur soutient que l'on doit
s'adresser à l'acheteur, et que celui-ci déclare qu'il ne
les a achetées qu'après que le sieur Tort s'est mis en
règle pour la décharge de l'acquit-à-caution :

» Par tous ces motifs, la cour donne défaut contre le
sieur Tort, et pour le profit, casse et annulle, etc. »

BULLETIN 147 *bis*. Les voitures des convois
militaires lorsqu'elles ne sont employées qu'à

BULLETINS.

OBJETS
des Bulletins et renvo's
aux Ouvrages dont ils
sont le supplément.

CONVOIS
MILITAIRES.

EXEMPTION
DES DROITS.

ce genre de service, et qu'elles ne servent d'ailleurs à aucune spéculation commerciale qui les fasse entrer dans les cas prévus par les articles 112 et 113 de la loi du 25 mars 1817, ne peuvent être considérées comme voitures publiques, ni par conséquent être assujéties aux droits. *(Avis des comités réunis de la guerre, des finances et de la législation, au conseil-d'état, du 2 février 1819.)*

« Extrait du procès-verbal des séances extraordinaires de plusieurs comités du conseil-d'état, réunis sur la demande spéciale des ministres.

» Séance du 2 février 1819, M. Mazoyer, maître des requêtes, rapporteur ;

» Les comités de législation, des finances, de la guerre réunis, sur le renvoi qui leur a été fait par monsieur le garde-des-sceaux, d'une lettre de son excellence le ministre secrétaire d'état de la guerre, en date du 27 novembre 1818, par laquelle ce ministre, refusant de reconnaître la légalité de l'application que la régie des Contributions indirectes voudrait faire aux voitures des convois militaires, des dispositions établies pour les voitures publiques, pas l'article 113 de la loi des finances, du 25 mars 1817, demande que cette question soit examinée en conseil-d'état :

» Vu les diverses pièces de la correspondance qui a eu lieu à cet égard entre les ministres de la guerre et des finances, dans laquelle ce dernier conclud en faveur de la régie :

» Vu la loi des finances du 25 mars 1817, et notamment les articles 112 et 113 :

» Ensemble toutes les pièces comprises au dossier de l'affaire ;

» Considérant que le droit imposé par l'article 113 de la loi précitée, ne frappe que les voitures dites *voitures publiques*; que les voitures des convois militaires,

OBJETS
des Bulletins et renvois
a x Ouvrages dont ils
sont le supplément.

BULLETINS.

en tant qu'elles ne servent à transporter que des militaires ou des effets militaires, aux frais de l'état, ont une destination spéciale et exclusive, dont le principal caractère et l'effet essentiel sont d'en interdire l'usage au public; et que d'ailleurs ce mode particulier de servir, ne peut donner lieu à aucun transport frauduleux, que les agens des Contributions indirectes ne puissent constater et poursuivre;

» SONT D'AVIS, que les voitures des convois militaires, lorsqu'elles ne sont employées qu'à ce genre de service, et qu'elles ne servent d'ailleurs à aucune spéculation commerciale qui les fasse entrer dans les cas prévus par les art. 112 et 113 de la loi des finances du 25 mars 1817, ne peuvent être considérées comme voitures publiques, ni par conséquent, être assujéties au droit imposé sur les voitures qualifiées de ce dernier nom, par le paragraphe 4 du titre 7 de ladite loi. »

Traité du contentieux, tom. 1, p. 176, § III.

Cette décision a été transmise à l'administration des Contributions indirectes par son excellence le ministre des finances, le 12 mars de la même année. L'affranchissement qu'elle consacre, doit être limité aux voitures employées au service des convois militaires, et seulement pendant le temps que ces voitures effectuent ce service. Ainsi, si un préposé des convois militaires transportait des voyageurs, pour son propre compte, quoique dans une voiture appartenant à l'entreprise, il serait en contravention, et l'on devrait verbaliser contre lui; il en serait de même, si les voyageurs transportés étaient des militaires à qui la voiture ne serait pas accordée par la feuille de route ou l'ordre de l'autorité, et qui auraient traité de gré à gré avec l'entrepreneur. Il est donc convenable que les employés, qui soupçonnent un entrepreneur d'abuser de la franchise qui lui est accordée, s'assurent si les transports faits par cet entrepreneur s'effectuent pour le compte de l'état, conformément à son marché; ou s'ils ont lieu en vertu de conventions particulières qui feraient rentrer son entreprise dans les dispositions des articles précités de la loi du 25 mars 1817.

BULLETINS.

OBJETS
des Bulletins et renvois
aux Ouvrages dont ils
sont le supplément.

BULLETIN N°. 148. Lorsqu'une contravention repose sur une différence entre *l'espèce ou
la qualité* de l'objet saisi et celle énoncée en la
déclaration, ou sur l'expédition qui l'accompagne, le procès-verbal ne fait foi en justice
de l'espèce ou de la qualité de l'objet saisi,
qu'autant que la différence a été reconnue par
le prévenu lui-même, d'une manière formelle.
Dans le cas contraire, les tribunaux peuvent,
sans violer la foi due aux procès-verbaux, et
bien qu'il n'y ait pas d'inscription de faux
contre cet acte, ordonner que l'espèce ou la
qualité du liquide saisi sera vérifiée par experts. *(Arrêt de rejet, du 6 avril* 1821. *)*

SAISIE D'OBJETS
DONT L'ESPÈCE OU
LA QUALITÉ
SONTCONTESTÉES.

Par procès-verbal du 19 mai 1819, les préposés
de l'octroi d'Orléans constatèrent que le sieur Orgerie,
voiturier, sortant de la ville, et conduisant une voiture, entra au bureau de l'octroi, et demanda qu'il lui
fût délivré deux certificats de sortie, pour trois fûts
de vin, et un de *lie,* qu'il conduisait. L'acquit-à-caution qui accompagnait ce chargement porte que ledit
jour, le sieur Asselineau-Courtin, négociant et entrepositaire, a déclaré vouloir extraire de son magasin et
conduire à la commune d'Olivets, deux fûts de *vin
rouge* et un fût de *vin blanc,* contenant ensemble trois
hectolitres cinquante-quatre litres, plus un fût de *lie,*
contenant cinquante-neuf litres.

Sur cette déclaration, les préposés procédèrent à la
dégustation desdites futailles. Ils reconnurent et *firent
reconnaître* au voiturier, que son chargement était
composé: 1°. de deux demi-poinçons, jauge d'un hectolitre dix-huit litres chaque, de *lie fouettée* avec de l'eau
et autre matière inconnue, *d'une couleur noirâtre et
non vineuse,* déclarée par le sieur Asselineau comme
vin rouge; 2°. d'un demi-poinçon de vin blanc, jauge
d'un hectolitre dix-huit litres, d'une qualité *non potable;*

Traité du con-
tentieux, *tom.* 1,
p. 436, 352 *et*
402.

OBJETS
des Bulletins et renvois
aux Ouvrages dont ils
sont le supplement.

BULLETINS.

3°. et enfin d'un fût de *lie*, contenant cinquante-neuf litres de *lie*.

On fit observer au voiturier que son chargement n'était pas d'accord avec la déclaration, puisqu'il réclamait la décharge de deux demi-poinçons de vin rouge, au nom du sieur Asselineau, qui, sans doute, voulait se remplacer de deux demi-poinçons de vin rouge qu'il avait livrés à la consommation sans acquit des droits.

En conséquence, et vu la contravention aux articles 17, 19, 27 de la loi du 28 avril 1816, et à l'article 19 du réglement de l'octroi d'Orléans, les préposés déclarèrent procès-verbal et saisie de deux demi-poinçons de vin rouge, et d'un demi-poinçon de vin blanc, ensemble trois hectolitres cinquante-quatre litres, représentant les trois demi-poinçons de vin mentionnés en l'acquit-à-caution.

Indépendamment de cette saisie, les préposés déclarèrent au voiturier qu'ils allaient saisir la voiture et le cheval, s'il ne fournissait caution. Alors se présenta le sieur Rousseau, débitant de boissons : sa solvabilité n'étant pas connue, il obtint main-levée des objets de transport en consignant une somme. Il déclara en outre qu'il était propriétaire de ce vin, et qu'il se portait caution du voiturier. Immédiatement après, les préposés déposèrent les poinçons saisis dans le magasin de l'entreposeur central.

Tels sont les faits relatés au procès-verbal.

L'instance engagée entre la régie et le sieur Asselineau, celui-ci appela le sieur Rousseau en garantie.

Par jugement rendu le 19 juin 1819, le tribunal d'Orléans ordonna, avant de faire droit, que les trois demi-poinçons de vin rouge et blanc saisis, seraient *dégustés* par experts.

Les motifs sont : « Que si, d'un côté, les préposés prétendent que les deux demi-poinçons chargés pour vin rouge, sont remplis d'un liquide non vineux, composé seulement de lie rouge fouettée avec de l'eau ; d'un autre côté, le sieur Asselineau, sous le nom duquel les liquides saisis ont été expédiés, et le sieur Rousseau,

BULLETINS.

OBJETS
des Bulletins et renvois
aux Ouvrages dont ils
sont le supplément.

appelé en garantie comme propriétaire de ces *liquides*, soutiennent que les deux demi-poinçons expédiés comme vin rouge, sont véritablement du vin rouge de la récolte de 1816, qui ne produit que des vins d'une très-mauvaise qualité, incapables de se soutenir ;

» Que les préposés des Contributions indirectes ne peuvent prétendre à être des gourmets-experts infaillibles ;

» Que la grande confiance que la loi accorde à tous procès-verbaux ne s'étend point au jugement qu'ils portent sur la qualité et la nature des liquides ;

» Que, sans déroger au vœu de la loi qui dit que foi est due à leurs procès-verbaux, la justice *doit admettre* qu'ils peuvent se tromper, quand ils prononcent sur la qualité d'une liqueur plus ou moins vineuse ou spiritueuse;

» Que quand il y a contrariété, sur ce point, entre leur jugement et l'assertion des parties intéressées, la justice exige que des experts dégustateurs fixent l'incertitude des tribunaux, pour les mettre en état de prononcer en connaissance de cause. »

Ces motifs ayant été adoptés par la cour d'Orléans, le 21 septembre suivant, la régie se pourvut en cassation.

Elle soutint, devant cette cour, que l'arrêt précité de la cour d'Orléans contenait une violation évidente des lois spéciales de la matière, notamment, 1°. de l'article 21 du décret du 1er. germinal an 13, qui porte : « Les procès-verbaux énonceront..... la cause » de la saisie....., *l'espèce*, poids et mesure *des objets* » *saisis*, etc. »; et de l'article 26 du même décret, lequel dit : « Que les procès-verbaux ainsi rédigés et affirmés, » seront crus jusqu'à inscription de faux;

2°. De l'article 33 du décret du 5 mai 1806, ainsi conçu: « Les employés sont autorisés à faire toutes les » dégustations nécessaires pour assurer la perception des » droits sur les *diverses espèces* de boissons. » Article dont la cour suprême a fait maintes fois l'application en faveur de la régie, notamment par ses arrêts des 31 juillet 1807, 8 juillet 1808 et 6 août 1813.

OBJETS
des Bulletins et renvois
aux Ouvrages dont ils
ont le supplément.

BULLETINS.

Il résulte de ces dispositions législatives, qu'en principe, le procès-verbal non argué de faux, fait foi de l'espèce et de la qualité de la boisson saisie ; qu'ainsi les tribunaux ne peuvent, sans violer la foi pleinement due à cet acte, ordonner, avant de faire droit, la dégustation par experts des boissons spécifiées dans un procès-verbal. Ces sortes d'actes doivent faire foi de *l'espèce* et de *la qualité* des boissons saisies, surtout lorsqu'il n'y a eu aucune contestation à cet égard *au moment où le procès-verbal a été rédigé*. Il n'est pas nécessaire alors de lever des échantillons de l'objet saisi, parce que le caractère public et légal dont les employés sont revêtus, donne à leur acte une authenticité qui ne peut être détruite que par la seule voie autorisée par la loi, c'est-à-dire par l'inscription de faux. Il en résulte que le particulier contre lequel les employés saisissent une futaille, qu'ils déclarent dans leur procès-verbal avoir reconnu contenir *du vin*, n'est pas admis postérieurement à prouver en justice, sans recourir à l'inscription de faux, que la pièce saisie contenait de l'eau, de la bierre ou tout autre liquide, lorsqu'au moment de la saisie il n'a pas élevé de doutes sur la qualification donnée par les employés au liquide saisi.

La régie convient qu'il en serait autrement, si, *lors de la saisie*, le prévenu avait *contesté le dire des préposés*. Comme, dans ce cas, le procès-verbal doit énoncer les moyens de défense allégués par le prévenu, et que cet acte fait également foi *de tout son contenu*, il en résulterait une incertitude réelle, qui ne pourrait être levée que par une vérification ultérieure ; dans ce cas, les préposés auraient pris un échantillon de l'objet saisi et l'eussent mis sous le double cachet de la régie et du prévenu. Alors l'expertise aurait pu être ordonnée par les tribunaux, sans violer la foi due au procès-verbal.

Mais il est à remarquer que, dans l'espèce, le procès-verbal constate que les préposés, après dégustation, ont reconnu *et fait reconnaître au voiturier*, que les deux demi poinçons contenaient *de la lie fouettée avec*

BULLETINS.

OBJETS
des Bulletins et renvois
aux Ouvrages dont ils
sont le supplément.

de l'eau ou autre matière inconnue, de couleur noirâtre et non vineuse; que le voiturier n'a point *contesté le fait,* ni même élevé aucun doute : conséquemment, il n'a point été levé ni dû être levé d'échantillons. Cette doctrine est consacrée par une foule d'arrêts du conseil et de la cour des aides, rapportés par Labellande, nombre 1693; et les deux arrêts de la cour de cassation, à la date des 22 août et 21 novembre 1817, rapportés au Traité du contentieux, tome 1er., page 436, nombre 367, semblent avoir confirmé cette jurisprudence.

La reconnaissance, de la part du voiturier, se trouve même confirmée par le sieur Rousseau qui, quoique se disant propriétaire du vin saisi, ne s'est présenté que pour obtenir, en consignant une somme, la main-levée des objets de transport. Il ne devait donc rester pour les tribunaux aucune espèce de doute, sur des faits qui *dans le moment même* n'ont pas été contestés par les parties intéressées. La cour d'Orléans, obligée de reconnaître en principe que les procès-verbaux font pleine foi en justice jusqu'à inscription de faux, veut vainement en éluder l'application, en *se créant un doute* qui, aux yeux de la loi, ne doit pas exister; en vain elle objecte que les employés ne peuvent prétendre à être des gourmets-experts infaillibles, que la justice doit admettre qu'ils *peuvent* se tromper sur la qualité d'une liqueur.

Ces raisonnemens, plus ou moins spécieux, ne peuvent détruire l'effet des lois spéciales qui donnent aux employés le droit de déguster les boissons, de constater *l'espèce*, poids et mesure des objets saisis, et qui veulent que les procès-verbaux fassent foi en justice jusqu'à inscription de faux. Le législateur, en ordonnant que la foi due aux procès-verbaux ne pourra être attaquée que par la voie de l'inscription de faux, a voulu empêcher les contrevenans d'éviter ou de retarder l'effet des condamnations par eux encourues, par des exceptions qui obligent à des procédures dont la lenteur est en opposition avec la célérité qu'exige la rentrée des deniers publics; telles que les enquêtes et expertises, et

OBJETS
des Bulletins,et renvois
aux Ouvrages dont ils
sont le supplément.

BULLETINS.

autres actes de procédure civile. La voie de l'inscription de faux qui leur est ouverte , étant plus dispendieuse et les exposant à une amende et à des dommages-intérêts, lorsqu'ils succombent , ils ne prennent cette voie que lorsqu'ils ont en effet la conscience de leur bon droit , et que celui-ci est appuyé sur des moyens solides : or , cette voie n'ayant pas été prise par les prévenus , les tribunaux devaient appliquer rigoureusement les articles 21 et 26 du décret du 1er. germinal an 13 , et l'article 33 du décret du 5 mai 1806.

Au reste , la fraude constatée par le procès-verbal sur lequel l'arrêt que l'on attaque a été rendu , est d'une évidence notoire. Pour s'en convaincre , il suffit de se rappeler les règles auxquelles sont soumis les marchands en gros et les entrepositaires , dans les lieux sujets au droit d'entrée , pour la conservation des divers droits sur les boissons.

Il est ouvert à chaque marchand un compte dont les charges se composent de toutes les boissons qu'il reçoit. Le compte est déchargé , pendant le cours du trimestre , de toutes les boissons sorties des magasins du marchand avec des expéditions de la régie ; et dans les lieux sujets au droit d'entrée , de toutes celles sorties de la ville.

Le compte des charges et des décharges étant rapproché à la fin du trimestre , les commis établissent les quantités qui *doivent rester* en magasin , et comparant ensuite ce résultat avec les quantités existantes réellement , ils reconnaissent par ce moyen s'il y a *un excédent* ou *un manquant* aux charges. *L'excédent* est une contravention , lorsqu'il n'est pas justifié par des expéditions de la régie , parce qu'il suppose nécessairement une introduction frauduleuse de boissons pendant le cours du trimestre. C'est ainsi que la cour l'a constamment jugé par ses arrêts , notamment par ceux du 21 novembre 1817 , et 25 septembre 1818. *Le manquant* n'est pas une contravention , parce qu'il peut avoir pour cause une consommation extraordinaire de famille , ou une perte de boissons non constatée , ou toute autre

BULLETINS.

OBJETS
des Bulletins et renvois
aux Ouvrages dont ils
sont le supplément.

cause légitime ; mais ce manquant est soumis par les art. 37 et 104 de la loi , au paiement des droits d'entrée et de détail, parce qu'il peut avoir aussi , et qu'il a presque toujours, pour cause des ventes à l'intérieur non déclarées, en sorte que le marchand a un grand intérêt à dissimuler ces manquans aux employés , et il ne peut y parvenir que par le moyen mis en usage par le sieur Asselineau , et constaté par le procès-verbal du 19 mai 1819.

Le but du sieur Asselineau, en présentant à la sortie d'Orléans de l'eau rougie pour du vin, était d'obtenir un certificat de sortie des quantités qu'il représentait, et par suite de faire décharger son compte des mêmes quantités.

Par cette opération , il couvrait un déficit ou manquant existant dans ses magasins, et qui provenait sans doute de ses ventes clandestines, qui ne sont que trop communes, surtout dans les grandes villes , où le grand intérêt des marchands de mauvaise foi est de livrer à la consommation des boissons en fraude des droits d'entrée et d'octroi.

Ce genre de fraude a été souvent pratiqué , et c'est pour cela que la régie a dû recommander une grande surveillance à la sortie : sans cela les divers droits sur les boissons, principalement les droits d'entrée et d'octroi, seraient fréquemment éludés au grand détriment du trésor.

Par tous ces motifs, la régie sollicitait la cassation de l'arrêt rendu par la cour royale d'Orléans; mais la la cour supérieure a rejeté sa demande par les motifs exprimés en l'arrêt suivant.

« La cour : ouï le rapport de M. Chasle et les conclusions de M. Fréteau de Peny , avocat général :

» Attendu que le décret du 1er. germinal an 13 , qui veut que les procès-verbaux des préposés de la régie énoncent l'espèce , le poids ou mesure des objets saisis , ni les autres lois qui ont parlé de la dégustation des liquides , n'ont point établi lesdits préposés juges de la qualité de ces liquides; que le résultat , ou la consé-

OBJETS
des Bulletins et renvois
aux Ouvrages dont ils
sont le supplément.

BULLETINS.

quence qu'ils tirent de leur dégustation, n'est qu'une simple opinion de leur part, qui peut être erronée; et qu'il serait aussi injuste que dangereux, soit pour les redevables, soit pour les préposés eux-mêmes, que les tribunaux fussent obligés à considérer cette opinion comme faisant foi, tant que le procès-verbal qui l'énoncerait ne serait pas argué de faux;

»Que la foi qui est accordée aux procès-verbaux des préposés jusqu'à inscription de faux par l'art. 26 dudit décret, ne peut porter que sur les faits qu'ils doivent y énoncer, d'après cet article, ainsi que sur ceux relatifs à la contravention, et sur les aveux et déclarations qui s'y réfèrent; mais non sur leur opinion personnelle relativement à ces faits, ni sur les conséquences et inductions qu'ils peuvent en tirer, ni enfin sur les raisonnemens plus ou moins justes auxquels ils peuvent se livrer;

»Que lorsqu'il s'agit de dégustation de boissons, les préposés ont les moyens de prévenir toute erreur; qu'ils peuvent prendre et cacheter des échantillons de ces boissons, lesquels, en cas de contestation, peuvent être soumis à une vérification par experts;

»Attendu qu'en ordonnant une semblable expertise, la cour royale d'Orléans n'a violé aucune loi:

»Par ces motifs, la cour rejette le pourvoi de l'administration générale des Contributions indirectes. »

Nota. Cet arrêt qui établit une doctrine contraire à celle consacrée par l'ancienne législation et la jurisprudence des aides, ainsi que par de précédens arrêts de la même cour sur cette matière, ne contient cependant aucune disposition qui puisse préjudicier au service de la régie, qui réclame contre la lenteur des formes judiciaires, si les employés ont soin d'apporter dans la rédaction de ces sortes de procès-verbaux l'attention desirable, en faisant mention expresse de l'interpellation qu'ils ont faite au prévenu de reconnaître la nature du liquide, lorsque la contravention résulte d'une différence entre l'espèce de boisson reconnue et celle désignée en l'expédition.

Ainsi, dans un cas semblable à celui qui a donné lieu à l'arrêt ci-dessus, les employés auraient dû sommer le prévenu de déclarer s'il reconnaissait avec eux que le liquide saisi n'était que de la lie fouettée avec de l'eau, et faire mention de sa réponse

BULLETINS.

OBJETS
des Bulletins et renvois
aux Ouvrages dont ils
sont le supplément.

affirmative; les mots, « avons reconnu *et fait reconnaître* , » employés au procès-verbal, ne suffisaient pas, en ce qu'ils annonçaient une action qui était propre aux rédacteurs du procès-verbal, et non un aveu ou une déclaration de la part du prévenu, ensorte que celui-ci ayant ensuite contesté la qualité du liquide saisi, on n'avait aucune déclaration contraire de sa part à lui opposer.

Lors donc, que sur l'interpellation des commis au prévenu de reconnaître l'espèce de liquide saisi, celui-ci se refuse à faire une déclaration affirmative, les employés doivent lever un échantillon de ce liquide, en se conformant alors à ce qui est dit nombre 419, tome 1er., page 462 du Traité du contentieux.

Ce n'est que de cette manière que l'on peut entendre l'arrêt précité, surtout si on le rapproche de celui de la même cour à la date du 21 novembre 1817, rapporté au même ouvrage, page 436, nombre 367.

Les employés qui rédigent un procès-verbal doivent donc, toutes les fois que la contravention repose sur une différence entre l'espèce de l'objet saisi et celle énoncée en la déclaration ou sur l'expédition qui l'accompagne, substituer dans la rédaction de leurs procès-verbaux, à ces mots usités, « *avons reconnu* et *fait reconnaître, etc.* » la formule suivante, qui, dans l'espèce, aurait été remplie comme suit : *Avons reconnu que le liquide pour lequel ledit conducteur nous a représenté l'expédition ci-dessus désignée, n'était qu'un mélange de lie, ou autre substance, fouettée avec de l'eau, et n'ayant qu'une apparence vineuse, et non du vin rouge, ainsi qu'il est énoncé sur ladite expédition. Sommé ledit conducteur de déclarer s'il reconnaît ce liquide pour être tel que nous venons de le définir, a répondu, qu'en effet il ne peut s'empêcher de reconnaître que le liquide dont s'agit n'est point du vin, mais bien de l'eau rougie avec de la lie ou autre substance*; sur quoi, vu *la* contravention etc., etc. Si le voiturier avait répondu à l'interpellation des commis d'une manière douteuse, on aurait dû alors, immédiatement après sa réponse, ajouter : *Et attendu le doute émis par ledit conducteur sur la nature du liquide*; ou bien : *et attendu que ledit conducteur persiste à soutenir que ce liquide n'est autre chose que du vin, ainsi qu'il est porté en l'expédition qu'il a représentée, nous, employés soussignés, avons, en sa présence, rempli avec ledit liquide une bouteille de verre noir que nous avons cachetée avec de la cire rouge, sur laquelle nous avons empreint le cachet de la régie, ou le cachet de l'un de nous, dont l'empreinte est apposée en marge du présent acte. Avons sommé ledit conducteur d'y apposer également le sien, ce qu'il a refusé*, ou

OBJETS
des Bulletins et renvois
aux Ouvrages dont ils
sont le supplément.

BULLETINS.

bien, *ce qu'il a fait, et avons également apposé l'empreinte dudit cachet en marge du présent procès-verbal; pour ledit échantillon servir à la vérification dudit liquide, dans le cas où elle serait demandée, etc. etc.*

CIRCULATION
DES BOISSONS.

EXPÉDITIONS.

SIMPLES
PARTICULIÈRES.

BULLETIN N°. 149. Les *simples particuliers*, non plus que les redevables soumis aux exercices des employés de la régie, ne peuvent introduire chez eux des boissons qu'avec des expéditions *en leur nom personnel.* (*Arrêt de cassation, du 20 décembre 1820.*)

Traité du contentieux, tom. 1, p. 146, § I, p. 147, § I, et 148, n. 161.

Le 25 juillet 1818, les employés de la régie à la résidence d'Aurillac, département du Cantal, rencontrèrent un chargement d'une barique et de deux poinçons de vin. Ayant demandé au conducteur la représentation des expéditions qui devaient accompagner ces boissons, celui-ci leur en remit trois, savoir :

Un congé pour quatre hectolitres soixante litres, à destination du sieur *Cocural*, coutelier, *rue d'Auriaque;*

Un congé pour deux hectolitres trente litres, à l'adresse du sieur *Bourdin*, chapelier sur la place d'Armes.

Enfin un acquit-à-caution pour deux hectolitres trente litres, à destination du sieur Delort, aubergiste, *rue d'Auriaque.*

La circonstance que toutes ces expéditions avaient été prises *le même jour, au même bureau,* et qu'elles étaient confiées *au même voiturier,* quoiqu'il y eût trois destinataires différens, joint au soupçon que le peu de débit constaté chez le sieur Delort, aubergiste, avait fait naître dans leur esprit contre ce redevable, les engagea à suivre de loin ce chargement, à l'effet de reconnaître si chacune des parties qui le composaient serait remise à son adresse.

Par suite de cette surveillance, ils reconnurent d'abord que la barique destinée au sieur Delort, aubergiste, avait été déchargée à son domicile.

BULLETINS.

OBJETS
des Bulletins et renvois
aux Ouvrages dont ils
sont le supplément.

Mais ayant suivi les deux autres pièces, ils les virent décharger toutes deux chez le sieur *Cocural*, voisin dudit Delort ; bien que l'une d'elles fût destinée, d'après l'expédition représentée, au sieur *Bourdin*, chapelier, sur la place d'Armes. Alors, et en conformité de la dernière disposition de l'article 217 de la loi du 28 avril 1816, ils entrèrent dans la maison dudit Cocural, et demandèrent à son épouse, seule présente, la représentation des expéditions qui devaient accompagner les boissons qu'elle venait de recevoir ; la dame Cocural, troublée, remit d'abord celle portant le sieur Bourdin pour destinataire. Les employés lui firent observer alors que cette expédition n'était pas applicable puisqu'elle portait un autre nom que le sien ; à quoi le sieur Cocural, intervenu pendant l'interpellation des commis, répondit qu'en effet le vin appartenait au sieur Bourdin, mais qu'il faisait office d'ami en le recevant chez lui ; sur quoi la saisie de ladite pièce lui fut déclarée pour contravention aux art. 6, 10 et 13 de la loi du 28 avril 1816.

Le sieur Cocural n'ayant point voulu entrer en accommodement avec la régie, le procès-verbal fut porté devant le tribunal d'Aurillac, qui rendit, le 12 septembre 1818, un jugement ainsi conçu :

« Attendu que le procès-verbal signifié en tête de l'exploit d'assignation du 14 août dernier, n'est qu'une copie, et que les fautes du copiste qui peuvent avoir été faites, notamment l'erreur des noms des employés dans leur signature, ne peuvent vicier le procès-verbal (1) ;

» Au fonds, attendu que soit le sieur Bourdin, soit Cocural, ne sont ni *débitans*, ni *marchands de vin* ; qu'aucune disposition de la loi ne défend aux différens particuliers de placer leur vin dans la cave d'un ami ou d'un voisin, lorsque celui-ci n'est ni débitant, ni marchand ; que, dans l'espèce de la cause, il n'y a aucun nouveau déplacement et enlèvement de vin, puisque le poinçon appartenant au sieur Bourdin a été directement transporté dans la cave du sieur Cocural:

» Le tribunal, jugeant à la charge de l'appel, sans

(1) *Voyez la doctrine établie à cet égard au* Traité du contentieux, *t. 1, p. 410, § VIII.*

OBJETS
des Bulletins et renvois
aux Ouvrages dont ils
sont le supplément.

BULLETINS.

s'arrêter ni avoir égard à la prétendue nullité du procès-verbal du 25 juillet dernier, déboute l'administration de la régie des Contributions indirectes de sa demande, et la condamne aux dépens, etc., etc. »

La régie ayant interjeté appel de ce jugement, le tribunal de Saint-Flour, chef-lieu judiciaire du département du Cantal, en confirma les dispositions, le 14 décembre 1818, dans les termes suivans:

« Attendu que les sieurs Cocural et Bourdin ont pleinement satisfait à la loi du 28 avril 1816, puisqu'ils ont pris chacun un congé d'une pièce de vin qu'ils ont déclaré faire conduire à Aurillac;

» Attendu que le sieur Bourdin n'est pas débitant de vin, et que la fraude, de la part de Cocural, ne pourrait être présumée, qu'autant que ledit Bourdin aurait été débitant de vin.

» Attendu qu'on ne peut pas invoquer l'article 13 de la loi du 28 avril 1816, et dire qu'il y a eu changement de destination, puisque le sieur Bourdin a réclamé le vin comme lui appartenant;

» Attendu enfin les motifs énoncés au jugement dont est appel:

» Le tribunal dit qu'il a été bien jugé par le jugement rendu par le tribunal correctionnel d'Aurillac, le 12 septembre dernier, mal appelé; ordonne que ledit jugement sortira son plein et entier effet, et condamne l'administration des Contributions indirectes aux dépens. »

Ces deux jugemens étaient trop en opposition avec le texte et avec l'esprit de la loi du 28 avril 1816, pour que la régie pût les laisser subsister; en conséquence elle se pourvut en cassation pour violation des articles 6, 10, 13 et 14 de cette loi.

L'article 6 veut qu'une déclaration soit faite avant tout enlèvement ou transport de boissons, et que le conducteur soit muni d'une expédition.

L'article 10 prescrit «de ne délivrer d'expédition » que sur des déclarations énonçant les quantités, » espèces, qualités des boissons, les lieux d'enlèvement

BULLETINS.	OBJETS des Bulletins et renvois aux Ouvrages dont ils sont le supplément.

» et *de destination ;* les *noms , prénoms , demeures*
» *et professions* des expéditeurs , voituriers , *acheteurs*
» ou *destinataires.* »

L'article 13 veut que les boissons soient conduites
à la destination déclarée, dans le délai porté sur
l'expédition.

Enfin, l'article 14 impose aux conducteurs des
chargemens, dont le transport est interrompu , l'obligation d'en faire la déclaration dans les vingt-quatre
heures *et avant le déchargement des boissons.*

Il résulte évidemment de la combinaison de ces
divers articles, que les boissons ne peuvent être introduites que dans le domicile du destinataire désigné
par l'expédition ; d'où il suit que leur introduction
dans un autre domicile, sans la déclaration prescrite
par ledit article 14, constitue une contravention.

Il est bon de remarquer que, d'après cet article, la
déclaration relative aux boissons dont le transport est
interrompu , doit avoir lieu *avant leur déchargement.*
Et l'on conçoit facilement que, sans cette obligation ,
les dispositions relatives à la destination des boissons
eussent été aisément éludées, puisque les conducteurs
qui les auraient introduites à une autre destination que
celle déclarée, eussent toujours été en mesure de prétendre qu'il y a seulement interruption de transport.

Si on voulait se rendre compte des motifs qui ont
déterminé le législateur à prescrire de semblables dispositions , il serait facile de le faire en considérant
la nécessité d'assurer la perception des droits imposés
sur la vente en détail des boissons , droits qui, sans
ces dispositions, pourraient aisément être éludés.

En effet, si les débitans eussent eu, au moyen d'expéditions indiquant de fausses destinations, la facilité
de former , près de leur domicile , des entrepôts frauduleux de boissons, à l'aide desquels ils auraient ali-
menté frauduleusement leur débit , la surveillance la
plus active n'aurait pu arrêter la fraude qui aurait eu
lieu de cette manière , et la perception en eût éprouvé
un préjudice notable.

OBJETS
des Bulletins et renvois
aux Ouvrages dont ils
sont le supplément.

BULLETINS.

Mais au moyen des dispositions qui viennent d'être rappelées, les employés sont à portée de surveiller les entrepôts dont il s'agit, puisqu'informés de la destination des boissons, leur surveillance se porte particulièrement sur les points où des dépôts de boisson, d'une extrême importance, sont établis, et dont la proximité des débitans indique d'ailleurs l'objet.

La régie a donc le plus grand intérêt à ce que les dispositions dont il s'agit soient ponctuellement exécutées : aussi, la cour de cassation, qui a reconnu la nécessité de les faire respecter, a-t-elle décidé en plusieurs circonstances, et notamment par ses arrêts des 23 avril, 29 juillet 1808, et 21 janvier 1814, que toute déclaration fausse ou inexacte cesse d'être la déclaration voulue par la loi. Les boissons auxquelles elles se rapportent doivent être saisies comme non déclarées.

Dans l'affaire qui fait l'objet du pourvoi de la régie, un poinçon de vin contenant 230 litres, accompagné d'un congé indiquant le sieur Bourdiu pour destinataire, a été saisi au moment où on l'introduisait dans le domicile du sieur Cocural, ce qui constitue une contravention formelle aux articles 6 et 10 de la loi précitée, et nécessitait l'application des peines prononcées par l'article 19.

Cette contravention avait d'ailleurs le caractère de la fraude, eu égard à la circonstance du voisinage d'un débitant qui recevait en même temps du vin provenant du même vendeur : ce qui aurait rendu l'introduction frauduleuse d'autant plus difficile à constater, que le vin introduit en fraude et celui pris en charge eussent été absolument semblables.

Au reste, en admettant la non existence de la circonstance dont il vient d'être parlé, et qui ne formait, à la vérité, qu'une présomption de fraude insuffisante pour établir seule une contravention, cette contravention n'en existait pas moins par le seul fait de la fausse destination.

Aussi, le tribunal d'Aurillac, de même que celui

BULLETINS.

OBJETS
des Bulletins et envois
aux Ouvrages dont ils
sont le supplément.

de Saint-Flour, n'ont-ils relaxé le prévenu que d'après une fausse interprétation de la loi ; c'est-à-dire, par le seul motif que ni le sieur Bourdin, destinataire indiqué par le congé, ni le sieur Cocural, chez lequel l'introduction s'opérait, n'étant point débitans de boissons, le vin avait pu régulièrement être introduit dans le domicile du sieur Cocural, attendu qu'il n'en résultait aucun nouveau déplacement ni enlèvement.

Aussi la cour suprême a-t-elle réformé cette jurisprudence, par l'arrêt dont la teneur suit :

« La cour : ouï le rapport de M. Chasle, conseiller, les observations de M^e. Roger, avocat de l'administration, et les conclusions de M. Hua, avocat général:

» Vu les articles 6, 10, 13 et 19 de la loi du 28 avril 1816, qui sont ainsi conçus :

Art. 6. « Aucun enlèvement ni transport de boissons » ne pourra être fait sans déclaration préalable de l'ex- » péditeur ou de l'acheteur, et sans que le conducteur » soit muni d'un acquit-à-caution, d'un congé ou d'un » passavant, pris au bureau de la régie.... »

Art. 10. « Il ne sera délivré de passavant, congé » ou acquit-à-caution, que sur des déclarations énon- » çant les quantités, espèces et qualités des boissons, » les lieux d'enlèvement et de destination, les noms, » prénoms, demeures et professions des expéditeurs, » voituriers et acheteurs ou destinataires.... »

Art. 13. « Les boissons devront être conduites à la » destination, dans le délai porté sur l'expédition... » Il n'y aura lieu à la perception d'un nouveau droit » de circulation, que dans le cas où il y aurait chan- » gement de destination. »

Art. 19. « Les contraventions au présent chapitre, » seront punies de la confiscation des boissons saisies » et d'une amende de cent francs à six cents francs, » suivant la gravité du cas. »

» Attendu que la loi veut impérativement que les expéditions qui concernent l'enlèvement et le transport des boissons, expriment les noms et demeures des *destinataires*, et que les boissons soient conduites *à cette destination* ;

OBJETS
des Bulletins et renvois
aux Ouvrages dont ils
sont le supplément.

BULLETINS.

» Que ces dispositions sont générales et absolues; qu'elles comprennent indistinctement tous individus, sans exception, soit qu'ils soient débitans de boissons, soit qu'ils ne le soient pas, et qu'elles ont pour objet d'assurer la perception de l'impôt, de mettre les préposés de la régie en état de suivre toutes les traces des transports de boissons, depuis le départ jusqu'au lieu indiqué pour la destination, et d'empêcher la fraude qui pourrait être facilement commise par interposition de personnes, si les précautions prises par le législateur n'étaient pas observées exactement;

» Qu'il serait en effet très-difficile d'empêcher ce genre de fraude, s'il était permis de changer à son gré le lieu de la destination, sans en prévenir les préposés, et de leur faire perdre ainsi les traces de la direction des boissons;

» Attendu que, soit par ses propres motifs, soit par ceux des premiers juges qu'il a adoptés, le tribunal correctionnel de Saint-Flour a méconnu ces principes, en décidant d'une part que, quoique la barique de vin destinée pour Bourdin eût été déchargée dans le domicile de Cocural, et qu'ainsi la destination indiquée par l'expédition n'avait pas été suivie, il n'y avait cependant pas eu de contravention, en ce que ni Bourdin ni Cocural n'étaient pas débitans de boissons, et que ce n'était qu'autant qu'ils auraient eu cette qualité que la fraude aurait pu être présumée, et d'autre part, qu'il n'y avait pas eu changement de destination, puisque Bourdin avait réclamé la barique de vin comme à lui appartenant;

» Que d'abord ce tribunal a admis une distinction opposée au texte et à l'esprit de la loi, puisqu'elle soumet généralement et indistinctement tous particuliers, débitans, marchands de boissons ou non, aux règles et aux formalités qu'elle a prescrites pour l'enlèvement, le transport et la destination des boissons; et en second lieu, que ledit tribunal n'avait pas pu dire qu'il n'y avait pas eu changement de destination, lorsqu'il était constant en fait, d'après le procès-verbal, que la ba-

BULLETINS.

OBJETS
des Bulletins et renvois
aux Ouvrages dont ils
sont le supplement.

rique de vin, déclarée à la destination de Bourdin, avait été déchargée au domicile de Cocural, avec la sienne, et que la femme Cocural avait dans sa possession les deux expéditions qu'elle représente aux préposés ;

» D'où il suit que le jugement attaqué a ouvertement violé les lois ci-dessus rappelées :

» Par ces motifs, la cour casse et annulle, etc. »

BULLETIN N°. 150. Les débitans de tabac ne peuvent, en vertu de la commission qui leur est délivrée *pour la vente du tabac*, concourir à la répression des contraventions en toute autre matière que le tabac. (*Arrêt de rejet, du 10 novembre 1820.*)

En conséquence, de nouvelles commissions seront délivrées à ceux des débitans de tabac que les directeurs jugeront capables d'assister les employés dans l'exercice de leurs fonctions ; et il sera ajouté aux commissions, après ces mots : *à charge de gérer la recette buraliste, s'il y a lieu*, la formule suivante : *et de concourir avec les autres employés, à l'exécution des lois qui régissent les Contributions indirectes*.

Ceux qui auront reçu de nouvelles commissions, seront tenus de prêter un nouveau serment, et il leur sera prescrit, dans les instructions, de ne jamais verbaliser que de concert avec un employé de la régie. (*Décision du conseil d'administration, du 29 mars 1821. N°. 642.*)

A ajouter au
Traité du contentieux, tom. I,
n. 337.

Le 25 juin 1819, le sieur Petit, employé des Contributions indirectes, et le sieur Gilbert, débitant de

OBJETS
Des Bulletins et renvois
aux Ouvrages dont ils
sont le supplément.

BULLETINS.

tabac, tous les deux assermentés en justice, et porteurs de leurs commissions, constatèrent contre demoiselle Victoire Vidal, débitante de boissons à Châteauneuf, une contravention à l'article 58 de la loi du 28 avril 1816, pour avoir fait usage, sans autorisation préalable de la régie, de vaisseaux inférieurs à l'hectolitre.

La demoiselle Vidal, en comparaissant devant les juges du tribunal d'Orléans, ne contesta nullement l'existence de la contravention dont elle était prévenue; elle ne s'attacha qu'à critiquer le procès-verbal, sous le rapport de la forme.

Elle soutint que cet acte était censé n'avoir été rédigé que par le sieur Petit, qui seul avait caractère, puisque le sieur Gilbert n'était que *débitant de tabac*, et que sa commission ne lui donnait que le droit de débiter du tabac; ce qui entraînait la nullité du procès-verbal, aux termes de l'article 84 de la loi du 5 ventose an 12 et des articles 25 et 26 du décret du 1er. germinal an 13; d'après lesquels les procès-verbaux des employés ne sont réguliers et ne doivent être crus en justice, que lorsqu'ils sont rédigés et affirmés par *deux* au moins desdits employés.

Le tribunal d'Orléans accueillit ce système de défense, et la cour royale l'a confirmé en ces termes :

« Considérant que Charles Gilbert, qui a agi comme employé des Contributions indirectes, en vertu de la commission du 8 mars 1819, se trouvait sans qualité, *faute par lui d'avoir, postérieurement à cette commission, qui lui en avait imposé l'obligation, prêté le serment* prescrit par l'article 20 du décret du 21 mars 1805;

» Considérant que l'administration ne peut exciper du serment antérieur prêté par ledit Gilbert, le 31 juillet, devant le juge de paix de Châteauneuf, puisqu'il ne l'a été par lui, qu'en qualité de *débitant de tabac*, et non pour les fonctions nouvelles qui lui ont été conférées par la commission du 8 mars 1819. »

La régie s'est pourvue contre cet arrêt, pour violation de l'article 26 du décret du 1er. germinal an 13, qui veut que les procès-verbaux rédigés et affirmés par

BULLETINS.

OBJETS
des Bulletins et renvois
aux Ouvrages dont ils
sont le supplément.

deux employés de la régie fassent foi en justice.

Elle a exposé, dans sa requête en cassation, qu'à l'époque où le procès-verbal fut rapporté, le sieur Gilbert exerçait deux emplois : il était d'abord débitant de tabac, et en cette qualité, il avait prêté, le 21 janvier 1817, le serment voulu par la loi, par suite duquel il s'obligeait entr'autres choses, « *à faire connaître* » *à la régie, les fraudes et les contraventions qui vien-* » *draient à sa connaissance, et co-opérer à tous procès-* » *verbaux, saisies et arrestations des contrevenans,* » *dès qu'il en serait requis par les préposés ou agens* » *publics ayant droit de verbaliser.* »

Le second emploi exercé par le sieur Gilbert, était celui de *préposé temporaire à la recette des droits de la régie, dans la commune de Châteauneuf,* où son débit de tabac était établi. Sa commission est du 8 mars 1819.

A la vérité, il n'avait pas prêté un nouveau serment en cette dernière qualité ; mais son caractère de préposé ne ressortait pas uniquement de cette dernière commission, puisque le sieur Gilbert, qui a assisté le sieur Petit pour la recherche de la fraude dont la demoiselle Vidal était prévenue, était débitant de tabac, et avait prêté serment en cette qualité.

Or, nul doute que les débitans de tabac commissionnés par la régie, ne soient de véritables préposés de cette administration, puisqu'ils peuvent être suspendus, révoqués ou destitués par elle. Comme préposés de la régie, ils sont sujets à concourir, lorsqu'ils sont assermentés en justice, à la répression de toute espèce de fraude aux lois qui régissent les Contributions indirectes : la formule de leur prestation de serment, leur en fait même une loi ; de sorte que les procès-verbaux dans lesquels ils figurent, doivent être aussi valables, et faire autant de foi en justice que ceux qui seraient rapportés par les commis aux exercices eux-mêmes.

La régie faisait remarquer à la cour suprême, que la cour d'Orléans avait senti la justesse de ces observations ; mais qu'elle les avait éludées, en supposant gratuitement que le sieur Gilbert avait agi dans l'espèce comme em-

OBJETS
d'a Bulletins et renvois
aux Ouvrages dont ils
sont le supplément.

BULLETINS.

ployé des Contributions indirectes, *en vertu de sa commission du 8 mars 1819*, c'est-à-dire en qualité de *préposé temporaire* à la recette des droits de la régie ; alors qu'il est établi au procès-verbal que c'est comme *débitant de tabac* qu'il avait co-opéré à la saisie, emploi dont il n'avait point été dépouillé, et pour lequel il avait prêté serment le 31 janvier 1817. Le caractère public du sieur Gilbert n'était donc point équivoque, il ne pouvait être contesté, et dès-lors les juges ne pouvaient se dispenser de considérer comme régulier le procès-verbal dont il s'agit.

Ces moyens n'ont pas été accueillis par la cour de cassation, qui a rejeté le pourvoi de la régie, par les motifs suivans :

« La cour : ouï le rapport de M. Chasle, conseiller, les observations de M⁰. Foger, avocat de l'administration, et les conclusions de M. Hua, avocat-général :

» Attendu que le procès-verbal de saisie qui a fait l'objet du procès, a été rédigé par le sieur Petit, employé aux Contributions indirectes, et par le sieur Gilbert, débitant de tabac, tous les deux employés à la résidence de Châteauneuf ;

» Attendu que si l'on considère le sieur Gilbert, soit comme *débitant de tabac*, soit comme *employé de l'administration*, il n'avait aucun caractère, ni sous l'une ni sous l'autre qualité, pour co-opérer à la constatation des contraventions en matière de boissons ; d'abord, parce que, comme débitant de tabac, ses fonctions se bornaient à ce débit, et à concourir à la découverte de la fraude et de la contrebande *en cette partie* ; et en second lieu, parce qu'il n'avait pas prêté le serment prescrit par la loi, pour l'exercice de sa commission de *préposé à la recette et aux exercices*, qui lui avait été expédiée le 8 mars 1819 ;

» Que dès-lors, le procès-verbal dont il s'agit, a dû être considéré comme n'ayant été rédigé et affirmé que par un seul employé ayant caractère, et conséquemment comme nul, aux termes des lois qui veulent que les procès-verbaux de cette espèce soient rédigés et affirmés

BULLÉTINS.

OBJETS
des Bulletins et renvois
aux Ouvrages dont ils
sont le supplément.

par deux des saisissans au moins ; et qu'en le jugeant ainsi, la cour royale d'Orléans s'est conformée à la loi :

» Par ces motifs, la cour rejette le pourvoi du procureur-général en ladite cour, et celui de l'administration des Contributions indirectes, contre l'arrêt de ladite cour royale d'Orléans, du 18 décembre 1819. »

Nota. On voit que l'arrêt de la cour est uniquement fondé sur cette supposition, que la commission délivrée au sieur Gilbert, en sa qualité de *débitant de tabac*, restreignait les fonctions de ce préposé à la vente du tabac, et à concourir à la répression de la fraude *en cette partie* seulement.

La régie a donc dû prendre des mesures, pour que son service ne fût pas absolument privé d'auxiliaires, qui, dans certains cas, lui sont d'un grand secours pour la répression de la fraude ; c'est ce qui a donné lieu à la décision du conseil d'administration, que nous avons textuellement rapportée en tête de cet article.

MM. les directeurs doivent donc veiller à ce que les débitans qu'ils n'auront pas cru devoir appeler à concourir à la répression des contraventions, par la remise de nouvelles commissions, s'abstiennent de verbaliser en toute autre matière que les tabacs ; et à ce que, dans tous les cas où un débitant est apte à constater des contraventions, il ne le fasse jamais qu'en s'adjoignant à un préposé ordinaire de la régie.

BULLETIN N°. 151. Les boissons faites avec des pommes et des poires concassées, ou du raisin foulé, ne peuvent être considérées comme râpé ; la loi ne reconnaissant ce caractère (art. 60) qu'aux râpés de raisin, c'est-à-dire à du raisin non foulé sur lequel on fait passer des vins affaiblis ou troublés pour les fortifier ou les éclaircir.

Ces boissons doivent être prises en charge, et le droit du détail payé sur les manquans.

BULLETINS.

Celles uniquement faites avec des fruits autres que des pommes ou des poires ou du raisin foulé, ne sont point soumises à la prise en charge, ni au paiement des droits.

On ne peut donc considérer comme refus d'exercices, l'emploi par les débitans, de vaisseaux contenant des fruits concassés ou du raisin foulé, et dont la vérification présente des difficultés, l'administration devant y pourvoir comme elle le juge convenable, et par les moyens qui sont mis à sa disposition. *(Décision du conseil d'administration du 29 mars 1821, n°. 644.)* *

Le 8 novembre dernier, les employés à la résidence de Houdan, arrondissement de Mantes, département de Seine-et-Oise, faisant l'exercice ordinaire chez le sieur Périot, débitant de boissons audit Houdan, trouvèrent, outre les vaisseaux en charge, un fût de 2 hectol. 20 litres contenant de la boisson faite avec des *pommes concassées*, boisson sur laquelle le sieur Périot offrit de payer le droit de quinze pour cent comme sur les cidres et poirés ordinaires pris en charge à son compte; mais les employés ne pouvant effectuer leur exercice sur ce vaisseau, parce que les pommes empêchaient d'y introduire la sonde et de reconnaître exactement les manquans, invitèrent, comme ils l'avaient déjà fait les 27 octobre et 2 novembre précédens, la femme Périot à jeter cette boisson reconnue valoir du cidre de moyenne qualité, et sur son refus, ils verbalisèrent à sa charge, tant pour refus d'exercice que pour contravention à l'article 59 de la loi du 28 avril 1816, qui ne permet aux débitans de boissons que le râpé de raisin à certaines conditions.

Ce procès-verbal n'était pas fondé : la boisson que les préposés prétendaient être prohibée chez le débitant, aux termes de l'article 59 précité, ne pouvait être

BULLETINS.

OBJETS
des Bulletins et renvoi
aux Ouvrages dont ils
sont le supplément.

considérée comme *râpé* ; c'était une boisson de fruits qui n'est point interdite aux débitans, lorsqu'ils consentent à en payer les droits.

Dans l'usage, on a toujours entendu par le mot *râpé* « un tonneau rempli à demi de raisin en grappes choisies, sur lesquelles on passe les vins usés, pour leur redonner de la force et de la couleur. » C'est là définition qu'en donne Labellande, nombre 1180. Or la boisson faite avec de l'eau jetée sur des pommes concassées, ne peut être assimilée au râpé de raisin ; ici c'est le fruit même qui, amalgammé avec de l'eau, produit la boisson : c'est donc bien véritablement une boisson de fruit, et comme ce fruit est de la pomme, la boisson qui en provient est nécessairement du cidre, soumis par la loi à tous les droits imposés sur les boissons. Dans le cas du râpé tel que l'usage le consacre, le fruit reste au contraire dans son état primitif, et ce n'est point de l'eau que l'on amalgamme avec lui, c'est du vin faible, usé, auquel il s'agit de donner de la force ou de la couleur ; là loi a restreint l'usage de ce râpé, soit parce que, moins à la vérité que les râpés de copeaux ou de paille, il fournit le moyen d'éclaircir très-promptement les vins, ce qui facilite aux débitans les introductions et les remplissages frauduleux, soit parce qu'il rend l'exercice des employés presque impossible, par la difficulté d'introduire la sonde dans ces tonneaux et de suivre la diminution des vins. On ne pourrait assimiler au râpé de raisin prohibé en certains cas, que des tonneaux à moitié remplis de pommes ou poires entières, et sur lesquelles on ferait passer des cidres ; mais dès que c'est la pomme ou la poire elle-même qui, combinée avec l'eau, produit la boisson, rien ne s'oppose à ce que le débitant en ait dans son débit.

Vainement, dirait-on, que les employés ne pouvant suivre les manquans sur ces tonneaux à l'aide des procédés ordinaires, ils doivent être prohibés et que leur existence chez le débitant est une contravention.

La loi n'a point prescrit de mode d'exercice chez

OBJETS
des Bulletins et renvois
aux Ouvrages dont ils
sont le supplement.

BULLETINS.

les débitans de boissons ; seulement elle a décidé, article 53, que les futailles seraient jaugées et marquées, et les boissons dégustées ; article 54, que le débit de chaque pièce serait suivi séparément et le vide marqué sur la futaille à chaque exercice des employés. Ainsi, pourvu qu'il n'y ait pas d'empêchement à toutes ces choses, le débitant est fondé à dire qu'il n'y a pas refus d'exercice de sa part en résistant à l'ordre qui lui est donné de verser ces boissons hors de sa cave. Le jaugeage des futailles à l'aide de la jauge brisée, est bien le plus généralement suivi, mais il n'est peut-être pas le seul praticable, et c'est à la régie à chercher un autre moyen de procéder au mesurage de ces sortes de vaisseaux.

Ces motifs ont déterminé le conseil d'administration à rendre la décision rapportée au commencement de cet article. C'est aux directeurs de la régie à prendre des mesures pour que l'usage de ces sortes de boissons, chez les débitans, n'entraîne pas de trop grands abus, et pour que les droits dus sur leur consommation soient régulièrement et exactement perçus.

TABAC.

NATURE DES
CRÉANCES
RÉSULTANT DE
MANQUANS CHEZ
LES
CULTIVATEURS.

BULLETIN N°. 152. Les créances résultant des manquans constatés lors de la livraison de la récolte des planteurs de tabac, dans les magasins de la régie des Contributions indirectes, sont de véritables dommages et intérêts, sur lesquels cette administration peut transiger, avec l'autorisation du gouvernement. *(Décision du conseil d'administration, N°. 645, du 29 mars 1821.)*

On a demandé: *De quelle nature étaient les créances résultant, en faveur de la régie, des rôles de recouvrement du prix des tabacs manquans aux charges des planteurs, dressés en vertu des art. 199 et 200 de la loi du 28 avril 1816?*

BULLETINS.

OBJETS
des Bulletins et renvois
aux Ouvrages dont ils
sont le supplément.

La question était fondée sur ce que, si la somme pour laquelle chaque planteur est inscrit au rôle, devait être considérée comme *un droit* ou *taxe*, la régie n'aurait pas le pouvoir de la réduire par transaction, quoique, dans beaucoup de cas, cette réduction fût nécessitée par des circonstances particulières qu'il n'appartient qu'à la régie d'apprécier; et que, d'un autre côté, ces créances seraient soumises aux règles de la prescription en matière de Contributions indirectes, lesquelles accordent un délai bien plus court que celui accordé, par le droit commun, pour le recouvrement des amendes et dommages-intérêts.

Il importe donc de bien définir la nature de ces sortes de créances, et c'est ce qu'a fait le conseil d'administration, par sa délibération sous le N°. 645, conçue dans les termes suivans :

« Les créances de l'administration résultant de manquans aux charges des cultivateurs de tabac, ne peuvent être considérées comme droits, autrement comme contributions directes ou indirectes.

Les contributions directes sont celles qui portent directement sur les biens ou sur les personnes.

Les contributions indirectes sont définies par la loi ; (8 janvier 1790.) « Tous les impôts assis sur la » fabrication, la vente, le transport ou l'introduction » d'objets de commerce ou de consommation, et » dont le produit, avancé par le fabricant, le mar- » chand, ou le voiturier, est en définitive supporté » et indirectement payé par le consommateur. »

Or les sommes dont s'agit ne présentent aucuns des caractères auxquels on vient de voir que se reconnaissent les contributions directes ou indirectes.

On ne peut pas non plus ranger ces créances parmi les *amendes*. L'amende est une peine ; or pour donner à une créance pécuniaire un caractère pénal, il faut une disposition expresse de la loi. Il est d'ailleurs de la nature des amendes de ne pouvoir être prononcées que par les tribunaux, et d'être re- couvrables par la voie de la contrainte par corps ;

OBJETS
des Bulletins et renvois
aux Ouvrages dont ils
sont le supplément.

BULLETINS.

tandis que l'art. 200 de la loi détermine au contraire une forme différente de recouvrement.

Pour bien qualifier les créances dont il s'agit, il faut donc remonter à leur origine.

La culture du tabac en France n'est pas libre; la régie seule a le droit de concéder la permission de cultiver, et elle n'accorde cette permission qu'à diverses conditions, dont la plus essentielle, sans doute, est celle de lui livrer le produit de la culture qu'elle a autorisée; produit dont elle doit retirer un bénéfice à l'aide de la fabrication et de la vente dont elle a le privilége exclusif.

Il arrive donc qu'à l'instant où le cultivateur reçoit, par écrit, de la régie, la permission de planter du tabac, et où il se soumet, également par écrit, à livrer à celle-ci le produit de sa récolte, il se forme entre eux un contrat synallagmatique, qui les oblige réciproquement l'un envers l'autre.

Or il est de l'essence de ces sortes de contrats, de se résoudre en dommages-intérêts en cas d'inexécution des clauses et conditions qu'ils contiennent. (*Article* 1184 *du Code civil.*)

La régie éprouve en effet par le défaut de livraison des tabacs qui lui sont promis, un dommage résultant de la perte du bénéfice qu'elle aurait retiré par la fabrication et la vente de ces tabacs s'ils lui avaient été livrés.

Mais comme les dommages-intérêts ne sont pas dus de plein droit, que, d'après le même article, il faut les faire prononcer et liquider en justice, la loi a voulu obvier aux inconvéniens qui peuvent résulter de la lenteur des formes judiciaires, en faisant elle-même une liquidation de ces dommages-intérêts, qu'elle a fixés irrévocablement au prix du *tabac de cantine*, quelle que soit d'ailleurs la qualité des feuilles soustraites à l'inventaire, et dont elle a soumis le recouvrement à une forme plus expéditive et moins dispendieuse.

Or, du moment que les créances résultant de l'art. 199 de la loi du 28 avril 1816, sont par leur nature

BULLETINS.

de véritables *dommages-intérêts*, la régie a le droit de transiger sur l'action en dérivant, en se conformant à l'art. 2045 du Code civil, c'est-à-dire en obtenant de Sa Majesté l'autorisation convenable, par l'intermédiaire de S. Exc. le ministre des finances.

La décision N°. 646, est sans application dans les départemens.

BULLETIN N°. 153. *Décision du conseil d'administration, N°. 647, du 3 avril 1821.*

MARCHANDS EN GROS.

MANQUANS.

Question. Un marchand en gros, qui n'introduit dans ses magasins que des boissons en cercles, et qui, dans le cours du trimestre, transvase une partie de ces boissons en bouteilles, doit-il avoir deux comptes aux portatifs : un de vins en cercles et l'autre de vins en bouteilles? Le manquant doit-il être établi sur chaque compte?

Réponse. La nature de la surveillance à exercer par la régie, chez les marchands en gros de boissons, et la différence qui existe dans les tarifs, entre les droits sur les vins en cercles et ceux sur les vins en bouteilles, exigent qu'il soit tenu, pour ordre, deux comptes séparés aux registres portatifs.

Traité du contentieux, *tome* 2, n. 560.

Mais l'art. 100 de la loi du 28 avril 1816, autorisant, d'une manière générale, le marchand à transvaser, couper et mélanger ses boissons les unes avec les autres, hors la présence des employés, on ne peut exiger sur les manquans au compte des vins en bouteilles, que le droit établi sur les vins en cercles, toutes les fois que le marchand allégue que la quantité manquante a été ver-

OBJETS
des Bulletins et renvois
aux Ouvrages dont ils
sont le supplément.

BULLETINS.

sée sur celle des vins en cercles, et que la situation effec-tive du compte de ces derniers n'est pas en opposition avec le dire du marchand.

BULLETIN N°. 154. *Décision du conseil-d'administration, N°. 648, du 3 avril 1821.*

DROIT DE
CIRCULATION.

BOUILLEUR
DE CRÛ.

Question. Le droit de circulation est-il dû, sur les eaux-de-vie qu'un bouilleur de crû vend en détail?

Réponse. Le bouilleur de crû qui prend la qualité de débitant, est affranchi du droit de circulation sur les eaux-de-vie qu'il possède, au moment de sa déclaration, dans le lieu où il se propose d'ouvrir son débit.

Traité du con-
tentieux, tom. 2,
n. 538, § II.

D'après l'article 69 de la loi du 28 avril 1816, toute distillation doit être interdite à ce bouilleur, pendant le temps qu'il exerce la profession de débitant. Si cependant, en exécution dudit article, il obtenait la permission de distiller dans un local totalement séparé de celui où il fait ses ventes en détail, le droit de circulation serait exigé sur les eaux-de-vie qui seraient transportées dans le lieu du débit.

Si, nonobstant l'interdiction prononcée par l'art. 1er. de la loi sus-mentionnée, on permettait à un débitant de distiller dans le local même, et pendant le cours de la vente en détail, comme il n'appartient pas à la régie d'abandonner un droit acquis au trésor, cette tolérance ne serait accordée qu'avec la condition expresse de l'acquittement du droit de circulation sur toutes les eaux-de-vie provenant des distillations successives, qui auraient lieu ultérieurement.

VOITURES
PUBLIQUES.

BULLETIN N°. 155 *Décision du conseil-d'administration, N°. 649, du 3 avril 1821.*

BULLETINS.

OBJETS
des Bulletins et renvois
aux Ouvrages dont ils
sont le supplément.

VOITURIERS
ÉTRANGERS.

Question. Les voituriers étrangers, à leur arrivée dans la première ville de France, sont tenus d'acquitter le droit de dixième; mais aux termes de l'article 118 de la loi du 25 mars 1817, ils ne payent qu'un trimestre seulement, et ils reçoivent un laissez-passer, avec lequel ils peuvent voyager toute l'année dans l'intérieur du royaume.

Pour obvier à cet abus, ne serait-il pas convenable de décider?

1°. Que les laissez-passer délivrés aux voituriers domiciliés dans les pays étrangers, ne seront valables que pour un trimestre.

2°. Qu'à cet effet on y ajoutera en gros caractères, l'annotation suivante : *valable pour le trimestre seulement.*

Réponse. Le droit imposé par l'art. 118 de la loi du 25 mars 1817, est exigible par trimestre et d'avance, des entrepreneurs de voitures publiques venant de l'extérieur du royaume, tout aussi bien que des entrepreneurs français; il est dû pour le trimestre courant entier, à quelqu'époque de ce trimestre que la déclaration ait été passée. Pour obvier abus auxquels a donné lieu la délivrance des laissez-passer dans les directions frontières, il sera prescrit aux buralistes de ces directions, d'ajouter en gros caractères, sur les laissez-passer qu'ils délivreront aux entrepreneurs de voitures étrangers, l'annotation suivante : *valable jusqu'au dernier jour du trimestre courant.*

Traité du contentieux, *tom.* 1, *p.* 176, § II.

BULLETIN N°. 156 *Décision du conseil d'administration, N°. 650, du 3 avril 1821.*

OBJETS des Bulletins et renvois aux Ouvrages dont ils sont le supplément.	**BULLETINS.**

Question. Les employés de l'octroi de Marseille s'étant présentés à bord d'un navire espagnol, stationné dans le port, pour y exercer leurs fonctions, ont éprouvé de la part de l'équipage, en l'absence du capitaine, un refus accompagné d'injures et de menaces, qui a été constaté par un procès-verbal. Le consul général espagnol s'est plaint, à cet égard, au maire de Marseille ; il a invoqué l'art. 6 de la convention de 1768, et demandé qu'en vertu de cet article, il soit prévenu des visites de l'octroi.

Ne convient-il pas :

1°. Que son excellence le ministre des affaires étrangères soit consultée, pour savoir si la convention de 1768, dont se prévaut le consul espagnol, est de nature à autoriser la demande qu'il a formée, et si elle n'a point été abrogée ou modifiée par d'autres traités plus récens ?

2°. En cas d'existence de cette convention, ne serait-il pas nécessaire de modifier les réglemens d'octroi, dans les dispositions qui s'en écarteraient ?

3°. Si, au lieu d'un refus de visite, les capitaines espagnols ou tous autres capitaines de navires en relâche dans les ports français, se refusaient à acquitter les droits, devrait-on, nonobstant l'arrêt de la cour de cassation du 24 juillet 1820, soumettre de nouveau la question aux tribunaux ?

Réponse. Il résulte des renseignemens fournis à l'administration, par son excellence le ministre des affaires étran-

BULLETINS.

OBJETS
des Bulletins et renvois
aux Ouvrages dont ils
sont le supplément.

gères, qu'aux termes des conventions passées entre la France et l'Espagne, en 1768 et 1769, les visites ne peuvent être faites à bord des bâtimens des deux nations sans qu'au préalable, les consuls, ou vice-consuls, aient été prévenus d'y assister ; toutefois, si les consuls, vice-consuls, ou quelqu'un pour les remplacer, manquent l'heure et le lieu des rendez-vous qui doivent leur être indiqués d'une manière précise, les préposés ne sont pas tenus de les attendre et sont alors autorisés à faire, en leur absence, la visite des bâtimens, puisque l'obligation imposée par les conventions précitées a été remplie.

Une circulaire de l'administration des Douanes, transmet, à ce sujet, les instructions suivantes :

« Il est d'obligation, toutes les fois qu'il s'agira
» de visiter un bâtiment espagnol, d'avertir le consul
» pour qu'il assiste à cette visite : ainsi, en pareille
» circonstance, les procès-verbaux devront toujours
» faire mention expresse de l'invitation faite à ce con-
» sul, avec indication de l'heure de se rendre à bord,
» pour être présent à l'opération, et constater sa pré-
» sence par sa signature, qu'il sera également invité
» d'apposer à l'acte ; s'il ne jugeait pas à propos de s'y
» rendre, l'obligation serait censée remplie. »

Il paraît convenable que la même manière de procéder soit employée par les préposés des Contributions indirectes et des Octrois ; et il sera écrit, en conséquence, aux directeurs dans les arrondissemens desquels des difficultés, semblables à celle de Marseille, pourraient se présenter.

Si, au lieu d'un refus de visite, les capitaines espagnols ou tout autre capitaine de navire en relâche dans les ports français, se refusaient à acquitter les droits, la contestation devrait être portée devant les tribunaux, attendu qu'il est du principe général des droits des gens que l'impôt assis sur les biens, meubles et immeubles, soit acquitté indistinctement par les nationaux ou étrangers qui les possèdent, en tant qu'ils ne jouissent pas d'immunités particulières.

OBJETS des Bulletins et renvois aux Ouvrages dont ils sont le supplément.	BULLETINS.
RETRAITES. SERVICES ADMISSIBLES. Traité du contentieux, tom. 1, p. 62, § II.	BULLETIN. Nº. 157. Les services d'un employé comme *avocat du Roi* près d'une juridiction supprimée, ne sont pas susceptibles d'être admis dans la liquidation de sa pension de retraite. *(Décision du ministre des finances, du 15 février 1851.)*
COMPTABLES. SAISIES ARRÊTS. RETENUES. CAISSE DES DÉPÔTS ET CONSIGNATIONS. Traité du contentieux, tom. 1, p. 123, n. 145.	BULLETIN Nº. 158. Aux termes de l'ordonnance du 3 juillet 1816, art. 2, toutes les sommes saisies et arrêtées entre les mains des dépositaires et débiteurs, à quelque titre que ce soit, doivent être versées à la caisse des dépôts et consignations à Paris; et dans les départemens aux receveurs généraux, pour le compte de ladite caisse.

En conséquence, les portions de traitement pour lesquelles il a été signifié des oppositions aux directeurs, et qui ont été retenues aux employés, doivent être versées aux receveurs généraux. *(Décision du ministre des finances, du 30 juin 1827.)*

Les directeurs, en déposant le montant desdites retenues, doivent remettre au receveur général les exploits d'opposition ou de saisie-arrêt faits entre leurs mains; et il n'est pas nécessaire qu'ils fassent à ce préposé une signification particulière. C'est ce qui a été décidé par le directeur général de la caisse des dépôts et consignations. *(Journal de l'enregistrement, art. 6769.)* |

BULLÈTINS.

OBJETS
des Bulletins et renvoié
aux Ouvrages dont ils
sont le supplément.

BULLETIN N°. 159. Lès dénommés en l'art. 50 dé la loi du 28 avril 1816, sont, à raison de leur profession, réputés légalement vendre toutes les espèces de boissons comprises en l'art. 47 dé la loi, lors même qu'ils auraient, dans leur déclaration, restreint leur commerce à une seule de ces boissons.

DÉBITANS
DE BOISSONS
doivent déclarer
toutes les bois-
sons qu'ils pos-
sèdent, etc.

En conséquence, toutes les boissons qui sont en la possession de l'un de ces dénommés, doivent être déclarées, suivies par l'exercice des commis et soumises au droit de détail sur les quantités manquantes. (*Arrêt de cassation du 25 mai 1821.*)

Cette doctrine n'est pas nouvelle ; l'ordonnance de 1680 ordonnait que tous vendans vins ou autres boissons, déclarassent *non seulement celles qu'ils a-vaient dessein de vendre*, mais encore *généralement toutes celles qu'ils avaient en leur possession*, en une ou plusieurs caves, et que le droit de détail fût perçu *sur toutes les boissons déclarées et prises en charge*, si les débitans en avaient disposé, *en quelque manière que ce soit*, avant la démarque des commis. Ce sont les dispositions des articles 1 et 13 du titre 2 de l'ordonnance de Paris, et des articles 1 et 12 du titre 15 de celle de Rouen, interprétés par une foule d'arrêts du conseil et de la cour des aides, rapportés par Labellande, nombres 1166 et 1252.

Ces dispositions, qui sont la base essentielle de toute bonne perception du droit de détail sur les boissons, furent renouvelées par l'art. 34 de la loi du 24 avril 1806, et l'article 14 du décret du 5 mai de la même année, qui rétablirent ce droit ; et sous l'empire de ces lois, ces articles ont été constamment interprétés conformément à la proposition établie en tête du présent article. On peut consulter, à cet égard, les divers arrêts cités au Traité du contentieux, tome 1er, nombre 293, § 1, 2 et 7.

7

OBJETS
de Bulletins et renvoi
aux Ouvrages dont
sont le supplément.

BULLETINS.

Enfin la loi du 28 avril 1816 est venue confirmer cette doctrine par ses articles 50, 53, 65 et 66, constamment appliqués dans ce sens par la cour de cassation, ainsi que cela résulte de l'arrêt du 5 mai 1819, rapporté au même ouvrage, nombre 293, § 11, et de divers autres arrêts rapportés dans nos Bulletins Nos. 2, 32 et 127. Celui que nous allons faire connaître présente un exposé lumineux des principes de la matière, il développe avec clarté les motifs de la loi, et indique les abus qu'elle a voulu prévenir. Nous avons donc lieu d'espérer que cet arrêt achevera de porter la conviction parmi les membres des cours et tribunaux inférieurs, et que la régie ne se verra plus obligée de recourir à la cour suprême sur ce point.

Nous rappelons toutefois ici à MM. les directeurs, que la sévérité de principes qu'ils remarqueront dans ce nouvel arrêt, ne doit pas les empêcher de continuer à employer envers les redevables qui sont reconnus ne vendre en effet qu'une sorte de boisson, les mesures de tolérance que la régie leur a indiquées, et qui sont de nature à concilier les intérêts de la perception avec les règles de la plus étroite justice.

« La cour : ouï le rapport de M. le chevalier Bailly, conseiller, et les conclusions de M. Hua, avocat-général :

» Vu les articles 47, 50, 52, 53, 58, 65, 66 et 96 de la loi du 28 avril 1816, sur les Contributions indirectes ;

» Considérant qu'il suit de ces articles :

» 1°. Que quiconque exerce une des professions énoncées dans l'art. 50, est, *par cela seul*, assujéti, non seulement à déclarer et à désigner par leurs espèces et quantités toutes les boissons possédées par lui, qui font partie de celles dénommées dans l'article 47, mais encore à souffrir, *sur toutes ces boissons, et indéfiniment*, les visites et exercices des employés de la régie des Contributions indirectes. Ce qui comprend notamment, tant le jaugeage, la prise en charge et

BULLÉTINS.

OBJETS
des Bulletins et renvois
aux Ouvrages dont ils
sont le supplément.

les autres opérations dont doit être composé l'exercice primitif déterminé par l'article 53; que les exercices consécutifs prescrits par les articles suivans, et spécialement, à l'égard des vins, le cachetage des bouteilles, dans lesquelles ils ont été transvasés, en conformité de l'art. 56, et aux charges y exprimées;

» 2°. Qu'aucun individu compris dans la nomenclature qui commence ledit article 50, ne peut soustraire à ces divers exercices, ni à leurs conséquences, *desquelles le droit de détail fait partie*; aucune des boissons sujettes qui sont en sa possession, soit sous prétexte qu'elle n'est point du nombre de celles qu'il a déclarées vouloir vendre en détail; soit sous le prétexte ou sur le fondement qu'elle n'est destinée qu'à sa consommation personnelle et à celle de sa famille; et qu'il le peut d'autant moins, qu'à l'exercice d'une des professions dénommées dans l'article 50 est attachée, de plein droit, la faculté de vendre en détail toutes les boissons spécifiées dans ledit art. 47;

» Considérant que, sur tout cela, la législation du 28 avril 1816 n'a fait que reproduire et confirmer celle des articles 34 et 35 de la loi du 24 avril 1806; des articles 14, 17, 18, 21, 22 du décret du 5 mai même année, et les dispositions analogues de la loi du 8 décembre 1814;

» Considérant que l'esprit uniforme de la législation sur les boissons a donc été, à compter du 24 avril 1806, qu'il fût suffisant d'exercer une des professions mentionnées dans ledit art. 50, pour qu'on ne pût, sous un prétexte quelconque, échapper à aucune des obligations, ni à aucun des assujétissemens ci-dessus énoncés;

» Considérant, en fait, que le sieur Brodet est *cafetier* à Trévoux; et qu'il était constaté par procès-verbal d'employés de la régie des Contributions indirectes, du 14 août 1818, que ce même jour il avait refusé de souffrir qu'ils fissent le cachetage de cent bouteilles de vin rouge qui existaient dans sa cave; refus motivé sur ce qu'il n'avait jamais déclaré vouloir

OBJETS
des bulletins et renvois
aux Ouvrages dont il
sont le supplément.

BULLETINS.

vendre du vin, et sur ce que les cent bouteilles de vin en question étaient uniquement destinées à sa consommation et à celle de sa famille;

» Considérant que ce refus constatait une contravention formelle aux articles 50, 52, 53 et 58 de la loi dudit jour 28 avril 1816, et qu'abstraction faite de ce que les bouteilles de vin à cacheter étaient le produit d'une transvasion illégale, cette transvasion était, aux termes de l'article 96 de la même loi, punissable d'une amende de 50 à 300 francs, outre la condamnation du contrevenant aux dépens; amende et dépens qui étaient l'objet de la demande et des conclusions de la régie;

» Considérant que, néanmoins, la cour royale de Lyon, chambre des appels de police correctionnelle, a, au contraire, rendu, le 5 avril de la présente année 1821, l'arrêt dont la régie demande la cassation, par lequel, en confirmant le jugement du tribunal de police correctionnelle de Trévoux, du 23 septembre 1818, elle a renvoyé le sieur Brodet de la demande formée contre lui, et condamné la régie aux dépens;

» Considérant qu'à la vérité, pour prononcer ce renvoi, la cour royale de Lyon, après avoir posé en principe que les articles 50, 52, 53 et 58 ne se réfèrent à l'article 47 que pour les objets du détail de chaque débitant, en a tiré la double conséquence que les 3 pour cent, accordés par l'article 66, pour tous déchets et consommation de famille, ne peuvent s'étendre qu'à des boissons comprises dans la déclaration du débitant, et que la transvasion et le cachetage, dont parle l'article 58, supposent que le débitant débite du vin;

» Qu'elle est fondée aussi sur ce que Brodet n'avait jamais déclaré vouloir vendre du vin, et sur ce que, de l'aveu de la régie, il n'en avait point vendu, pour en conclure qu'il n'avait commis aucune contravention, en refusant la prise en charge et le cachetage des cent bouteilles de vin qu'il a dit destinées à sa consommation;

BULLETINS.

OBJETS
es Bulletins, et renvoi
ux Ouvrages dont ils
sont le supplément.

» A quoi elle a ajouté que les cafetiers de Trévoux n'avaient pas été soumis à l'exercice pour le vin de leur consommation, et la circonstance particulière que, le 11 mai 1818, la régie avait fait payer par Brodet 19 francs 80 centimes pour droit de circulation de 180 bouteilles de vin, provenant de la succession de sa belle-mère, droit dont l'article 82 de la loi du 25 mars 1817, sur les finances, l'aurait affranchi s'il avait été débitant de vin.

» Mais qu'aucun de ces motifs, soit en fait, soit en droit, ne peut justifier l'arrêt attaqué.

» En fait : 1°. parce qu'encore que la déclaration du sieur Brodet, énonciative de sa volonté d'exercer la profession de cafetier, soit restée muette, relativement à l'intention de débiter du vin, ce silence n'a pas pu nuire au droit que sa licence de débitant lui a conféré, de débiter, à son gré, toutes les espèces de boissons dénommées ou indiquées dans l'article 47, à la charge de se conformer aux articles suivans de la même loi ;

» 2°. Parce que, si la régie a cru pouvoir se dispenser momentanément d'exécuter en son entier la loi du 28 avril 1816, son indulgence ou sa négligence n'a point pu la priver du droit inaltérable de revenir à l'exécution littérale de cette loi ;

» 3°. Parce que si la régie avait mal-à-propos perçu, le 11 mai 1818, le droit de circulation sur 180 bouteilles de vin, provenues au sieur Brodet de la succession de sa belle-mère, cela pouvait être de nature à motiver une réclamation de sa part, dans le cas où le droit de détail lui aurait été demandé ultérieurement sur ce même vin ; mais devrait avoir d'autant moins d'influence à l'égard des cent bouteilles de vin dont le cachetage avait été requis, le 14 août suivant, en exécution d'une loi non abrogée, qu'elles étaient le produit d'une transvasion.

» En droit : parce que le prétendu principe qui a servi de base principale à l'arrêt du 5 avril 1821 est destructif de toute l'économie et de la généralité ab-

OBJETS
des Bulletins et renvois
aux Ouvrages dont ils
sont le supplément.

BULLETINS.

solue d'expression des articles, ci-dessus transcrits, de la loi du 28 avril 1816, qui ne font ni exception, ni réserve ; et que, pour admettre le système exceptionnel de cet arrêt, il faudrait rayer de cette loi, non seulement les articles 50 et 53, qui ordonnent la déclaration par espèces et quantités, la vérification et la prise en charge de *toutes les boissons* arrivées chez le vendeur en détail ; mais encore la dernière partie de l'article 58, qui ne leur permet la mise en bouteille de leurs vins, qu'en présence des commis, et à la charge que les bouteilles seront cachetées du cachet de la régie, et spécialement l'article 66, dont la disposition, qui fait entrer la consommation de famille dans les considérations qui ont déterminé à fixer la remise qu'il accorde à 3 pour cent du montant des droits de détail, est inconciliable avec l'opinion que le législateur ait entendu accorder en outre, à un débitant quelconque, la faculté de soustraire à tout concours à la formation de ce montant, et à toute surveillance des commis, les vins qu'il lui plairait de dire destinés à sa consommation et à celle de sa famille.

» Considérant enfin, qu'avec le système de la cour royale de Lyon, il n'y aurait ni cabaretier, ni aubergiste, ni restaurateur, ni aucun autre débitant, qui, au moyen d'une restriction dans la déclaration que l'article 171 de ladite loi du 28 avril l'oblige à faire pour chaque année, ne fût maître, comme les cafetiers, qui sont compris dans la même cathégorie, de se livrer habituellement à des fraudes de toutes espèces, sans qu'il fût possible de les constater et de les réprimer ;

» De tout quoi, il résulte que l'arrêt dénoncé par la régie a faussement interprêté, et formellement violé les articles 50, 52, 53, 58 et 66, en même temps, qu'il est contrevenu à l'article 96 de la loi dudit jour 28 avril 1816 :

Par tous ces motifs, la cour, faisant droit sur le pourvoi de la direction générale, agissant au nom de la régie des Contributions indirectes, casse ledit arrêt du 5 avril 1821, etc.

BULLETINS.

OBJETS

les Bulletins et renvois aux Ouvrages dont ils font le supplément.

BULLETIN N°. 160. Les boissons doivent être immédiatement conduites chez le destinataire désigné comme tel sur l'expédition qui les accompagne.

Lorsque les déclarations d'un voiturier conducteur de boissons, désignent un acheteur autre que celui qui est indiqué comme destinataire sur l'expédition, et que les boissons arrivent en effet chez cet autre acheteur, ce dernier ne peut, pour se justifier de la contravention résultant de la fausse déclaration au bureau d'enlèvement, alléguer qu'il est en effet l'acheteur primitif du vin, ainsi que le dit le voiturier, mais qu'il a revendu cette boisson au destinataire porté sur l'expédition, chez lequel les boissons auraient dû être directement conduites. (*Arrêt de cassation*, du 27 décembre 1820.)

CIRCULATION DES BOISSONS.

FAUSSE DÉCLARATION.

Le 29 juin 1818, les employés venant d'exercer leurs fonctions dans la maison du sieur *Saulnier*, cabaretier, demeurant à Orléans, quai neuf, hors ville, trouvèrent à la porte de la même maison, une voiture attelée d'un cheval et chargée d'un demi-poinçon de vin rouge ; le conducteur, nommé Jean Tardif, cordonnier, a déclaré que le vin avait été vendu par le sieur Lejeune, vigneron à Saint-Privé, audit *Saulnier*, devant la porte duquel il était arrêté pour le décharger.

Les employés étant entrés dans la maison du sieur Saulnier, demandèrent à son épouse de leur remettre l'acquit-à-caution et la quittance des droits d'entrée ; la dame Saulnier leur répondit que le demi-poinçon ne lui appartenait pas, et qu'elle n'avait aucune expédition à leur présenter.

Le conducteur, interpellé de nouveau de remettre les expéditions, déclara les avoir remises à une dame, et

Traité du contentieux, *tom.* 1, *n.* 152,159,160, § V, *et* 331, § II, *p.* 382.

OBJETS
des Bulletins et renvois
aux Ouvrages dont ils
sont le supplément.

BULLETINS.

alors, la dame Saulnier observa que le vin était pour le sieur *Poirier*, son voisin.

Les employés entrèrent aussitôt chez le sieur *Poirier*, ne trouvèrent que sa servante, qui répondit qu'elle n'avait aucune expédition à remettre, et qu'elle n'entendait rien à cela ; alors la dame *Saulnier* tira de sa poche un papier plié, en le remettant à la domestique du sieur *Poirier*, et lui dit : *Tenez, voilà ce qu'il vous faut.*

Les employés reconnurent que c'était un congé délivré le même jour, *au nom du sieur Poirier;* mais qu'il n'était pas accompagné de la quittance des droits d'octroi.

Le conducteur persista dans sa déclaration ; le sieur Saulnier, qui survint, avoua *que le demi-poinçon avait été acheté* PAR LUI; *mais il prétendait l'avoir* REVENDU *au sieur Poirier.*

Il résultait bien évidemment de ces faits, de ces déclarations, qu'il y avait contravention de la part du conducteur, pour avoir conduit *chez le sieur Saulnier*, du vin qui était à la destination *du sieur Poirier*, et pour avoir été trouvé sans être pourvu d'expédition du vin qu'il conduisait; qu'il y avait également contravention de la part du sieur *Saulnier*, pour avoir voulu introduire dans sa maison et alimenter son débit avec un demi-poinçon de vin destiné à un autre. En conséquence, procès-verbal de saisie du demi-poinçon de vin, fut déclaré à Tardif et audit Saulnier.

Ce procès-verbal ayant été porté devant le tribunal d'Orléans; les prévenus furent renvoyés par jugement du 15 juillet 1816. Ce jugement repose sur les motifs suivans :

« Considérant qu'un congé pris le 22 juin dernier, au bureau de Saint-Privé, sous le nº. 86, constate qu'un demi-poinçon de vin rouge avait été vendu et délivré par le sieur Lejeune, vigneron audit Saint-Privé, pour le sieur Poirier, charpentier, rue et portereau Tudelle ; que ledit jour, la voiture sur laquelle était ce demi-poinçon a été vue, par les employés de la régie, à la porte dudit Poirier; que ce fût n'était pas déchargé;

BULLETINS.

OBJETS
des [Bul etins et renvois
aux Ouvrages dont ils
sont le supplément.

qu'on se disposait à aller au bureau des Tourelles, pour en payer les droits d'entrée et d'octroi, avant d'introduire dans le domicile dudit Poirier, ce demi-poinçon de vin. »

La régie se rendit appelante de ce jugement ; mais il fut confirmé par arrêt de la cour royale d'Orléans, du 19 janvier 1819, par les motifs énoncés ci-après :

« Considérant que ce n'est pas à de simples présomptions de fraude, mais seulement à la fraude constatée, qu'on peut et qu'on doit appliquer les lois pénales relatives aux contraventions;

» Considérant que le demi-poinçon de vin dont il s'agit dans la cause, était accompagné du congé exigé par la loi, pour la circulation des boissons;

» Considérant qu'il résulte de la combinaison des articles 24 et 25 de la loi sur les finances, du 28 avril 1816, que dans les lieux où il n'existe qu'un bureau central de perception, la contravention résultant du défaut d'acquit des droits de consommation, n'est attachée qu'au fait du déchargement des voitures et de l'introduction des boissons au domicile du destinataire, sans l'acquit préalable de ces droits :

» Considérant que, dans la cause, il est constaté par le procès-verbal même, que le demi-poinçon était placé sur la voiture demeurée stationnaire, et que ce procès-verbal ne constate ni déchargement ni introduction au domicile du destinataire Poirier, ni même tentative de déchargement ou d'introduction ; d'où il résulte que les intimés étaient encore à temps de se présenter au bureau central, à l'effet d'acquitter les droits de consommation :

» Adoptant au surplus les autres motifs énoncés au jugement dont est appel :

» La cour met l'appellation au néant, etc. »

La régie se pourvut en cassation contre cet arrêt, pour violation des articles 10 et 17 de la loi du 29 avril 1816.

Elle établit devant cette cour, que les contraventions reprochées aux sieurs Saulnier et Tardif, ne résul-

OBJETS
des Bulletins et renvois
aux Ouvrages dont ils
sont le supplément.

BULLETINS.

taient pas de simples présomptions, ainsi que les tribunaux l'avait jugé; mais que le procès-verbal non contesté, fournissait au contraire la preuve complette des contraventions.

Ce procès-verbal portait que le conducteur avait déclaré que le vin était destiné *au sieur Saulnier*, et cependant l'expédition était *au nom du sieur Poirier*; contravention à l'article 10 de la loi du 28 avril 1816, pour fausse déclaration au bureau d'enlèvement. Ce fait de contravention était d'ailleurs corroboré par la circonstance que c'était la dame Saulnier qui avait remis les expéditions à la domestique du sieur Poirier.

Cet acte constatait également que le sieur Tardif, conducteur du chargement, n'avait pu représenter l'expédition qui devait l'accompagner; contravention à l'article 17 de la même loi.

Enfin, le procès-verbal constatait que, quoique le vin eût dépassé les limites de l'octroi, cependant les droits n'avaient point été acquittés; nouvelle contravention à l'art. 24 de la loi du 28 avril.

L'excuse alléguée par le sieur Saulnier, qu'en effet c'était lui qui avait acheté le vin, mais qu'il l'avait revendu de suite au sieur Poirier, au nom duquel il avait pris des expéditions, ne pouvait être admise par les tribunaux, qui doivent se borner à appliquer la loi aux faits matériels constatés par les procès-verbaux des commis, et laisser à la régie à apprécier les motifs de justification allégués par les prévenus.

Or, dans l'espèce, était-il probable que le sieur Saulnier, *cabaretier*, allant à l'emplette de vin, à Saint-Privé, et ayant d'abord acheté *pour lui* le demi-poinçon qui fait l'objet du procès, eût, sans revenir à Orléans, où demeure le sieur Poirier, revendu le vin à ce dernier, et eût, par suite, désigné ce particulier comme destinataire de la boisson. La circonstance que le sieur Poirier était le voisin immédiat du *cabaretier*; celle que la femme de ce dernier avait le congé à sa disposition; l'ignorance où l'on était chez Poirier, qu'il y dût arriver du vin; toutes ces circonstances, au

BULLETINS.

OBJETS
des bulletins et renvoi
aux Ouvrages dont ils
sont le supplément.

contraire, prouvaient évidemment que Saulnier avait
fait usage, dans cette occasion, d'un moyen employé
très-souvent par les gens de sa profession, pour soustraire au droit de détail une partie de la consommation
faite dans leur cabaret; celui de faire venir du vin sous
le nom d'un de leurs voisins.

Ces divers motifs ont été accueillis par la cour suprême,
dont l'arrêt est ainsi conçu :

« La cour : ouï le rapport de M. le chevalier Bailly,
conseiller, et les conclusions de M. le baron Freteau
de Peny, avocat-général :

» Vu 1°. l'article 26 du décret du 1er. germinal (22 mars
1805), qui porte : « Les procès-verbaux ainsi rédigés
» et affirmés, (conformément à ce qui est prescrit par
» les articles précédens) seront crus jusqu'à inscription
» de faux ; »

» Vu 2°. les articles 6, 10 et 17 de la loi du 28
avril 1816, sur les Contributions indirectes, dont voici
le texte :

Article 6. « Aucun enlèvement ni transport de bois-
» sons ne pourra être fait, sans déclaration préalable
» de l'expéditeur ou de l'acheteur, et sans que le con-
» ducteur soit muni d'un congé, d'un acquit-à-caution
» ou d'un passavant, pris au bureau de la régie. »

Article 10. « Il ne sera délivré de passavant, congé
» ou acquit-à-caution, que sur des déclarations énon-
» çant les quantités, espèces et qualités de boissons,
» les lieux d'enlèvement et destination, les noms, pré-
» noms, demeures et professions des expéditeurs, voi-
» turiers et acheteurs ou destinataires. »

Article 17. « Les voituriers, bateliers et tous autres,
» qui transporteront ou conduiront des boissons, seront
» tenus d'exiber, à toute réquisition des employés des
» Contributions indirectes, des Douanes et des Octrois
» les congés, passavans ou acquits-à-caution, ou
» laissez-passer dont ils devront être porteurs : faute
» de représentation desdites expéditions, ou en cas
» de fraude ou de contravention, les employés saisiront
» le chargement, ils saisiront aussi les voitures, chevaux

OBJETS
des Bulletins et renvois
aux Ouvrages dont ils
sont le supplément.

BULLETINS.

» et autres objets servant au transport ; mais seulement
» pour garantir de l'amende, à défaut de caution-
» nement. »

» Considérant qu'il était constaté par le procès-verbal
du 22 juin 1818, non argué de nullité, ni inscrit de
faux, et par conséquent qu'il était légalement prouvé
que le sieur Tardif, conducteur du demi-poinçon de
vin dont il s'agit, n'était point porteur, et n'a point
fait aux employés, lorsqu'il l'ont requise, la représentation du congé qui avait été délivré au bureau de la
régie, à Saint-Privé, pour accompagner cette boisson :
d'où résultait, à la charge du sieur Tardif, une contravention à l'article 17 de la loi dudit jour 28 avril 1816;

» Considérant, d'autre part, que le même procès-
verbal faisait foi, 1°. que, d'après les déclarations du
sieur Tardif aux employés, le demi-poinçon de vin
était destiné, non au sieur Poirier, dénommé dans le
congé, mais au sieur Saulnier; 2°. Que ces déclarations,
étaient confirmées, non seulement par le fait, que c'é-
tait la femme du sieur Saulnier qui, ayant depuis
l'arrivée du vin devant sa porte, reçu du sieur Tardif
ledit congé, l'avait tiré de sa poche et remis à la servante du sieur Poirier, en lui disant : « Tenez, voilà
» ce qu'il vous faut ; » mais encore par cet autre fait,
que le sieur Tardif ayant persisté dans ses déclarations,
le sieur Saulnier lui-même avait reconnu la vérité des
dires du sieur Tardif, et avait avoué qu'effectivement,
lui Saulnier, avait acheté du sieur Lejeune le vin
mentionné au congé, en ajoutant qu'il l'avait revendu
au sieur Poirier, revente qu'il est convenu ne pouvoir
justifier par une expédition de la régie;

» La réunion desquels faits constituait contre le sieur
Saulnier une contravention auxdits articles 6 et 10 de
la loi ci-dessus datée, en ce qu'ils prouvaient la fausseté de la déclaration énoncée au congé, que le vin
était destiné au sieur Poirier : fausseté qui, portant
sur une des formalités dont la pleine observation est
exigée par ledit article 10 pour la validité du congé,
opérait nécessairement la nullité du congé prescrit par

BULLETINS.

OBJETS
des Bulletins et renvois
aux Ouvrages dont ils
sont le supplément.

ledit article 6, pour légitimer l'enlèvement et le transport de la boisson;

» Considérant qu'il suit de tout ce que dessus, que le procès-verbal du 22 juin 1818 constatait deux contraventions ; qu'en conséquence la saisie du demi-poinçon de vin était fondée, et qu'il était du devoir des juges de la déclarer valable, d'ordonner la confiscation du fût de vin saisi, et de condamner les deux contrevenans à l'amende de cent à six cents francs, établie par l'article 19 de ladite loi du 28 avril 1816, ainsi que la régie y avait conclu;

» Considérant que, néanmoins, la cour royale d'Orléans, sur le fondement de faits qui ne pouvaient atténuer aucun de ceux dont le procès-verbal faisait foi, a jugé, par son arrêt du 16 janvier 1819, confirmatif du jugement du tribunal de police de la même ville, du 15 juillet précédent, que c'était le cas de ne point avoir égard à la demande de la régie, en conséquence a renvoyé le sieur Saulnier dudit procès-verbal, a condamné la régie aux dépens de première instance et d'appel envers les sieurs Saulnier et Tardif, sans statuer explicitement sur le fond de la contravention qui a été l'objet de la partie des conclusions de la régie, relative au sieur Tardif;

» En quoi ladite cour a formellement violé, tant l'article 26 du décret législatif du 1er. germinal an 13, que les articles 6, 10 et 19 de la loi dudit jour 26 avril 1816 :

» Par tous ces motifs, la cour casse, etc., »

BULLETIN N°. 161. Les débitans de boissons établis hors des lieux sujets aux droits d'entrée, mais sur le territoire de la commune, sont soumis à ces mêmes droits, bien que leur habitation soit isolée et entièrement détachée du lieu principal. (*Arrêt de cassation, section civile, du 5 décembre 1820.*)

BULLETINS.

Cette doctrine est établie au Traité du contentieux, mais elle n'y est appuyée que d'un arrêt de la cour royale de Metz. La cour de cassation vient de la consacrer par un arrêt rendu au rapport de M. Legonidec, portant cassation d'un jugement en dernier ressort, rendu par le tribunal civil de Poitiers, à la date du 26 mai 1819.

Ce jugement est rendu sur les motifs suivans : « Que la disposition finale de l'article 21 de la loi du 28 avril 1816 affranchit du paiement des droits d'entrée les habitations éparses et les dépendances rurales, entièrement détachées du lieu principal ; que, dans la généralité de ces expressions, la loi ne distingue pas si les habitations éparses et les dépendances rurales sont occupées par des débitans ou par des non-débitans ; que le juge ne peut faire des distinctions qui ne se trouvent pas dans la loi, et que, par conséquent, l'exception conçue en termes généraux, doit être appliquée aux débitans comme aux non-débitans ; enfin qu'il n'a pas été dénié par la direction, que la demeure de Chauvin fût comprise dans les habitations éparses et les dépendances rurales, entièrement détachées du lieu principal. »

Le défendeur à la cassation a soutenu la même doctrine; il a invoqué l'esprit de la loi qui, selon lui, n'a pu vouloir soumettre au droit d'entrée dans un lieu, des boissons qui n'y entrent pas; il a tiré un argument des dispositions de l'art. 53 de la loi du 28 avril 1816, qui porte, que les débitans *domiciliés dans des lieux sujets*, sont tenus de produire aux employés, des quittances du droit d'entrée, et il a prétendu que, d'après la règle *inclusio unius fit exclusio alterius*, ces mots, *débitans domiciliés dans des lieux sujets*, prouvaient que le législateur avait entendu n'imposer qu'à ceux-ci l'obligation de payer les droits d'entrée, et non aux débitans domiciliés *hors des lieux sujets*.

La régie, au contraire, a fait ressortir l'assujétissement des débitans établis hors des lieux sujets, d'abord, de la généralité de la première disposition de l'art. 21, qui

BULLETINS.

OBJETS
des Bulletins et renvois
aux Ouvrages dont ils
sont le supplément.

soumet aux droits d'entrée *toutes les boissons reçues par*
les débitans établis sur le territoire, et précisément de
l'addition dans la loi de 1816, de cette disposition, laquelle
n'existait pas dans l'art. 22 de la loi du 8 décembre
1814, qui affranchissait, en général, toutes les dépendances rurales entièrement détachées du lieu principal.

Le législateur, en reproduisant dans la dernière partie
de l'art. 21 de la loi de 1816, la disposition de la loi
précédente, et en ajoutant à cet article une disposition
relative aux débitans, a voulu évidemment excepter
ceux-ci de la règle générale. Ces motifs ont été accueillis par la cour de cassation, dans l'arrêt dont la
teneur suit.

« La cour : ouï le rapport de M. le conseiller Legonidec, et sur les conclusions de M°. Cahier, avocat
général :

» Vu l'article 21 de la loi du 28 avril 1816, ainsi
conçu : « Ce droit sera perçu dans les faubourgs des
» lieux sujets, et sur toutes les boissons reçues par des
» débitans *établis sur le territoire de la commune ;*
» mais les habitations éparses et les dépendances ru-
» rales entièrement détachées du lieu principal, en
» seront affranchis. »

» Attendu que la disposition de la première partie
de cet article est expresse et positive, qu'elle assujétit
formellement au droit d'entrée, toutes les boissons reçues
par les débitans *établis sur le territoire de la commune*,
ce qui embrasse *tous les débitans*, ceux, même, établis
dans les habitations éparses et les dépendances rurales;
qu'en présence d'une disposition aussi précise, et qui
est nouvelle dans la législation, on ne peut leur appliquer l'exemption contenue dans la seconde partie
du même article, laquelle se trouve alors naturellement restreinte aux habitations des particuliers ; qu'il
impliquerait contradiction, de regarder les débitans
comme compris dans cette exemption, puisque ce serait
annuller l'effet de la disposition additionnelle qui se
trouve dans la loi de 1816, intention que l'on ne peut
raisonnablement supposer au législateur, qui ne les

OBJETS
des Bulletins et renvois
aux Ouvrages dont ils
sont le supplément.

BULLETINS.

aurait pas soumis à un droit dont il voulait les affranchir aussitôt :

» Par ces motifs, la cour casse, etc. »

DÉBITANS
DE BOISSONS.

RECÉLÉ.

BAIL
AUTHENTIQUE.

A annoter comme apportant un changement à la 2ᵉ partie du § II du n. 297, du Traité du contentieux, t. 1, p. 325.

BULLETIN N°. 162. L'existence de boissons non déclarées à la régie, dans une maison appartenant en propriété à un débitant, n'offre une présomption légale de recélé, que lorsque cette maison est habitée par le débitant lui-même, et qu'il y a son débit; mais lorsque cette maison est entièrement séparée de celle où il exerce sa profession, et que l'espace qui les sépare est sujet à la surveillance ordinaire des préposés, il y a une distinction à faire :

Si cette maison n'est louée à personne, les boissons qui s'y trouvent sont légalement réputées être la propriété du débitant, parce qu'en fait d'objets mobiliers, *la possession vaut titre ;* et alors ces boissons sont saisissables comme recélées, si le débitant n'en a pas fait la déclaration à la régie.

Mais si la maison séparée de celle où le débit est établi est occupée par un tiers, soit en vertu d'un bail verbal, soit en vertu d'un bail sous seing-privé, les boissons qui y sont déposées ne sont présumées légalement être recélées, qu'autant qu'il y a d'autres preuves que ces boissons appartiennent au débitant, propriétaire de la maison. Le défaut de bail authentique ne change rien à la position des parties ; ce bail ne pouvant être exigé que

BULLETINS.

OBJETS
des Bulletins et renvois
aux Ouvrages dont ils
sont le supplément.

pour les divers locaux faisant partie de celle des deux maisons dans laquelle le débit est établi.

Ce qui précède, et les considérations suivantes résultent d'un arrêt de la cour de cassation, en date du 25 mai 1821, qui a jugé que les débitans de boissons ne sont pas tenus à louer par bail authentique les maisons dont ils sont propriétaires, lorsque celles-ci sont séparées de leur débit par une distance quelconque ; et des motifs d'un désistement récent, ordonné par l'administration, dans une affaire semblable. Ces motifs sont puisés dans la discussion de l'article 61 de la loi du 28 avril 1816, appliqué à l'espèce suivante.

Le sieur Étienne est débitant de boissons.

Son habitation et *le lieu de son débit* sont situés à *Novion.*

Il est propriétaire d'un maison à *Provizi*, hameau dépendant et situé *à quelque distance* de Novion.

Il a loué cette maison, *par bail sous seing-privé*, du 15 juillet 1813, enregistré le 2 août suivant.

La fille à qui cette location a été faite *habite cette maison*, elle y tient son ménage particulier, et elle ne vit point en commun avec son père.

Il paraît même que cette fille a fait un commerce particulier de boissons, puisqu'elle fut pourvue d'une licence le 1er. septembre 1817.

Le 2 mars 1819, les employés de la régie saisirent dans cette maison, douze pièces de cidre, comme y ayant été *recélées* frauduleusement *par le débitant Étienne*.

De là est née la question de savoir si le recélé existe.

Il faut convenir d'abord, qu'aucune loi n'a assujéti les débitans de boissons à passer des baux authentiques pour la location des maisons dont ils peuvent être

OBJETS
des Bu letins et renvois
aux Ouvrages dont il
soit le supplément.

BULLETINS.

propriétaires , *et qui sont séparées par une distance quelconque du lieu de leur débit.*

Ainsi , on ne peut induire aucune présomption de recélé du fait que des boissons ont été trouvées dans une maison appartenant au débitant Etienne , mais séparée de son habitation et du lieu de son débit , par lui louée à sa fille par acte sous seing-privé , et habitée particulièrement par cette fille.

Il faut donc examiner si , d'après l'article 61 de la loi du 28 avril 1816, Etienne a pu légalement être prévenu de recélé.

La première disposition de cet article , fait défense aux vendeurs en détail de recéler des boissons dans leur maison ou ailleurs.

Cette disposition est claire; il en résulte que toutes les boissons *qui sont reconnues appartenir à un débitant* qui ne les a pas déclarées , sont légalement réputées être recélées , soit qu'on les trouve dans leurs maisons ou ailleurs.

La seconde disposition de l'article est également claire.

Il s'ensuit que les propriétaires ou principaux locataires ne peuvent laisser entrer chez eux des boissons *appartenant aux débitans* , sans qu'il y ait bail authentique, etc.

Il faut donc, pour qu'il y ait recélé, que les boissons prétendues recélées soient reconnues ou prouvées *appartenir au débitant.*

Si ce fait essentiel et nécessaire de propriété est prouvé , et s'il n'y a pas un bail authentique du local où les boissons sont déposées , alors il y a un véritable recélé , dont *le débitant* et *le propriétaire* , ou *principal locataire* sont *solidairement responsables.*

Ce cas n'a rien de semblable à l'espèce.

Les boissons trouvées et saisies dans le domicile de la fille Etienne , n'ont été ni avouées ou reconnues , ni prouvées appartenir à son père , qui a un domicile particulier. Le père n'a été ni trouvé , ni surpris transportant ou faisant transporter de ces boissons pour

BULLETINS.

OBJETS
des Bulletins et renvois
aux Ouvrages dont ils
font le supplément.

alimenter son débit. Comment, et en vertu de quelle loi pourrait-on donc le déclarer coupable de recélé?

Serait-ce parce que la maison où les boissons étaient déposées lui appartient, et qu'il n'a pas passé un bail authentique de la location qu'il a faite à sa fille ?

Mais aucune loi ne lui a imposé cette obligation, et on ne trouve nullement cette disposition dans l'article 61.

Il en serait autrement, s'il avait été avoué ou reconnu que les boissons saisies appartenaient à Etienne, ou même s'il avait été surpris employant les boissons à alimenter son débit. Ce serait alors que sa fille, n'ayant pas de bail authentique, pourrait être considérée comme sa complice du recélé.

Ce serait une grande erreur que vouloir tirer avantage, pour l'espèce, de plusieurs arrêts de la cour, qui, dans différentes circonstances, ont fait l'application de l'article 61.

Cette application a eu lieu dans des cas tous spéciaux, où la fraude était évidente, soit que le lieu du dépôt des boissons fût placé *dans l'habitation même du débitant*, ou *sous le même toit*, soit qu'il eût été nanti de la clef du lieu du dépôt, soit qu'il eût été surpris y puisant des boissons pour son débit. Voyez le Traité du contentieux, tome 1er., nombre 297, page 324 et suivantes.

Mais jamais la cour n'a jugé, ni pu juger qu'un débitant ne puisse donner à loyer que par bail authentique, *les maisons étrangères au lieu de son débit, qui lui appartiennent.*

L'arrêt du 25 mai 1821, que nous avons cité en tête de cet article, et qui a motivé le désistement du pourvoi dans l'affaire Etienne, est ainsi conçu :

« La cour : ouï le rapport de M. Chasle, conseiller, et les conclusions de M. Hua, avocat général :

» Attendu que le procès-verbal des employés, du 17 juillet 1820, a constaté seulement que le petit logis dans lequel ont été trouvés les vins qui font l'objet du procès, est attenant à la maison occupée par le débitant

OBJETS
des Bulletins et renvois
aux Ouvrages dont ils
sont le supplément.

BULLETINS.

Drouard, dans laquelle il fait son débit ; que les employés n'ont pas dit que ce petit corps-de-logis *fît partie de l'habitation dudit Drouard*, ni *qu'il y eût aucune espèce de communication entre ces deux logemens* ; qu'il ne résulte de ce simple voisinage, *sans communication intérieure*, aucune présomption légale que les boissons trouvées dans le petit corps-de-logis appartinssent au débitant Drouard, et que, dès-lors on ne peut pas dire que la cour royale de Paris ait violé l'article 61 de la loi du 28 avril 1816, qui n'est pas applicable à l'espèce, ni les autres articles de ladite loi invoqués par la direction générale ;

» Attendu que la cour n'a point à examiner les faits qui ont déterminé la cour royale de Paris à reconnaître que Plet, l'une des parties de Guibout, a suffisamment justifié sa propriété des vins saisis :

» Par ces motifs, la cour reçoit Drouard et les parties intervenantes, et faisant droit, tant sur ladite intervention, que sur le pourvoi de la direction générale, rejette ledit pourvoi, condamne l'administration, etc. etc.

PROCÈS-VERBAUX.

OMISSION DES
FORMALITÉS
PROVENANT DU
FAIT DES
PRÉVENUS.

BULLETIN N°. 163. L'omission des formalités prescrites par le décret du 1er. germinal an 13, pour la rédaction des procès-verbaux des employés de la régie, n'entraîne pas la nullité de ces actes, lorsque l'observation de ces formalités a été empêchée par une résistance ou un trouble quelconque, apportés par le prévenu à leur rédaction.

La formalité de l'affiche du procès-verbal à la porte de la maison commune, n'est nécessaire que lorsque le contrevenant n'a pas de domicile connu dans le lieu de la saisie; dans le cas contraire, la signification du procès-

BULLETINS.

verbal au domicile du contrevenant, remplace suffisamment la formalité de l'affiche prescrite par l'article 24 du décret du 1er. germinal an 13.

Les juges doivent prendre pour constant les faits rapportés dans un procès-verbal, toutes les fois que celui-ci est régulier, duement affirmé et qu'il n'est pas inscrit de faux. (*Arrêt de cassation, du 3 mars 1821.*)

LES PROCÈS-VERBAUX FONT FOI DE LEUR CONTENU.

Les faits qui ont donné lieu à cet arrêt ressortant suffisamment de ses dispositions, nous nous bornerons à les rapporter textuellement.

« La cour : ouï le rapport de M. Bailly, conseiller, les observations de M*. Cochin, avocat à la cour, plaidant pour la régie des Contributions indirectes, demanderesse en cassation, et les conclusions de M. Fréteau de Pény, avocat général :

» Vu les articles 21, 24 et 26 du décret législatif du 1er. germinal an 13 (22 mars 1805.) :

» Considérant qu'il suit évidemment et nécessairement, 1°. dudit article 21 ; que les formalités qu'il prescrit ne peuvent être requises des employés des Contributions indirectes, et que leur omission ne peut autoriser l'annullation des procès-verbaux de contravention rédigés par eux, que dans les cas où l'observation de ces formalités n'a pas été empêchée par le fait des contrevenans ;

Traité du contentieux, tom. 1, p. 391, § III, et n. 344 et 351.

» 2°. Dudit article 24 ; que le cas d'*absence* dont il parle, n'est que celui où le prévenu n'ayant ni *domicile*, ni *résidence* connus dans le lieu où la contravention est constatée, il faut bien avoir recours à l'affiche de copie du procès-verbal, à la porte de la maison commune, dans l'espoir et comme moyen de faire connaître, dans le délai légal, au prévenu, le texte de ce procès-verbal ;

Même ouvrage, tom. 1, p. 410, § IX et X.

» 3°. Dudit article 26 ; que toutes les fois qu'un procès-verbal de contravention, régulier et duement affirmé, n'est pas inscrit de faux, il est du devoir des

Même ouvrage, tom. 1, p. 424, n. 357, 365 et 451.

OBJETS
des Bulletins et renvois
aux Ouvrages dont ils
sont le supplément.

BULLETINS.

juges de prononcer les condamnations que la loi a déterminées pour la contravention résultant des faits qu'il a constatés ;

» Considérant, en fait, d'une part, que la saisie du vin dont il s'agit a été faite à Graulhet ; que le procès-verbal du 5 août 1819 qui l'a constatée, y a été rédigé, et que cette petite ville, où il a été signifié à chacun des trois prévenus, Veulepas, Combes et Zémars, est aussi le lieu du domicile de chacun d'eux ;

» D'autre part, qu'on lit dans ce procès-verbal, qu'au moment où les employés leur demandaient l'exhibition des expéditions qui devaient accompagner la barrique de vin saisie, ils se sont retirés sans répondre, en l'abandonnant, et avec elle les deux barres de bois et les cordes au moyen desquelles ils la portaient sur leurs épaules. Qu'alors les employés leur ont déclaré procès-verbal et saisie du tout, en ajoutant qu'ils allaient se retirer au bureau de la recette-buraliste pour dresser le procès-verbal, et que là, les objets saisis seraient jaugés, évalués et dégustés ; mais que comme ils se disposaient à faire rouler la barrique, ils ont été assaillis de coups de pierres que les prévenus leur lançaient, de manière que l'employé Muratel en a été atteint à la hanche droite ;

» Considérant que, lorsque ces voies de fait ont été exercées par les prévenus, les employés étaient encore en temps utile pour leur faire la sommation prescrite par ledit article 21 du décret du 1er. germinal an 13 ;

» Que ces voies de fait ont été un obstacle à cette sommation ;

» Qu'établies par le procès-verbal, elles n'ont pas été reconnues y avoir été mensongèrement insérées ;

» Considérant que néanmoins le tribunal de police d'Albi a, par son jugement en premier ressort, du 19 novembre 1819, confirmatif de celui du tribunal correctionnel de Lavaur, du 18 août précédent, annullé ledit procès-verbal, par le double motif du défaut d'affiche de copie d'icelui, à la porte de la maison commune de Graulhet, et du défaut de sommation

aux prévenus de venir assister à la description des
objets saisis, et à la rédaction du procès-verbal susdaté;

» En quoi ledit tribunal d'Albi a faussement appliqué
l'art. 24, et a fait une fausse application de l'art. 21,
en même temps qu'une violation de l'article 26 dudit décret du 1er germinal an 13:

» Par ces motifs, la cour faisant droit sur le pourvoi
de la régie des Contributions indirectes, casse, etc. »

BULLETIN N°. 164. Les objets d'or et d'argent saisis *pour contravention au droit de
garantie*, et qui sont déposés aux greffes des
tribunaux, doivent, lorsque la confiscation en
est prononcée, être remis aux receveurs de
la régie des Contributions indirectes, nonobstant les dispositions de l'ordonnance du
23 janvier 1821, qui n'est applicable qu'aux
objets d'or et d'argent déposés aux greffes
pour tout autre motif que celui de contravention au droit de garantie. (*Décision du ministre des finances, du* 29 juin 1821.)

« Le ministre des finances :

» Vu le compte qui lui a été rendu, du refus
fait par le greffier de la cour royale de Paris, de
remettre aux préposés des Contributions indirectes,
pour être vendus au profit du fisc, divers ouvrages
d'or et d'argent, par eux saisis chez des marchands
bijoutiers pour contravention aux lois sur les droits de
garantie, et dont la confiscation a été prononcée par
arrêt de ladite cour, en date du 23 février 1821;
refus motivé sur une ordonnance royale du 23 janvier
précédent;

» Considérant : 1°. Que l'ordonnance dont il s'agit

MATIÈRES D'OR ET D'ARGENT.

OBJETS DÉPOSÉS AUX GREFFES.

Traité du con-tentieux, tome 2, n° 629, p. 294.
Bulletin n°. 12.

(120)

OBJETS
des Bulletins et renvois
aux Ouvrages dont ils
sont le supplément.

BULLETINS.

n'a d'autre but que de modifier la disposition réglémentaire de la loi du 11 germinal an 4 , portant que
les objets d'or et d'argent restés en dépôt dans les
greffes des tribunaux, devaient être envoyés aux hôtels
des monnaies, et de prescrire qu'à l'avenir ces objets
soient remis aux receveurs des Domaines, pour être
vendus aux enchères, comme les autres effets mobiliers de l'état, qui n'ont aucun emploi ni destination;

» 2°. Que cette modification ne peut s'appliquer à
l'art. 104 de la loi du 19 brumaire an 6, qui veut
que les objets confisqués pour contraventions aux lois
sur les droits de garantie, soient remis au receveur de
la régie de l'Enregistrement et des Domaines, pour
être vendus et leur produit net être ajouté au montant
de ces droits reçus alors par ladite régie, mais dont
la perception est faite aujourd'hui par l'administration
des Contributions indirectes, en exécution de l'art. 80
de la loi des finances, du 5 ventôse an 12;

» Décide :

» Tous les objets d'or et d'argent déposés dans les
greffes des tribunaux, et dont la confiscation aura été
prononcée judiciairement pour contraventions aux lois
sur les droits de garantie, seront remis, conformément
à ce qui s'est pratiqué depuis l'an 12 (1804), à la
disposition des préposés de l'administration des Contributions indirectes, qui continueront de faire procéder à la vente de ces objets, et de compter du montant
de leur produit. »

Signé, ROY.

BULLETIN N°. 165. *En matière correctionnelle*, les honoraires des *conseils* ou *défenseurs*
des prévenus, même de ceux nommés d'office,
non plus que les droits et honoraires des
avoués, ne sont point compris sous la déno-
mination de *frais de justice*, et, par consé-

BULLETINS.

OBJETS
des Bulletins et renvois
aux Ouvrages dont ils
sont le supplément.

quent, ne doivent jamais être compris dans la liquidation des dépens à la charge de la partie qui succombe : c'est à la partie qui a employé le ministère de ces conseils, défenseurs ou avoués, à payer leurs honoraires. (*Réglement du 18 juin 1811, art. 3.*)

En matière civile ORDINAIRE, ces honoraires doivent être compris dans la liquidation des dépens, au taux du tarif du 16 février 1811, (art. 80 et 147,) réduit selon les localités par le décret du 16 février 1807.

En matière civile SPÉCIALE à la régie, c'est-à-dire, en cas de contestations sur le fond des droits, la partie qui succombe n'a d'autres frais à supporter que ceux de papier timbré, des significations et droits d'enregistrement, aux termes des art. 65 de la loi du 22 frimaire an 7, et 17 de la loi du 27 ventôse an 9, rendus applicables à la régie des Contributions indirectes par l'art. 88 de la loi du 5 ventôse an 12.

Ces règles, qui sont établies par la loi, ont été rappelées dans une lettre du ministre de la justice au procureur-général en la cour d'Amiens, le 26 mai 1809; cette lettre porte ce qui suit :

« Vous demandez, monsieur, si les salaires et frais de l'avoué qui instruit et plaide les causes de la régie des Droits-réunis, en instance de police correctionnelle et d'appel, doivent entrer en taxe et être supportés par les particuliers qui succombent.

» Cette question s'étant déjà présentée plusieurs fois, il a été décidé que le salaire des avoués ou défenseurs que les régies et administrations générales jugent à-propos d'employer, ne doit pas être admis en taxe

OBJETS
des Bulletins et renvois
aux Ouvrages dont ils
sont le supplément.

BULLETINS.

dans la liquidation des dépens à recouvrer sur les condamnés ; et, réciproquement, que celui des défenseurs employés par les prévenus ne peut être mis à la charge de ces administrations, dans les affaires où elles succombent.

» Les motifs de cette décision sont, qu'en matière correctionnelle le ministère des avoués ou défenseurs est purement facultatif et non obligatoire ; que les magistrats chargés du ministère public sont, par la nature de leurs fonctions et les devoirs de leur place, les vrais défenseurs des droits du trésor public, soit qu'ils agissent seuls ou concurremment avec les agens de la régie intéressée à la répression des délits et contraventions ; enfin, qu'il doit en être des plaidoiries respectives qui ont lieu en cette matière devant les tribunaux de répression, comme des mémoires fournis devant les tribunaux civils, sur les contestations qui peuvent s'élever sur le fond des droits dont la perception est confiée à la régie de l'Enregistrement.

» L'article 65 de la loi du 22 frimaire an 7, et l'article 17 de celle du 27 ventôse an 9, ont réglé la manière de procéder dans ces sortes d'instances. Les parties n'y sont point obligées d'employer le ministère des avoués, et celle qui succombe n'a d'autres frais à supporter que ceux du papier timbré, des significations et droits d'enregistrement des jugemens. La loi du 5 ventôse an 12 a rendu cette forme de procéder commune aux contestations qui s'élèvent en matière de Droits-réunis : ainsi, soit qu'il s'agisse de contestation sur le fond du droit, ou de poursuites pour fraude et contraventions, dès que la loi n'oblige pas les parties à se servir d'avoués, il n'y a pas lieu d'allouer leur salaire dans la liquidation des frais, et chaque partie qui a eu recours à leur ministère, doit payer le sien.

» Vous voudrez bien faire part de ces instructions aux procureurs du Roi de votre ressort. »

Signé, REGNIER.

NOTA. MM. les directeurs doivent, pour se conformer à

BULLETINS.

OBJETS
des Bulletins et renvois
aux Ouvrages dont ils
sont le supplément.

ce qui précède, veiller à ce que les honoraires des avocats et avoués des parties, ne soient pas compris dans la liquidation des dépens qui tombent à la charge de la régie.

Quant aux honoraires dus aux avocats et avoués qu'ils emploieraient, ils ne doivent jamais, à moins de transaction, les comprendre dans la liquidation des frais à la charge des contrevenans qui succombent, et ces honoraires doivent rester à la charge de la régie, d'après les règles suivantes :

Si l'avocat ou l'avoué de la régie reçoit un traitement fixe, il ne doit rien lui être alloué pour les honoraires, dans les causes qu'il défend;

Si la direction est du nombre de celles où il n'y a pas d'avocat ou d'avoué ayant un traitement fixe, les honoraires doivent leur être payés dans chaque affaire, au taux du tarif.

Ces frais devront être compris dans les dépenses à porter sur l'état n°. 98, dans les affaires perdues; ou dans celles gagnées, que l'on est obligé d'abandonner pour cause d'insolvabilité du condamné, et qui, par cette raison, tombent en reprises indéfinies. Lorsque l'affaire a eu un résultat productif, ces honoraires doivent faire partie des frais à prélever sur le produit brut des états de répartition.

———

BULLETIN N°. 166. *Décision du conseil,* N°. 651, *du 26 avril 1821.*

Question. Y a-t-il lieu de verbaliser contre un redevable qui, muni de licence pour un exercice, et n'ayant point cessé d'exercer la profession qui le soumet à cette formalité, aurait négligé de prendre une nouvelle licence pour l'exercice suivant?

Ne serait-il pas plus convenable d'exiger de ce redevable le droit de licence au renouvellement de l'année, par voie d'avertissement suivi de contrainte?

Réponse. L'article 171 de la loi du 28 avril 1816, porte que les dénommés au tarif joint à la loi, ne

OBJETS
des Bulletins et renvois
aux Ouvrages dont ils
sont le supplément.

BULLETINS.

pourront *commencer* la fabrication ou le débit, qu'après avoir obtenu une licence, qui ne sera valable que pour l'année où elle a été délivrée.

L'article 144 de la même loi, réglémentaire de cet article 171, en ce qui concerne les marchands en gros et en détail de boissons, veut, que toute personne soumise à une déclaration *préalable*, en raison d'un commerce quelconque de boissons, soit tenue, *en faisant ladite déclaration*, et sous les mêmes peines, de se munir d'une licence, dont le *prix annuel* est fixé par le tarif annexé à cette loi.

Il résulte bien évidemment de ces dispositions, que tout marchand en gros ou débitant de boissons, qui commence l'exercice de sa profession, et qui, à cette occasion, fait une déclaration à la régie, doit se munir en même temps d'une licence, et que, faute par lui de le faire, on peut verbaliser à sa charge. Mais comme les marchands et débitans de boissons, soumis à l'exercice en vertu de leur première déclaration, lors de laquelle ils ont pris licence, ne sont pas tenus au commencement de chaque année de renouveler cette déclaration; que, par conséquent, le pouvoir de faire le commerce en gros ou en détail résulte, pour eux, de cette première déclaration, dont les effets subsistent tant qu'ils n'ont pas manifesté leur intention de cesser l'exercice de leur profession par une déclaration spéciale; il en résulte que la licence qu'ils sont tenus de prendre au commencement de chaque année, n'a plus pour objet de leur concéder la faculté de faire un commerce, mais seulement la perception du prix annuel fixé par le tarif annexé à ladite loi.

En admettant, au reste, que dans la rigueur du droit, on pût considérer comme une contravention le défaut de renouvellement de licence, de la part des redevables déjà assujétis, le conseil ayant à choisir entre la voie correctionnelle et la voie civile, est d'avis qu'il faut préférer cette dernière, comme étant la plus douce, et comme présentant des avantages réels dans l'intérêt du trésor.*

BULLETINS.

OBJETS
des Bulletins et renvois
aux Ouvrages dont ils
sont le supplément.

En conséquence, le 1er. janvier de chaque année, MM. les directeurs feront dresser un état, par recette, de tous les débitans et marchands en gros de boissons, munis de licences pour l'exercice précédent, qui, n'ayant pas fait une *déclaration de cesser*, sont, dans la présomption de la loi, réputés continuer leur commerce, et doivent, à ce titre, et aux termes de l'art. 144, acquitter annuellement le prix de la licence. Cet état sera mis en recouvrement par voie d'avertissement et de contrainte, comme les états de produits concernant les autres droits.

BULLETIN N°. 167. *Décision du conseil*, N°. 652, *du 26 avril 1821.*

DÉBITANS
DE BOISSONS.

Question. Le droit de circulation sur les boissons restant en la possession d'un débitant, au moment de sa déclaration de cesser, est-il exigible au moment même de la déclaration de cesser, ou à l'expiration des trois mois ?

Doit-il être constaté par arrêté au portatif, et le recouvrement peut-il être opéré par voie de contrainte ?

DÉCLARATION
DE CESSER.

DROIT DE
CIRCULATION.

Réponse. Les boissons restant en la possession d'un débitant ou d'un marchand en gros, au moment où il déclare cesser son commerce, sont passibles du droit de circulation. La perception de ce droit ayant seulement été suspendue chez lui, à raison de sa qualité de marchand en gros ou de débitant, doit être reprise au moment où le détenteur des boissons perd cette qualité pour rentrer dans la classe des simples consommateurs. Le droit est donc exigible chez le débitant à l'époque de sa déclaration de cesser, et non pas seulement à l'expiration des trois mois pendant lesquels l'ex-débitant reste soumis aux visites et exer-

Traité du contentieux. tom. 2, p. 177, § IV.

OBJETS
des Bulletins et renvois
aux Ouvrages dont ils
sont le supplément.

BULLETINS.

cices, parce que la faculté réservée par la loi aux employés de continuer l'exercice chez le débitant, ne donne pas à celui-ci le droit de vendre en détail, et que, par conséquent, il a cessé l'exercice de sa profession, le jour où il en a fait la déclaration.

Le droit de circulation doit être constaté au portatif par un arrêté de clôture, rédigé par suite de la déclaration de cesser, et qui, après avoir établi les restes en magasin, comprendra le calcul des droits dûs sur les boissons restant en la possession du débitant : il sera ensuite reporté au registre des comptes ouverts, ainsi que sur les états de produits, et perçu comme les autres droits résultant d'exercices. Toutefois ce nouveau mode de recouvrement ne sera mis en vigueur qu'au 1er. janvier 1822.

PROPRIÉTAIRES DE PRESSOIRS.

CAS OÙ ILS PEUVENT ÊTRE CONSIDÉRÉS COMME MARCHANDS EN GROS.

BULLETIN N°. 168. *Décision du conseil, N°. 653, du 26 avril 1821.*

Question. Les propriétaires de pressoirs peuvent-ils être rangés dans la classe des marchands en gros, et, comme tels, être assujétis à la licence, ainsi qu'aux formalités prescrites par les articles 97 et 171 de la loi du 28 avril 1816; et peut-on poursuivre devant les tribunaux, conformément auxdits articles, ceux d'entre eux qui refuseraient de s'y soumettre ?

Traité du contentieux, tom. I, p. 280, n. 286.

Réponse. On ne peut considérer le propriétaire d'un pressoir public, qui reçoit sa rétribution en nature, et *qui consomme chez lui* le vin ou le cidre en provenant, comme marchand en gros de boissons soumis à la licence et à l'exercice.

L'article 98 range parmi les marchands en gros, ceux qui *reçoivent* ou *expédient des boissons* en futailles, etc. Or, le propriétaire d'un pressoir ne reçoit

BULLETINS.

OBJETS
des Bulletins et renvois
aux Ouvrages dont ils
sont le supplément.

pas de boissons, mais seulement *des fruits et vendanges,* pour le transport desquels la loi n'exige aucune déclaration préalable de celui qui reçoit, comme de celui qui expédie. Si le propriétaire du pressoir prélève ensuite une part quelconque de la boisson fabriquée avec ces fruits, *et la consomme chez lui,* comme cette boisson n'a subi ni enlèvement, ni transport, elle ne peut donner lieu à aucune perception ; car, le propriétaire de pressoir qui consomme lui-même la boisson qui lui a été laissée en paiement, se trouve dans la même position que le simple particulier qui, à l'époque des vendanges, introduirait chez lui des fruits ou des raisins provenant d'achat, et fabriquerait avec ces fruits, la boisson nécessaire à sa consommation.

Mais il n'en est pas de même du propriétaire de pressoir *qui livre à la consommation* les boissons qu'il a reçues ; celui-ci se trouve dans le cas de l'application de l'article 98 de la loi du 28 avril 1816, qui range dans la classe des marchands en gros, ceux qui *expédient* des boissons : il est soumis, en cette qualité, à la déclaration prescrite par l'article 97, à se munir de licence, conformément à l'article 144 ; enfin aux visites et exercices, en vertu des articles 100 et 101 de la même loi ; et, à défaut de s'être conformé à ces dispositions, on est en droit de verbaliser contre lui.

Toutefois, il faut pour cela que le fait de vente soit constant, et à cet effet, les buralistes doivent être invités à ne délivrer d'expéditions aux propriétaires de pressoirs, non encore soumis aux exercices, qu'autant que ceux-ci consentiront à signer les déclarations d'enlèvement.

BULLETIN Nº. 169. *Décision du conseil,* Nº. 654, *du* 26 *avril* 1821.

Question. Proposition de rétablir le registre des congés, *Cartes,* et de créer, pour cet objet, des feuilles de circulation.

OBJETS
des Bulletins et renvois
aux Ouvrages dont ils
sont le supplément.

BULLETINS.

Réponse. Dans l'état actuel de la législation, le droit sur les cartes est suffisamment garanti ; et l'obligation que l'on imposerait aux cartiers, ne ferait que causer une nouvelle gêne au commerce, sans avantage réel pour la perception. Il n'y a donc pas lieu d'établir un registre spécial de congés pour les cartes à jouer.

NOTA. Cette décision rend sans application dans l'usage, ce que nous avions dit de la nécessité du congé pour les cartes, dans notre Traité du contentieux, tome Ier., page 157, nombre 167, § 1.

TABAC.

QU'ENTEND-ON
PAR COLPORTAGE?

BULLETIN N°. 170. *Décision du conseil,* N°. 655, *du* 10 *mai* 1821.

Question. Proposition de déterminer les circonstances qui distinguent le colportage de la simple circulation des tabacs.

Réponse. Il n'y a pas lieu à déterminer, en thèse générale, ce qui constitue le colportage ; il est laissé à l'administration à qualifier chaque délit, d'après les circonstances qui lui sont propres.

Traité du contentieux, *tom.* I, *p.* 164.

NOTA. Suivant le dictionnaire de l'académie, *colporter,* « c'est porter dans les rues et par les campagnes des marchandises pour les vendre. »

Il est à remarquer que ce mot *colporter* n'ayant pas d'autre acception au propre, l'on ne saurait élever aucun doute sur sa signification, et c'est aussi dans ce sens qu'il est employé dans l'article 222 de la loi d'avril 1816, ainsi conçu : « Ceux qui » seront trouvés vendant en fraude du tabac, à leur domicile, » ou ceux qui en colporteront, qu'ils soient ou non surpris » à le vendre, seront arrêtés, etc. »

En effet, les mots, *ceux qui seront trouvés vendant en fraude du tabac à leur domicile, ou ceux qui en colportent,* sont équivalens de ceux-ci, *ceux qui vendent chez eux, et ceux qui vendent hors de chez eux.*

Cette interprétation se confirme par les autres mots *qu'ils soient surpris ou non, à le vendre,* que le législateur n'a pu employer qu'en attachant au colportage l'idée d'un commerce ambulant ; car, en appliquant aux colporteurs trouvés

BULLETINS.

OBJETS
des Bulletins et renvois
aux Ouvrages dont ils
sont le supplément.

non vendant la même peine qu'aux colporteurs trouvés vendant, il est hors de doute que la loi a rangé les uns et les autres dans la même cathégorie de *vendeurs*, et qu'elle a voulu les atteindre tous , *qu'ils soient ou non surpris en flagrant délit.*

D'ailleurs , de deux choses l'une: si le colportage ne s'entend pas de la vente ambulante, il faut le rapporter à la circulation illégale ; or, cette contravention étant positivement prévue par l'article 216, l'article 222 n'aurait plus d'objet. Cependant ces deux articles ne sont point en contradiction. Le premier, qui ne prononce que l'amende et la confiscation, concerne les individus *transportant simplement ;* et le deuxième , qui ajoute aux mêmes peines un emprisonnement préalable, se réfère aux individus *transportant pour vendre*, autrement *colportant*, contre lesquels la loi a dû être plus sévère, puisqu'il y a dans leur fait une circonstance agravante de plus, celle du trafic de l'objet prohibé.

Si donc il est constant que le colportage n'est autre chose qu'un commerce ambulant ; d'un autre côté, il est également démontré que ce qui constitue le colportage n'est pas précisément l'action de *vendre*, non plus que l'action de *transporter*, mais bien *l'intention de vendre ce que l'on transporte*, par la raison que la loi n'exige pas qu'un prévenu soit pris *vendant* pour être réputé colporteur, et qu'il ne suffit pas non plus qu'il soit surpris *transportant*, pour être prévenu de colportage.

On doit donc considérer comme preuve du fait intentionnel toute présomption qui se tire des circonstances de la saisie, et d'où il résulte que le contrevenant avait l'intention de vendre, car on obtient ainsi une conviction morale, qui est la seule preuve que l'on puisse acquérir en cette matière.

Ainsi , par exemple, l'intention de vendre se présume légalement, lorsque l'individu arrêté porte , avec du tabac, des instrumens propres à le peser ou à le mesurer, tels que balances, romaine, poids, mesures, etc., ou quand le tabac est mis en plusieurs paquets de différens poids.

La même présomption existe à l'égard des marchands forains et des petits marchands, sans le concours des circonstances susdites, lorsqu'ils transportent du tabac avec leurs marchandises, parce qu'il est naturel de penser que le tabac est exposé en vente comme les autres objets de leur commerce.

On doit aussi considérer comme ayant l'intention de vendre, un individu muni de tabac , que l'on aurait vu entrer et sortir de plusieurs maisons successivement, parce qu'il y aurait également lieu de croire que de pareilles visites n'avaient d'autre objet que le débit du tabac.

OBJETS
des bulletins et renvois
aux Ouvrages dont ils
sont le supplément.

BULLETINS.

Doivent également être réputés *colporteurs*, les individus réunis en armes ou sans armes, qui transportent du tabac nuitamment, et dans des lieux non fréquentés ou des routes de traverse ; toutes ces circonstances écartant l'idée d'un simple transport, qui n'est illégal que parce que la marchandise n'est pas accompagnée d'une expédition.

Mais il n'y a pas colportage lorsqu'il n'y a que simple transport de tabac, et que les circonstances de ce transport éloignent la présomption de vente. Tel est le transport par un particulier, d'un seul paquet de tabac d'un poids qui ne dépasse pas les besoins présumés de sa consommation. Tel serait encore le transport d'une quantité quelconque de tabac par un commissionnaire de roulage ou voiturier, qui se serait chargé, moyennant salaire, de le rendre à une destination donnée.

Nous avons, au reste, traité cette question de colportage avec quelqu'étendue dans notre Traité du contentieux, tome 1, page 164, § III, auquel nous renvoyons nos lecteurs.

DÉBITANS
DE BOISSONS.

BULLETIN N°. 171. *Décision du conseil, N°. 656, pour mémoire.*

REFUS
D'EXERCICE.

NOTA. Nous avons examiné dans notre Traité du contentieux, quels étaient les cas dans lesquels on devait appliquer au débitant de boissons, qui avait fait refus d'exercice, la dernière partie du premier § de l'article 68 de la loi du 28 avril 1816. Nous ajouterons à ce que nous avons dit à cet égard, qu'il doit arriver rarement qu'il y ait interruption réelle des exercices. Un débitant, dans l'intention de cacher quelque fraude, ou par mauvaise humeur, peut bien opposer de la résistance à l'action des employés ; mais leur persé-

Traité du contentieux, *tom.* 1, *p.* 335.

vérance, et, au besoin, l'intervention de l'autorité locale, doit vaincre cette opposition. C'est donc seulement dans le cas d'une interruption réelle et prolongée d'exercice, qu'il y a lieu à appliquer la peine prononcée par la dernière partie du premier § de l'art. 68, parce que c'est dans ce cas, seulement, qu'il y a perte de droits pour la régie, et qu'il est juste de lui en assurer le dédommagement.

SALPÊTRES.

BULLETIN N°. 172. *Décision du conseil, N°. 657, pour mémoire.*

BULLETINS.

OBJETS
des Bulletins et renvois
aux Ouvrages dont ils
sont le supplément.

L'objet de cette décision consistait à poser les bases de la circulaire timbrée, division territoriale, n°. 47, relative au droit de licence et de fabrication sur les salpêtres.

BULLETIN N°. 173. *Décision du conseil, N°. 658, pour mémoire.*

Cette décision n'est pas de nature à recevoir son application dans les directions.

BULLETIN N°. 174. *Décision du conseil, N°. 659, du 24 mai 1821.*

CARTES A JOUER.

Question. Proposition de rapporter la décision du conseil, N°. 435, portant que la simple possession de cartes de fraude, de la part des débitans de boissons, est une contravention.

DÉBITANS
DE BOISSONS.

Réponse. L'abus qui peut résulter de la simple possession, par les débitans, de cartes de fraude, étant très-grave par la facilité qu'il donne aux cabaretiers de tenir à la disposition des joueurs, en l'absence des employés, ces cartes non revêtues de la bande du contrôle, le conseil d'administration avait pensé qu'il était dans l'esprit de la loi du 28 avril 1816, de prohiber l'existence de ces sortes de cartes dans tous les établissemens où le public est admis; mais un arrêt de la cour de cassation ayant décidé que la possession des cartes de fraude, par les débitans de boissons, n'est une contravention que lorsque les employés ont constaté simultanément cette possession et *l'usage* de ces cartes, il y a lieu de se conformer désormais à cette jurisprudence, et de regarder en conséquence la décision n°. 435 comme non avenue.

Traité du contentieux, *tom. 1,* p. 274.

OBJETS
Des Bulletins et renvois
aux Ouvrages dont ils
sont le supplément.

BULLETINS.

Nota. Nous avions établi, dans notre Traité du contentieux, une doctrine conforme à la décision que l'on vient de lire ; nous y renvoyons nos lecteurs, et pour completter cet article nous allons insérer ici le texte de l'arrêt dont il est fait mention dans la décision n°. 659, ci-dessus rapportée.

« Arrêt de rejet du pourvoi de la régie contre un arrêt de la cour royale de Douai, rendu en faveur du sieur Martin, débitant de boissons, au Quesnoi, du 19 novembre 1818.

» La cour etc., etc.

» Attendu qu'il n'a point été constaté par le procès-verbal, que les employés aient trouvé dans le cabaret de sieur Martin, *aucune personne occupée à jouer aux cartes ;* qu'il n'a pas plus été constaté, par le même procès-verbal, si les deux jeux de trente-deux cartes et les trente-cinq cartes non assorties qui ont été trouvées dans le tiroir d'une armoire du domicile de Martin, que sa femme a déclaré servir *à amuser ses enfans,* étaient ou non sans bandes, si elles étaient vieilles ou neuves, si enfin elles avaient ou non servi ; que dans cet état de choses la cour royale de Douai n'est contrevenue ni à la loi du 28 avril 1816, ni à aucune autre, en renvoyant Martin de l'action de la régie :

» Par ces motifs, la cour rejette, etc.

BULLETIN N°. 175, *Décision du conseil, du 24 mai 1821, N°. 660.*

Question. Les concierges ou geoliers, par cela seul qu'ils sont dénommés en l'article 50 de la loi du 28 avril 1819, sont-ils soumis à la déclaration, à l'exercice et au paiement du droit sur les boissons qu'ils reçoivent, lors même qu'ils prétendraient ne pas en faire le commerce ?

Réponse. La qualité de concierge ou geolier d'une prison n'emporte pas avec elle la faculté de donner à boire et à manger aux prisonniers, et cette faculté ne peut résulter que d'une autorisation accordée au

BULLETINS.

OBJETS
des Bulletins t renvoïs
aux Ouvrages dont ils
sont le supplément.

concierge par le fonctionnaire public chargé de la surveillance et de la police de la prison; il suit de là, que la jurisprudence de la cour de cassation, ré- lative aux aubergistes, aux traiteurs et à ceux qui donnent *par état* à boire et à manger, ne peut être appliquée de plein-droit aux concierges et geoliers, en leur seule qualité, mais seulement à ceux d'entre eux qui ont obtenu l'autorisation nécessaire.

Les directeurs de la régie dans les départemens, devront réclamer en conséquence auprès des magis- trats chargés de la police des prisons, maisons d'arrêt et de correction, situées dans l'étendue de leurs di- rections, des renseignemens précis à cet égard, et soumettre à la déclaration, à la licence, aux visites et exercices, et au paiement du droit de détail, tous ceux qui leur seront indiqués comme ayant l'autori- sation de donner à boire et à manger aux prisonniers.

A l'égard de ceux de ces concierges ou geoliers qui seraient soupçonnés de donner à boire et à manger sans en avoir l'autorisation, ils devront être signalés au magistrat chargé de la police de la prison, en l'invitant à prendre les mesures nécessaires pour faire cesser cet abus, ou pour forcer les geoliers à se con- former à la loi du 28 avril 1816.

BULLETIN N°. 176. *Décision du conseil, du 24 mai 1821, N°. 661, par suite de laquelle a été rendue l'ordonnance du Roi du 4 juillet 1821, qui prescrit l'apposi- tion sur les jeux de cartes de nouvelles bandes de contrôle.*

Cette ordonnance est ainsi conçue :

Louis, par la grâce de Dieu, Roi de France et de Navarre :

Sur le rapport de notre ministre secrétaire-d'état des finances,

OBJETS
des Bulletins et renvois
aux Ouvrages dont ils
sont le supplément.

BULLETINS.

Nous avons ordonné et ordonnons ce qui suit :

Article 1er. L'administration des Contributions indirectes fera frapper d'un nouveau timbre, dont l'empreinte sera déposée au greffe de la cour royale de Paris, les bandes de contrôle qui doivent être apposées sur les jeux de cartes, en vertu de l'article 8 du décret du 13 fructidor an 13.

Article 2. Il est accordé aux fabricans et débitans de cartes, ainsi qu'à tous les dénommés en l'article 167 de la loi du 28 avril 1816, un délai de deux mois, à partir de la promulgation de la présente ordonnance, pour déclarer à la régie et faire revêtir des nouvelles bandes de contrôle les jeux de cartes qu'ils ont en leur possession ; l'apposition desdites bandes aura lieu sans paiement d'aucun droit.

Ce délai expiré, tous les jeux de cartes revêtues de bandes frappées de l'un des timbres supprimés par la présente ordonnance, qui seraient trouvés en la possession des fabricans, débitans et autres, dénommés en l'article 167 précité, seront réputées être composées de cartes de fraude, et les détenteurs sont passibles des peines prononcées par le décret du 4 prairial an 13.

Article 3. Notre ministre secrétaire-d'état des finances est chargé de l'exécution de la présente ordonnance, qui sera insérée au Bulletin des lois.

Donné en notre château des Tuileries, le 4 juillet l'an de grâce dix-huit cent vingt-un, et de notre règne le 27e.

Signé LOUIS,

Par le Roi :

Le ministre secrétaire-d'état des finances,
Signé Roy.

Cette ordonnance a été transmise à MM. les directeurs de la régie, par la circulaire timbrée, division territoriale n°. 48, qui contient des instructions sur les mesures propres à en assurer l'exécution.

BULLETINS.

OBJETS
des Bulletins et renvois
aux Ouvrages dont ils
sont le supplément.

BULLETIN N°. 177. *Décision du conseil,*
du 21 *juin* 1821, N°. 662.

DROIT D'ENTRÉE.

Question. L'article 40 de la loi du 28 avril
1816 ne désignant, comme soumis à l'inventaire des fruits que les propriétaires récoltans,
la régie est-elle autorisée à appliquer cette
mesure aux individus non récoltans, qui ache-
teraient des fruits et les introduiraient chez
eux pour y fabriquer leurs boissons ?

INVENTAIRE.

Réponse. Lorsqu'à l'époque des vendanges ou de la
récolte des fruits, on renonce, dans les lieux ouverts,
en vertu de l'article 40 de la loi du 28 avril 1816,
à percevoir le droit d'entrée sur les fruits au moment
de l'introduction, la conséquence naturelle est d'in-
ventorier les boissons fabriquées avec la totalité des
fruits introduits ainsi librement, quel qu'en soit le
détenteur, et à quelque titre qu'il les possède, puisqu'une distinction quelconque consacrerait un privilége,
et qu'aucune franchise ni exception n'est accordée par
la loi, relativement au droit d'entrée.

Cependant, l'art. 40 précité pris à la lettre, ne
confère aux employés que le droit de s'introduire chez
les *propriétaires récoltans*, et si cette disposition était
la seule qu'on pût invoquer, il ne serait pas possible
de soutenir une action devant les tribunaux ; mais l'art.
36 de l'ordonnance du 9 décembre 1814, autorise les
employés à reconnaître à domicile *les quantités d'objets*
compris au tarif, qui sont récoltés, fabriqués ou
préparés dans l'intérieur d'un lieu sujet à l'octroi ; et
il n'est pas douteux, qu'en vertu de cet article, l'inventaire des boissons fabriquées dans un lieu ouvert
ne puisse être opéré généralement ; il ne l'est pas davantage, que ces boissons, une fois sous la main des
employés, ne doivent être admises en entrepôt, ou
soumises immédiatement au droit d'entrée, aussi bien
qu'à celui d'octroi, puisqu'ainsi qu'on vient de le dire,
la loi ne pose d'exception d'aucun genre.

Traité du con-
tentieux, *tom.* I,
p. 184.

OBJETS
des Bulletins et renvois
aux Ouvrages dont ils
sont le supplément.

BULLETINS.

Nota. Cette décision est conforme à la doctrine que nous avons établie dans notre Traité du contentieux, tome 1er., page 184, nombre 189, en marge de laquelle on devra annoter le n°. du présent bulletin.

Voyez aussi l'arrêt du 6 août 1813, textuellement rapporté au bulletin n°. 186.

TRANSITAIRES.

MANQUANS.

BULLETIN N°. 178. *Décision du conseil d'administration, du 21 juin 1821, N°. 663.*

Question. Résulte-t-il de l'arrêt rendu par la cour de cassation, le 28 mars 1818, (affaire Bretheau Berneron, Bulletin n°. 30,) que les transitaires soient tenus au paiement du droit de 15 pour cent, indépendamment de ceux d'entrée et d'octroi, sur les boissons introduites dans les lieux sujets, et de la sortie desquelles ils ne justifient pas ?

Traité du contentieux, *tom.*1, *p.* 290.

Lorsque des boissons, traversant un lieu sujet, sont admises en passe-debout, puis en transit, le conducteur n'est tenu que de consigner ou de faire cautionner les droits d'entrée et d'octroi; et si la sortie n'en est pas justifiée, ces droits seuls sont dus et doivent être répétés contre la caution, ou portés en perception définitive, s'ils ont été consignés, sans préjudice de procès-verbal à rapporter dans les cas prévus en l'art. 14 de la loi du 28 avril 1816. Les autres droits sont garantis par l'acquit-à-caution, si les boissons sont accompagnées de cette expédition, ou ont été acquittés au départ, si elles circulent avec un congé; ou du moins la fraude qui peut résulter de cette disparition, n'est de nature à être réprimée que par la saisie, comme pour les cas ordinaires de transport à fausse destination.

Mais lorsqu'après une déclaration de transit, les boissons restent en la possession du dépositaire, qu'elles

BULLETINS.

OBJETS
des Bulletins et renvois
aux Ouvrages dont ils
sont le supplément.

sont prises en charge à son compte, et ne peuvent être réexpédiées qu'avec une nouvelle expédition, le détenteur se trouvant au nombre des dénommés en l'art. 97 de la loi, devient naturellement assujéti, ainsi que l'a décidé l'arrêt cité, à toutes les obligations de l'entrepositaire, et doit être soumis au droit de détail aussi bien qu'aux droits d'entrée et d'octroi.

BULLETIN N°. 179. *Décision du conseil d'administration, du 21 juin 1821, N°. 664.*

VISITES NOCTURNES CHEZ LES SIMPLES PARTICULIERS.

Question. Les employés étant à la poursuite de la fraude, peuvent-ils, de *nuit*, entrer dans la maison où l'objet de fraude est introduit, et l'y saisir ?

Réponse. L'art. 76 de la constitution de l'an 8 porte que, *pendant la nuit, nul n'a le droit d'entrer dans une maison, hors le cas d'incendie, d'inondation, ou de réclamation faite de l'intérieur; et que, pendant le jour, on peut y entrer, mais seulement pour un objet spécial déterminé par la loi, ou par un ordre émané de l'autorité.*

Traité du contentieux, tom. I, p. 359.

Ainsi, la défense d'entrer pendant la nuit est absolue, même à l'égard des agens de la force publique, ou des officiers de police judiciaire ou administrative. Il faut conclure de là, que lorsqu'en vertu de l'art. 237 de la loi du 28 avril, les employés de la régie sont autorisés à pénétrer dans le domicile des citoyens avec l'assistance du juge-de-paix, du maire, de son adjoint ou d'un commissaire de police, ils ne peuvent faire usage de cette permission que pendant le temps où ces fonctionnaires ont droit, eux-mêmes, d'entrer dans une maison, c'est-à-dire pendant le jour; et qu'en dispensant les employés de cette assistance, lorsqu'ils suivent un objet transporté en fraude, le même article n'a pu entendre que cette faculté pourrait s'exercer de

OBJETS
des Bulletins et renvois
aux Ouvrages dont ils
sont le supplément.

BULLETINS.

nuit : autrement ce serait décider que les simples agens de la perception ont plus de priviléges que n'en peuvent avoir ceux de l'autorité civile, et il y aurait de graves inconvéniens à hasarder une telle prétention. Pour qu'on pût l'essayer, il faudrait que l'exception fût autorisée textuellement, comme elle l'est à l'égard de l'introduction dans le domicile des débitans, tant que le lieu du débit est ouvert, et dans les brasseries et distilleries, pendant la nuit, lorsque ces établissemens sont en activité. Ces exceptions, formellement prononcées, prouvent même la règle ; et l'inviolabilité du domicile des citoyens est de telle nature, qu'il ne faut pas seulement que l'exception soit utile, mais encore qu'elle soit consacrée par la loi, pour qu'on puisse y recourir.

Lors donc que, dans le cas prévu par l'art. 237, des employés à la suite d'objets de fraude, les voient entrer, pendant la nuit, dans une maison habitée, ils doivent, s'ils sont en position de le faire, en déclarer saisie au conducteur, avant l'introduction, et même à celui qui les reçoit chez lui ; déclarer même ce dernier en contravention, et verbaliser contre lui si, d'après la nature particulière de l'affaire, il se met en opposition à quelque disposition de la loi, en recevant chez lui les marchandises suivies, et, du reste, surveiller la maison jusqu'au jour, pour y retrouver les objets de fraude, s'il suffit de leur existence matérielle pour constater une contravention.

Nota. Cette décision est entièrement conforme à ce que nous avons établi au Traité du contentieux, tome 1, page 359, nombre 313, et page 360, § III. Toutefois, pour lever l'incertitude qui pourrait résulter sur ce point, de la rédaction du nombre 324, page 371 du même ouvrage, nous invitons nos abonnés à annoter le numéro du présent Bulletin à la marge des pages 360 et 371 du tome 2 du Traité.

BULLETIN N°. 180. Il n'est dû pour l'enregistrement des procès-verbaux, en matière

BULLETINS.

OBJETS
des Bulletins et renvois
aux Ouvrages dont ils
sont le supplément.

de Contributions indirectes, qu'un seul droit fixe, *quel que soit le nombre des contrevenans.*

PROCÈS-VERBAUX.

Lorsque le procès-verbal porte établisse- d'un gardien des objets saisis, et que l'individu nommé gardien n'est pas *le contrevenant lui- même,* ou *un agent des Contributions indi- rectes,* il est dû un droit spécial *pour l'éta- blissement de ce gardien.*

ASSIGNATIONS.

CONSTITUTION D'AVOUÉ.

L'assignation donnée aux contrevenans par suite du procès-verbal, indépendamment du droit ordinaire auquel elle est soumise par la loi, donne encore lieu à un droit spécial d'enregistrement, lorsqu'elle contient *consti- tution d'avoué.* (*Lettre du directeur général de l'Enregistrement, du* 30 *avril* 1821.)

De nouvelles difficultés s'étant élevées, entre un rece- veur de l'Enregistrement et un directeur de la régie, au sujet des droits auxquels les procès-verbaux des em- ployés peuvent donner lieu, le directeur général de l'Enregistrement, à qui elles ont été soumises, a écrit à son collègue le directeur général des Contributions indirectes, la lettre suivante :

Traité du con- tentieux, *tome* 2, *p.* 390 *et suiv.*

MONSIEUR ET CHER COLLÈGUE,

Il vous a été annoncé que le receveur de l'Enregis- trement à . . . , perçoit sur *les procès-verbaux de contravention,* en matière de Contributions indirectes, *autant de droits qu'il y a de contrevenans dénommés,* et qu'il exige sur *les actes d'ajournement* qui suivent les procès-verbaux un droit spécial à raison de *la constitution d'avoué,* faite au nom de votre adminis- tration. Ces perceptions ne vous ayant pas paru régu- lières, vous m'avez invité à donner des ordres à ce sujet.

D'après les renseignemens fournis par le directeur

BULLETINS.

de l'Enregistrement à . . . , le receveur de . . . , ne perçoit, sur les procès-verbaux de contravention, *qu'un seul droit fixe, quel que soit le nombre des délinquans.* Mais lorsqu'il s'agit de procès-verbaux portant établissement d'un gardien des objets saisis, et que l'individu nommé gardien n'est pas le délinquant lui-même, ou un agent des Contributions indirectes,

il est perçu un droit spécial *pour l'établissement de ce gardien,* conformément à une décision ministérielle, du 18 juin 1811, attendu que, dans ce cas, le dépositaire ou gardien, contre lequel votre administration conserve une action directe, a un intérêt distinct et indépendant de celui du délinquant.

A l'égard des *actes d'ajournement* sur lesquels le receveur perçoit un droit particulier *pour la constitution d'avoué,* cette perception est fondée sur ce que l'administration des Contributions indirectes n'étant pas tenue de se servir d'avoués dans les affaires suivies à sa requête, les préposés en ayant recours au ministère de ces officiers, ne les constituent pas par la force de la loi, et que dès-lors il y a lieu d'appliquer une décision du ministre des finances, du 28 thermidor an 9, d'après laquelle il est dû un droit spécial d'enregistrement sur les constitutions d'avoués, toutes les fois que les parties en nomment volontairement, et sans que la loi les assujétisse à cette formalité.

Il paraît donc que le receveur de . . . , ne fait que se conformer aux décisions existantes.

Signé, le comte DE CHABROL.

BULLETIN N°. 181. Les employés de la régie sont soumis, comme les autres citoyens, à la contribution personnelle et à la contribution *mobilière,* dans le lieu de leur résidence. *(Décision du ministre des finances, du 13 août* 1817.*)*

BULLETINS.

OBJETS
des Bulletins et renvois
aux Ouvrages dont ils
sont le supplément.

Quelques employés de la régie avaient réclamé contre leur assujétissement à la contribution *mobilière*, attendu que n'habitant le même lieu souvent que pendant peu de temps, ils logeaient, pour la plupart, en garni, et n'avaient par conséquent *aucun mobilier* à eux, sur lequel on pût asseoir la contribution. Ils ajoutaient qu'étant essentiellement *amovibles*, ils n'avaient pas, à proprement parler, de *domicile* dans le lieu où ils exerçaient leurs fonctions, et qu'en conséquence les contributions personnelles et mobiliaires qui, d'après la loi, ne doivent porter que sur les habitans *domiciliés*, ne pouvaient les atteindre.

A ajouter au Traité du contentieux, *tom.* 1, *pag.* 136, *à la suite du* § III *du n.* 155.

Ces réclamations n'étaient pas fondées.

Le domicile *de fait* est le véritable domicile à considérer *en matière d'imposition* : en effet, ceux qui dressent les rôles des contributions n'ont pas les notions nécessaires pour savoir si celui qui habite la commune y a son domicile de droit, il est donc de règle qu'il suffit que l'on soit résident dans un lieu, à l'époque où les rôles sont dressés, pour que l'on soit dans le cas d'y être compris ; il peut même arriver que l'on soit taxé en deux endroits, dans le lieu que l'on quitte et dans celui où l'on va demeurer, si la formation des rôles a lieu plus tard dans ce dernier lieu ; mais l'on obtient facilement sa décharge de l'un des deux rôles, en représentant sa quittance de la somme pour laquelle on est portée sur l'autre. Au surplus, la question a été décidée par S. Exc. le ministre des finances, dans la lettre suivante adressée à M. le directeur-général des Contributions indirectes, le 13 août 1817.

« J'ai communiqué, monsieur, ainsi que j'ai eu l'honneur de vous le marquer par ma lettre du 22 du mois dernier, au préfet du département du Lot, la réclamation que les employés de votre administration, dans ce département, vous ont adressée au sujet des impositions auxquelles ils y sont assujétis, et que vous m'aviez transmise le 2 du même mois.

» Le préfet pense qu'elle est dénuée de fondement, et je ne puis que partager son avis.

OBJETS
desBulletins et renvois
aux Ouvrages dont ils
sont le supplément.

BULLETINS.

»Que les employés des Contributions indirectes soient amovibles ou non, ils doivent participer aux charges publiques dans la proportion déterminée par la loi; ils sont imposables à la contribution personnelle, comme tous les citoyens de l'état; ils doivent la contribution mobilière sur le pied de la valeur locative de leur habitation; et s'il est établi des centimes additionnels à ces contributions, pour quelque cause que ce soit, ils la doivent supporter comme tous les autres habitans des communes de leur résidence.

»Les employés qui ont réclamé auprès de vous, ont prétendu ne devoir pas être soumis à la contribution mobilière; parce qu'ils n'avaient ni meubles ni maisons à eux; mais la contribution mobilière ne repose, ni sur la valeur du mobilier, ni sur la propriété. Ils ont des logemens meublés ou non de leurs meubles propres, ces logemens ont une valeur locative indépendante des meubles qui les garnissent, et c'est sur le pied de cette valeur qu'ils sont imposables partout où ils habitent.

»Si l'on avait donné à leur habitation une valeur trop forte, ils pourraient réclamer, mais comme les autres citoyens, en remplissant toutes les formalités prescrites par les réglemens. *Signé* CORVETTO.

PENSIONS
DE RETRAITE.

SERVICES
ADMISSIBLES.

BULLETIN N°. 182. Les services militaires, en qualité de lieutenant de Canonniers Gardes-côtes, ne sont pas admissibles dans la liquidation des pensions de retraite des employés. *(Avis du comité des finances, du 30 mars 1821, approuvé par S. Exc. le ministre des finances.)*

L'administration de l'Enregistrement et des Domaines avait admis dans la liquidation de la pension d'un de ses receveurs, *sept ans, huit mois et neuf jours,* en

BULLETINS.

OBJETS
des Bulletins et renvois
aux Ouvrages dont ils
sont le supplément.

qualité de *lieutenant de canonniers gardes - côtes* ; mais le comité des finances au conseil d'état a rejeté ces services par les motifs suivans :

« Considérant que la régie compte induement au sieur
» M..., ex-receveur des Domaines , sept ans , huit mois
» et neuf jours de services militaires, en qualité de
» lieutenant des canonniers gardes-côtes , services qui,
» *n'étant pas habituellement rétribués* , sont assimilés
» à ceux des soldats provinciaux , et également inad-
» missibles. »

*Traité du con-
tentieux, tom.1,
p. 62.*

Bulletin N°. 183. La monnaie de cuivre ne peut être employée dans les versemens pour une somme excédant l'apoint de la pièce de cinq francs. (*Décision du ministre des finances, du 15 décembre 1820.*)

COMPTABLES.

VERSEMENS.

MONNAIE DE
CUIVRE OU BILLON

Un décret du 18 août 1810 , porte que la monnaie de cuivre et de billon , de fabrique française , ne peut être employée dans les paiemens , si ce n'est de gré-à-gré , que pour l'apoint de la pièce de cinq francs; d'où il suit que , quelle que soit la quotité de la somme versée , la monnaie de cuivre ou de billon ne peut jamais être comprise que pour une somme inférieure à la pièce de cinq francs.

Cette disposition de la loi vient d'être rappelée , de nouveau , par S. Exc. le ministre des finances , à l'occasion d'une contestation élevée entre un receveur de l'Enregistrement et le receveur général. Le versement était de 5,075 francs , sur lesquels le receveur offrait un apoint de 75 francs en monnaie de cuivre , et cet apoint avait été refusé par le receveur général.

Le receveur de l'Enregistrement a réclamé contre ce procédé , et il se fondait sur ce que les préposés de l'Enregistrement, dont les recettes se composent de détails infinis, ne peuvent effectuer leurs versemens qu'avec les espèces qu'ils reçoivent et qu'ils sont tenus de recevoir.

*A ajouter au
Traité du con-
tentieux, tom.1,
pag. 104, à la
suite du n. 114.*

OBJETS
des Bulletins et renvois
aux Ouvrages dont ils
sont le supplément.

BULLETINS.

Mais cette réclamation a été rejetée , par le motif que
« si une telle interprétation était admise , le décret
» du 18 août 1810 aurait les plus fâcheux résultats
» pour les intérêts du trésor ; les comptables ne se
» donneraient aucun soin pour réduire la quotité de
» la monnaie de cuivre qui leur est offerte en paiement
» de contributions ou de droits ; les caisses publiques
» se trouveraient de nouveau encombrées par cette
» espèce de monnaie , et le gouvernement serait bientôt
» dans la nécessité de supporter des pertes de change
» ou de déroger à la règle qu'il a établie. »

Nous croyons devoir rappeler ici les dispositions
des lois concernant cette matière.

Le décret du 18 août 1810, précité, est ainsi conçu :

« Art. 2. La monnaie de cuivre et de billon , de
fabrication française , ne pourra être employée dans
les paiemens, *si ce n'est de gré-à-gré*, que pour
l'apoint de la pièce de cinq francs. »

» Art. 3. Les pièces de six , douze et vingt-quatre
sols, qui auront conservé quelques traces de leur empreinte, seront admises en paiement pour vingt-cinq
centimes, cinquante centimes et un franc, si mieux
n'aiment, les porteurs, les livrer au poids au change
des monnaies, où ils en recevront la valeur , savoir :

» Les pièces de six sols, à raison de cent quatre-
vingt-dix francs vingt centimes le kilogramme ;

» Les pièces de douze sols, à raison de cent quatre-
vingt-dix-sept francs vingt-deux centimes le kilogramme;

» Et celles de vingt-quatre sols, à raison de cent
quatre-vingt-quinze francs le kilogramme. »

Quant à la monnaie de cuivre et de billon , de
fabrication étrangère, un décret du 11 mai 1807,
porte qu'elle ne peut être admise dans les caisses
publiques, en paiement de tous droits et contributions, de quelque nature qu'ils soient, payables en
numéraire.

BULLETINS.

OBJETS
des Bulletins et renvois
aux Ouvrages dont ils
sont le supplément.

BULLETIN N°. 184. Les personnes qui tiennent *pension bourgeoise*, et en général toutes personnes qui donnent *à manger*, au jour, au mois ou à l'année, sont soumises aux obligations imposées par la loi aux débitans de boissons, bien qu'elles prétendent ne donner *qu'à manger*, et que le vin consommé chez elles est fourni par ceux qu'elles reçoivent. (*Arrêt de cassation*, du 10 *mai* 1821.)

PENSIONS
BOURGEOISES.

INTERPRÉTATION
DE L'ART. 52
DE LA LOI DU
28 AVRIL 1816.

Le 10 novembre, les employés se rendirent chez la dame Buissonnet, tenant pension d'officiers, à Grenoble, pour l'inviter à faire au bureau de la régie la déclaration prescrite par l'art. 50 de la loi du 28 avril 1816, aux personnes qui donnent *à manger*, au jour, au mois ou à l'année. Cette invitation lui avait déjà été faite plusieurs fois, elle avait toujours répondu par la promesse de s'y rendre; elle répondit cette fois par un refus formel, fondé sur ce motif « que les officiers » qu'elle tenait en pension, *se fournissaient leur vin*, *et qu'elle ne leur donnait QU'A MANGER.* »

Sur ce refus, la contravention fut constatée par procès-verbal; l'affaire ayant été portée devant le tribunal correctionnel de Grenoble, la dame Buissonnet allégua pour sa défense: 1°. que quelques officiers de la légion alors en garnison à Grenoble, s'étaient réunis pour former un ordinaire; 2°. que chaque officier était chargé, à tour de rôle, de faire achat des provisions nécessaires à cet ordinaire; 3°. que ces militaires achetaient eux-mêmes, en gros, le vin qu'ils consommaient; 4°. enfin qu'elle, dame Buissonnet, n'était simplement que leur cuisinière pour confectionner leurs alimens, et qu'elle ne leur fournissait pas de vin.

Le tribunal admit la dame Buissonnet à faire la preuve des faits par elle allégués, attendu que cette preuve n'allait pas contre le procès-verbal, puisque

(146)

BULLETINS.

les employés n'avaient pas dit avoir surpris la femme Buissonnet *à vendre du vin* à ces officiers.

Cette preuve était cependant évidemment contraire à l'aveu énoncé au procès-verbal, de la part de la femme Buissonnet, « que ces officiers se fournissaient leur vin, et qu'elle ne leur donnait *qu'à manger;* or : *donner à manger*, c'est précisément se mettre dans le cas de l'article 50 de la loi du 28 avril 1816, qui ne soumet pas à la déclaration ceux qui donnent *à boire*, mais bien ceux qui donnent *à manger* au jour, au mois ou à l'année.

Ce jugement présentait donc une violation trop manifeste de la foi due aux procès-verbaux, et des dispositions de l'article 50 précité, pour que la régie ne s'empressât pas d'en poursuivre la réformation. Mais la cour royale de Grenoble, « considérant qu'il » n'est pas établi au procès, que la dame Buissonnet » *soit débitante de boissons, que par conséquent elle* » *n'est pas passible des peines portées par l'art.* 50 de » *la loi du 28 avril,* » a rejeté l'appel et renvoyé cette dame des demandes de la régie.

L'administration s'est pourvue en cassation de cet arrêt, pour violation de l'article 26 du décret du 1er. germinal an 13, et fausse application de l'article 50 de la loi du 28 avril 1816.

» La profession *de débitant de boissons, a dit la régie dans sa requête,* n'est point la seule que l'art. 50 de la loi oblige à une déclaration; *les traiteurs et ceux qui donnent A MANGER, au jour, au mois ou à l'année,* y sont également soumis.

»Les expressions de la loi sont précises, et l'on prétendrait vainement que, par les personnes *qui donnent à manger,* le législateur aurait voulu désigner celles qui donnent *à boire et à manger.* Si le législateur avait eu cette intention, il l'aurait textuellement exprimée; mais il a senti que l'abus eût été inséparable de l'exception; que toutes les personnes comprises dans l'art. 50 allégueraient qu'elles ne fournissaient point de boissons, mais des alimens, et qu'il serait impos-

BULLETINS.

OBJETS
des Bulletins et renvois
aux Ouvrages dont ils
sont le supplement.

sible aux agens de la surveillance de constater la vérité de cette allégation, la consommation devant se
faire dans l'intérieur des maisons où les employés n'auraient point un libre accès, et les consommateurs pouvant se prêter à la fraude, en déclarant qu'ils ont
apporté leurs boissons.

A la vérité, l'art. précité ajoute : « *ainsi que tous
autres qui voudront se livrer à la vente en détail des
boissons.* » Mais il est évident que cette dernière
phrase ne concerne que ceux qui n'ont point été jusque-
là dénommés dans l'article, et qui vendent des boissons sans *donner à manger*. La loi a voulu assujétir
d'abord tous les individus dont la profession est de
donner à manger, parce qu'il y a présomption suffisante
qu'ils donnent à boire ; et ensuite les individus qui
vendent uniquement des boissons. La loi a donc considéré tout homme qui exerce l'une des professions
déterminées dans l'article comme vendant des boissons,
parce qu'en effet les boissons forment une partie indispensable des alimens que les personnes de ces
professions fournissent ordinairement au public.

Ainsi la dame Buissonnet étant, de son aveu, au
nombre des personnes qui donnent *à manger*, elle
était soumise par ce fait seul, à la déclaration prescrite par l'article 50 : cette conséquence dérive des observations précédentes, elle est fondée sur plusieurs arrêts
de la cour de cassation que nous avons rapportés dans
nos Bulletins annotés ci-contre.

La cour de Grenoble a violé également l'art. 26 du
décret du 1er. germinal an 13, qui défend d'admettre
sur les procès-verbaux la preuve testimoniale sans
inscription de faux. En effet, il était indifférent à
la cause, que la dame Buissonnet fournît *des
boissons* à ses hôtes ; elle avait déclaré qu'elle
leur donnait *à manger* ; elle s'était classée elle-
même, par cet aveu, au rang des personnes dési-
gnées dans l'article 50, et assujétie aux obligations
qu'impose cet article ; cet aveu, qui constatait sa contravention, était consigné au procès-verbal, les juges

OBJETS
desBulletins et renvois
aux Onvrages dont ils
sont le supplément.

BULLETINS.

n'ont pu, sans violer la foi due à cet acte, admettre la preuve testimoniale, soit pour établir des faits contraires à ceux qu'il rappelait, soit même pour ajouter une nouvelle preuve à une contravention qui était suffisamment prouvée aux termes de la loi, par la déclaration y énoncée.

La cour accueillit ces moyens de cassation, par l'arrêt suivant :

« La cour : ouï le rapport de M. Chasle, conseiller, les observations de Me. Roger, avocat de la direction, et les conclusions de M. Freteau de Peny, avocat-général, à l'audience du 4 de ce mois, et après qu'il en a été délibéré en la chambre du conseil :

» Vu l'article 50 de la loi du 28 avril 1816;

» Attendu qu'il résulte de cet article, que tous ceux qui donnent *à manger*, au jour, au mois ou à l'année, sont légalement présumés vendre et débiter des boissons à tous ceux qu'ils reçoivent chez eux, et auxquels ils donnent à manger, et qu'ils sont assujétis à faire les déclarations prescrites, à souffrir les visites et exercices des employés, et à acquitter les droits de détail ;

» Qu'il était constaté au procès-verbal du 10 novembre 1818, que la femme Buissonnet, qui est qualifiée comme tenant des officiers en pension, avait déclaré et avoué aux employés qu'elle donnait à manger à ces officiers, ce qui la plaçait dans la cathégorie des professions établies par ledit article 50, et la soumettait à toutes les obligations imposées aux débitans de boissons ;

» Que, sans reconnaître l'aveu fait par cette femme qu'elle donnait à manger à des officiers, et sans examiner si le tribunal de première instance avait bien ou mal jugé en admettant ladite femme à prouver les faits du développement qu'elle donnait à son aveu, la cour royale l'a renvoyée de l'action de la régie, par le motif qu'il n'était point établi au procès qu'elle fût débitante de boissons, et que par conséquent elle n'était point en contravention, ni passible des peines portées par la loi ;

BULLETINS.

OBJETS
des bulletins et renvois
aux Ouvrages dont ils
sont le supplément.

» Que , par cette décision , la cour a méconnu la présomption légale qui sortait, aux termes de la loi, du fait avoué par la femme Buissonnet, qu'elle donnait à manger à des officiers; que ladite cour a jugé une question absolument étrangère à celle que l'affaire présentait, en ce qu'il ne s'agissait pas de savoir s'il était ou non constaté au procès, que ladite femme fût débitante de boissons, mais bien si elle était légalement présumée débitante, d'après son aveu qu'elle donnait à manger; en quoi ladite cour a violé l'article ci-dessus transcrit :

» Par ces motifs, la cour casse, etc. »

BULLETIN N°. 185. Les aveux et les actes faits par la femme , en l'absence de son mari , ne peuvent constituer celui-ci en contravention, que lorsqu'il exerce une profession qui le soumet aux visites et exercices des préposés, parce qu'alors il est tenu de se faire constamment représenter lorsqu'il s'absente , et de donner à celui qui le représente tous les documens relatifs à son commerce. D'où il suit que , dans ce cas , la femme étant le représentant naturel de son mari , est légalement présumée avoir reçu de lui la mission de recevoir les employés en son absence, et de faire ce qu'il aurait fait lui-même.

Au contraire, le particulier non soumis aux visites et exercices , devant ignorer si l'on se présentera chez lui pendant son absence, n'est pas tenu de se faire représenter , ni de fournir à sa femme des renseignemens sur ses affaires personnelles. D'où la conséquence que ce que peut dire et faire sa femme, en

RESPONSABILITÉ
DES MARIS
RELATIVEMENT
AUX CONTRAVEN-
TIONS COMMISES
PAR LEURS
FEMMES.

OBJETS
desBulletins et renvois
aux Ouvrages dont ils
sont le supplément.

BULLETINS.

pareil cas, ne saurait lier le mari, qui peut toujours alléguer que sa femme n'était pas instruite de ses affaires, et qu'elle n'avait reçu de lui aucune mission.

A annoter au Traité du con tentieux, tom. 1, page 392, § I, p. 408 et 432.

Bulletin n°. 34.

Nous avons établi déjà cette doctrine dans notre Bulletin n°. 34, relativement à la première visite que les employés sont autorisés à faire chez les voisins des débitans, par suite de l'arrêté du préfet. La régie a dû en faire de nouveau l'application, en ordonnant le désistement d'un pourvoi en cassation, formé par son directeur, dans l'espèce suivante.

Le directeur de la régie, à Toulouse, informé qu'il existait chez Jean Bacqué, maçon de ladite ville, un recélé frauduleux de boissons, destinées à alimenter le débit du sieur Falcon, contigu à l'habitation dudit Bacqué, ordonna une visite du domicile dudit Bacqué. Les employés furent assistés par un commissaire de police de Toulouse, ils procédèrent en sa présence. Le procès-verbal par eux dressé, signé par ledit commissaire, le 13 juillet 1820, constate en fait :

« Qu'il fut trouvé dans une cave, une pièce pleine, » une en vidange, ayant un robinet à clef, et quatre » pièces vides. Que *la femme Bacqué* représenta trois » expéditions sous le nom de son mari. Qu'interpellée » si ledit vin n'était pas la propriété de Guillaume » Falcon, aubergiste, elle répondit, après avoir hésité » un moment, *qu'il était vrai que ledit vin apparte-* » *nait audit Falcon.* Que Falcon appelé, son fils se » présenta ; que les employés lui ayant donné con- » naissance de la réponse de la femme Bacqué, en » lui observant qu'il aurait dû, au moins, laisser la » clef du robinet, Falcon s'emporta contre cette femme, » se permit des personnalités, et répondit que le vin » ne lui appartenait pas, et que la femme aurait pu » dire avoir égaré la clef, »

Ledit procès-verbal fut affirmé dans les délais de la loi. Bacqué et Falcon furent cités devant le tribunal de police correctionnelle de Toulouse, pour, attendu la

OBJETS
des Bulletins et renvois
aux Ouvrages dont ils
sont le supplément.

contravention à l'article 61 de la loi du 28 avril 1816,
voir prononcer la confiscation des boissons saisies.

La cause portée à l'audience du 5 août 1820, Falcon persista à dénier la propriété. Il fit soutenir à
Bacqué qu'il était seul propriétaire du vin. Le procès-
verbal ne fut pas argué de faux.

Le tribunal, « considérant que, d'après le procès-
verbal lui-même, le vin dont s'agit a été trouvé dans
la maison Bacqué, ce qui fait présumer tout au moins
qu'il est sa propriété ; que cette présomption est for-
tifiée par la représentation des expéditions sous le nom
dudit Bacqué ; qu'on ne peut pas trouver dans la
déclaration de la femme Bacqué, qui paraît lui avoir
été surprise par la crainte, une preuve certaine du
délit imputé au mari :

» Par ces motifs, le tribunal annulle le procès-verbal et relaxe les contrevenans. »

Bacqué et sa femme s'étant refusés à fournir les
preuves que Falcon était le propriétaire du vin, l'aveu
ne pouvait avoir aucune force à l'égard de Falcon ;
la déclaration de la femme Bacqué, que son mari
n'était pas le propriétaire du vin saisi, constituait,
alors, celui-ci seul en contravention à l'article 61 de
la loi du 28 avril 1816 ; la régie n'a appelé dudit
jugement que contre lui.

L'administration a conclu, devant la cour royale à
Toulouse, à ce que disant droit sur son appel du jugement rendu par le tribunal correctionnel de Toulouse,
le 5 août 1820 ;

» Annuller ledit jugement, pour violation de l'article
26 du décret du 1er. germinal an 13, attendu que le
procès-verbal rapporté contre ledit Bacqué, sous un
double rapport, établissant un recélé frauduleux, le
tribunal n'avait pas pu, sans une violation de cet
article, pour écarter la déclaration de ladite femme
Bacqué, présumer Bacqué propriétaire du vin,
présomption démentie par l'aveu de la femme, et
supposer en outre que cette déclaration paraissait avoir
été surprise, alors que le verbal n'a pas été inscrit

OBJETS
des Bulletins et renvois
aux Ouvrages dont ils
sont le supplement.

BULLETINS.

de faux, et que la descente eut lieu en présence d'un commissaire de police de la ville de Toulouse.

»Ce faisant, et attendu que le procès-verbal établit que ledit Bacqué n'était point propriétaire des boissons saisies, vu la contravention à l'article 61 de la loi du 28 avril 1816, déclarer la saisie des boissons dont s'agit bonne et valable, en prononcer la confiscation, et la remise par les voies de droit, et par corps, et condamner ledit Bacqué aux dépens.

Par arrêt du 21 février, la cour royale de Toulouse démit l'administration de son appel, sur les motifs suivans :

« Considérant qu'on ne peut invoquer les aveux faits par la femme Bacqué, dans ledit procès-verbal, que contre son mari, puisqu'elle n'est pas en cause, et que d'après le désistement de M. le procureur général, Bacqué est le seul contre lequel il soit pris des conclusions sur l'appel ;

» Considérant que les aveux de la femme Bacqué ne paraissent pas suffisans pour prouver que le vin n'appartenait pas à son mari, mais bien au sieur Falcon, ou à tout autre débitant, avec d'autant plus de raison qu'il résulte dudit procès-verbal qu'elle n'a fait cet aveu qu'après avoir hésité ; que les congés et le passavant exhibés aux employés, étaient faits au nom du sieur Bacqué ; que le sieur Falcon fils déclara que ce vin n'appartenait pas à son père, et que la régie paraît même l'avoir reconnu, puisqu'elle n'a pas relevé appel du jugement qui relaxe Falcon de l'action qu'elle avait intentée contre lui. »

Le directeur de la régie, à Toulouse, déclara le pourvoi en cassation, et fournit à l'appui de son pourvoi une requête dans laquelle il discute ainsi les moyens de cassation.

« Le moyen de cassation a pour fondement l'article 61 de la loi du 28 avril 1816. Cet article a pour objet de prévenir les recélés de boissons.

» Le recel est mis au rang des contraventions qui entraînent la confiscation et l'amende.

BULLETINS.

OBJETS
des Bulletins et renvois
aux Ouvrages dont ils
sont le supplément.

» Or, en fait, y avait-il chez Bacqué un entrepôt
frauduleux ? La déclaration consignée au procès-verbal
le constate expressément. Cette déclaration ne pouvait
être même atténuée par le déni de Falcon. On sent
bien que celui-ci avait un grand intérêt à dénier la
propriété, ce n'est que par suite de ce même intérêt,
et en dirigeant la défense de Bacqué, qu'il pouvait
espérer de se soustraire à la contravention. Or, en
supposant que Falcon fût faussement désigné par la
femme Bacqué, cette fausse désignation ne détruisait
pas sa déclaration, *que le vin trouvé chez Bacqué
ne lui appartenait pas.* Inutile, par conséquent, d'invoquer les expéditions comme une présomption de
propriété, puisqu'alors que la femme a fait l'aveu
de la non propriété, les expéditions représentées
étaient au nombre des moyens employés pour
couvrir la fraude.

» Tenons donc pour constant qu'il existait un recel
frauduleux chez Bacqué, et que la femme de celui-ci
en a fait l'aveu ; que cet aveu est constaté par un
acte non argué de faux.

» Or, en maintenant le jugement qui, au mépris
de cet aveu, a relaxé ce contrevenant, la cour royale
a violé l'article 26 du décret du 1er. germinal an 13.

» Et cependant, on lit dans l'arrêt attaqué, *que la
cour reconnaît qu'il faut tenir pour certain tout ce qui
est constaté par les employés,* dans le procès-verbal
rapporté contre Bacqué.

» Le procès-verbal n'ayant pas été argué de faux,
il est d'une conséquence forcée de dire *que les aveux
de la femme Bacqué constituaient la contravention à
l'article 61 de la loi du 28 avril 1816.* En ne prenant
pas ces aveux pour la règle de sa décision, la cour a
aussitôt violé le principe qu'elle venait de reconnaître.
En effet, ces aveux n'ont pas paru à la cour *suffisans*
pour prouver que le vin n'appartenait pas à Bacqué,
son mari.

» Mais, après avoir reconnu que l'on devait tenir pour
constant la déclaration de la femme Bacqué, consi-

OBJETS
des Bulletins et renvois
aux Ouvrages dont ils
sont le supplément.

BULLETINS.

gnée au procès-verbal, non argué de faux, cette déclaration étant positive ne pouvait plus être écartée : l'aveu d'un fait porte avec lui la preuve de son existence.

» La femme Bacqué a déclaré aux employés que le vin n'appartenait pas à son mari, et était la propriété de Falcon : dès cet instant son domicile eût tout le caractère d'un entrepôt frauduleux.

» La cour paraît avoir été frappée de l'hésitation de la femme Bacqué.

» Avant elle, le tribunal de police correctionnelle avait dit qu'il paraissait que la déclaration avait été surprise par la crainte. Mais ce motif est une nouvelle preuve de la violation du principe posé par l'article 26 du décret du 1er. germinal an 13, qui veut que foi est due à l'acte revêtu de toutes les formalités, acte auquel avait concouru l'homme de la loi.

» Il en coutait apparemment à la femme Bacqué de dire la vérité; c'est dans ce sens que le mot *hésité* doit être pris. Son mari ne se prêtait pas sans doute à favoriser la contravention gratuitement, et voilà pourquoi elle hésitait de dire la vérité.

» Mais, dès l'instant que la femme a fait la déclaration, que le procès-verbal n'a pas été attaqué, ne trouvant pas son aveu suffisant, la cour a violé l'article 26 du décret du 1er. germinal an 13.

» La cour a pris en considération les expéditions représentées au nom de Bacqué, le déni de Falcon; mais ces circonstances ne peuvent être d'aucun poids. La cause présente des faits qui, à eux seuls, opéreraient la conviction sur le recel, indépendamment de l'aveu authentique.

» Les employés trouvent dans la cave de Bacqué quatre barriques vides, une barrique de vin blanc pleine, une barrique de vin rouge à un dixième pleine, un robinet dont la clef n'était point en la possession de la femme Bacqué.

» Les personnalités de Falcon, son emportement contre la femme Bacqué, son observation qu'elle aurait pu dire que la clef était perdue.

BULLETINS.

OBJETS
des Bulletins et renvois
aux Ouvrages dont ils
sont le supplément.

» La profession de Bacqué, habitant à l'extrémité d'un faubourg de la ville de Toulouse, hors la limite de l'octroi, et qui ne comporte pas une aussi grande provision, et ne suppose pas une aussi grande consommation.

» Tous ces faits ne viennent-ils pas à l'appui de la déclaration de non propriété de la femme ; et alors que tous ces faits sont consignés dans un procès-verbal non argué de faux, ne trouve-t-on pas une parfaite analogie entre cette cause et celle jugée le 7 décembre 1810, par la cour de cassation, dans la cause Cabal. Arrêt qui fut mis sous les yeux de la cour.

» Attendu, dit cet arrêt, que quoique la cour, dont l'arrêt est attaqué, *ait* commencé par reconnaître en principe que les procès-verbaux des employés doivent être crus jusqu'à inscription de faux, *elle* n'en a pas moins violé ce principe, en rejetant des aveux et déclarations faits par la femme Cabal, sous le prétexte frivole que ces aveux et déclarations avaient été désavoués par le mari en jugement.

» La cour de Toulouse n'a pas, à la vérité, rejeté les aveux, *ils ne lui ont pas paru suffisans* ; mais elle a ainsi violé le principe qui veut que les circonstances étant du ressort des corps administratifs, eux seuls soient autorisés par la loi à accorder la remise totale ou partielle de l'amende, les cours et tribunaux devant appliquer la loi aux faits et contraventions constatés légalement.

» L'administration est convaincue que la cour suprême pensera, comme dans la cause Cabal, que la cour de Toulouse a violé le principe qu'elle avait reconnu, en jugeant non suffisant un aveu positif ; qu'elle prononcera, comme elle le fit par son arrêt du 7 décembre 1810, la cassation de l'arrêt, dont le pourvoi a été déclaré.

» Ce considéré, il plaira à la cour, casser et annuller l'arrêt dont il s'agit, du 21 février dernier, et renvoyer la cause et les parties devant une autre cour royale, pour être jugée de nouveau, et condamner le défendeur aux dépens. »

OBJETS des Bulletins et renvois aux Ouvrages dont ils sont le supplément.

BULLETINS.

Nota. Les moyens de cassation développés dans cette requête, tombent devant cette considération, que la femme Bacqué pouvait ne pas être instruite que son mari avait la propriété du vin ; que par conséquent elle a pu se tromper dans sa déclaration, et que n'ayant reçu aucune mission de son mari à cet égard, ses réponses lors du procès-verbal n'ont pu compromettre ce dernier. L'arrêt cité n'est pas applicable ; il confirme au contraire la règle établie en tête de cet article. Cabal était débitant de boissons, en cette qualité il était tenu de se faire représenter pendant son absence, et de mettre son représentant à même de répondre à toutes les interpellations des employés relatives à son commerce ; dès-lors les déclarations faites par sa femme étaient légalement réputées avoir été faites d'après les instructions que lui avait données son mari.

DROIT D'ENTRÉE.

INVENTAIRES.

DÉCLARATIONS.

BULLETIN Nº. 186. Les boissons destinées à la consommation des lieux sujets aux droits d'entrée, doivent être *déclarées*, et les droits acquittés au moment même de leur introduction. La conséquence de ce principe général est que, lorsque pour la commodité des habitans d'un lieu sujet, qui n'est pas exactement clos, la régie a consenti à ce que la *perception* du droit fût retardée après la récolte, au moyen d'un *inventaire*, la déclaration des quantités récoltées est substituée à celle que la loi avait prescrite pour l'entrée ; le récoltant chez lequel on se présente pour faire l'inventaire, est donc tenu, sur la sommation des préposés, de *déclarer* les quantités de boissons qu'il possède, et, lorsque cette déclaration est inexacte, il y a lieu de verbaliser contre lui, pour contravention à l'article de la loi qui prescrit la déclaration avant l'introduction des boissons. (*Arrêt de cassation, du 6 août* 1813.)

BULLETINS.

OBJETS
des Bulletins et renvois
aux Ouvrages dont ils
sont le supplément.

L'article 40 de la loi du 28 avril 1816, relatif à l'inventaire des vins de la récolte, dans les villes ouvertes, ne prescrivant pas formellement au propriétaire récoltant de *déclarer* les boissons qu'il a récoltées, nous avons cru devoir rapporter cet arrêt, quoique très-ancien, parce que le principe sur lequel il repose, est également applicable aujourd'hui, attendu que la législation sous laquelle il a été rendu, gardait également le silence sur la déclaration à faire par le propriétaire récoltant.

« Ouï le rapport de M. Chasle, conseiller, et les conclusions de M. Thuriot, avocat-général :

» Vu les articles 18, 19 et 23 de la loi du 25 novembre 1808 :

» Attendu, en premier lieu, que le jugement du 5 octobre 1812, qui a rejeté les fins de non recevoir proposées par la régie, contre l'appel interjeté par Leintz père, ne présente aucune contravention à la loi ;

» La cour maintient ledit jugement.

» Statuant ensuite sur le pourvoi de la régie, relativement au jugement du 19 dudit mois d'octobre :

» Attendu que, d'après la loi ci-dessus, les boissons destinées à la consommation des habitans des villes et bourgs de deux mille âmes et au-dessus, sont assujéties, ainsi que la vendange, et les autres fruits propres à faire lesdites boissons, à des droits d'entrée; que les déclarations et l'acquittement desdits droits doivent être faits par le propriétaire, ou par le conducteur, au bureau de la régie, à l'instant même de l'introduction, sous les peines portées par la loi ;

» Que si, dans l'espèce, le contrôleur-principal de la régie, à Creuzenach, a jugé à-propos, pour la plus grande commodité des habitans de la ville, et afin de ne pas gêner les opérations de leurs vendanges, de consentir, par sa lettre au maire, du 22 septembre 1811, à ce que la perception des droits, que la loi l'autorisait à exiger au moment de l'introduction dans la ville, fût retardée jusqu'à la fin des vendanges, la conséquence nécessaire de cette mesure, adoptée par

(158)

|---|---|
| **OBJETS**
des Bulletins et renvois
aux Ouvrages dont ils
sont le supplément. | **BULLETINS.** |

le maire, et contre laquelle aucun habitant n'avait réclamé, était que la déclaration qui devait être faite à
domicile, après la récolte, était substituée à celle
que la loi avait prescrite lors de l'entrée ; qu'elle devait
donc avoir la sincérité exigée par celle-ci, et que
sa fausseté ou son inexactitude, entraînait, de droit,
la peine que la loi ordonne pour les fausses déclara-
rations à l'entrée.

« Et, attendu que des faits consignés au procès-
verbal du 24 octobre 1811, il résulte que le sieur
Leintz père, lors de la visite faite chez lui, après la
récolte, s'était rendu coupable d'une fausse déclaration, puisqu'il avait déclaré n'avoir pas d'autre vin que
celui déposé dans sa cave et chez lui, et qu'il a
été prouvé que trois pièces de vin, trouvées chez son
fils, lui appartenaient et y avaient été déposées par
lui ; que, par cette fausse déclaration, il avait donc
encouru les peines de confiscation et d'amende portées
par la loi ;

» Que néanmoins le tribunal de Coblentz l'a affranchi
de ces peines, en s'arrêtant à des considérations de
prétendue bonne-foi, qu'il ne lui appartenait pas
d'apprécier ;

» Qu'en matière de Droits-réunis, en effet, la peine
est encourue par le fait de la contravention ; qu'à
l'administration seule appartient le droit de faire remise totale ou partielle de ces peines, toujours pécu-
niaires, lorsque les circonstances lui paraissent justifier
la bonne-foi des contrevenans ;

» Qu'il s'ensuit qu'en renvoyant Leintz des poursuites de la régie, le tribunal de Coblentz a violé les
lois ci-dessus transcrites, et a excédé les bornes de
ses attributions :

» Par ces motifs, la cour casse, etc. »

BULLETIN N°. 187. Les procès-verbaux en
matière de Contributions indirectes, doivent
être rédigés et affirmés par deux employés de

PROCÈS-VERBAUX.

BULLETINS.

OBJETS
desBulletins et renvois
aux Ouvrages dont ils
sont le supplement.

cette administration. Les préposés étrangers ne peuvent concourir à ces actes , que lorsque la loi les y a formellement autorisés.

Ainsi , un procès-verbal, dressé pour contravention aux lois sur les *voitures publiques,* par un employé de la régie et un *garde-champêtre* , est nul, les gardes-champêtres n'ayant pas le droit de verbaliser en cette matière. Il en serait autrement si le procès-verbal eût constaté une contravention aux lois sur les *tabacs,* parce que l'article 223 de la loi du 28 avril 1816 , autorisant ces sortes de préposés à verbaliser en cette matière , cet acte se serait trouvé rédigé par deux employés ayant qualité. (*Arrêt de rejet , du* 1er. *septembre* 1820.)

AFFIRMATION.

PRÉPOSÉS
ÉTRANGERS.

« La cour : ouï le rapport de M. Busschop , conseiller, et les conclusions de M. Hua, avocat-général:

» Vu les pièces du procès, et la requête contenant les moyens présentés par l'administration à l'appui de son pourvoi :

» Considérant, sur le premier moyen de cassation , que d'après l'article 26 du décret du 1er. germinal an 13, l'omission des formalités prescrites par les articles précédens , pour la régularité des procès-verbaux, emporte la nullité de ces mêmes procès-verbaux; que l'article 25 du même décret, ainsi que l'article 84 de la loi du 5 ventôse an 12 , exigent le concours de deux préposés, au moins , pour dresser et affirmer les procès-verbaux de contravention ;

» Que , dans l'espèce, le procès-verbal qui a été dressé contre le sieur Gallien , n'est point l'ouvrage de deux préposés , mais seulement d'un préposé et d'un garde-champêtre , sans qualité pour constater les contraventions aux Impôts indirects ; d'où il suit,

Traité du contentieux, *tom.* 1, *p.* 393, *n.* 337.

OBJETS des Bulletins et renvois aux Ouvrages dont ils sont le supplément.	BULLETINS.

qu'en déclarant nul ledit procès-verbal, la cour royale de Grenoble s'est conformée aux lois et réglemens de la matière.

» Rejette le pourvoi, etc., etc. »

BULLETIN N°. 188. Lorsqu'un procès-verbal constate un fait de *contravention* aux lois sur les Contributions indirectes, et, en même temps, un autre fait réputé *crime*, les directeurs de la régie doivent, d'abord, traduire le contrevenant devant le tribunal correctionnel pour le faire condamner sur le fait de la *contravention*, aux termes de l'art. 90 de la loi du 5 ventôse an 12, sauf au ministère public à requérir des poursuites extraordinaires, relativement au *crime*; et dans le cas où les poursuites auraient eu lieu en même temps, sur les deux faits, la chambre d'accusation doit les disjoindre, renvoyer au tribunal correctionnel la connaissance de la contravention, et à la cour d'assises le fait réputé *crime*. (*Lettre de M. le garde des sceaux, du 20 juin 1821, Affaire Degans, orfévre à Paris.*)

Les employés de la garantie, à la résidence de Paris, rédigèrent, le 21 août 1820, un procès-verbal ainsi conçu :

« L'an mil huit cent vingt, le vingt-un août, à dix heures du matin, au nom de la loi, et en exécution des articles 37 et 38 de celle du 19 brumaire an 6, (9 novembre 1797); nous, Pierre-Marie-Emmanuel Caron, et Narcisse Lolivrel, contrôleurs au bureau de garantie de la ville de Paris, sis hôtel des monnaies, y résidant, soussignés, ayant prêté serment en

BULLETINS.

OBJETS
des Bulletins et renvois
aux Ouvrages dont ils
sont le supplément.

justice, et porteurs de nos commissions, étant accompagnés de M. Lemonnier, commissaire de police de Paris, revêtu du signe de la loi, certifions que M. le sous-contrôleur-principal dudit bureau de garantie nous a déclaré qu'un individu s'était présenté audit bureau, le vendredi 18 août dernier, sous le nom du sieur Picard, marchand et fabricant bijoutier, demeurant à Paris, quai des Orfèvres, n°. 66, pour y faire essayer et marquer cinquante-une bagues, en fil d'or, les unes rondes et les autres en fil demi-jonc; un employé, commis à l'application de la marque, ayant observé que ces bagues n'étaient pas assez avancées pour être contrôlées, en a prévenu le sieur Marchand, sous-contrôleur-principal, ci-dessus désigné, lequel ayant fait venir ledit individu dans son bureau, lui a observé que non-seulement les bagues n'étaient pas assez avancées pour être contrôlées, mais que leurs formes et proportions lui faisaient supposer un criminel emploi de ces bagues, qu'au surplus il fallait les polir et les achever totalement; que le lendemain 19 août, le même individu les a représentées, et qu'elles ont été soumises à l'essai et à la marque; que notre-dit sous-contrôleur-principal nous a dit d'aller chez le sieur Picard, ci-dessus dénommé, pour nous faire représenter lesdites bagues et en surveiller l'emploi; que ce matin, à l'heure ci-dessus désignée, nous nous sommes transportés chez ledit sieur Picard, où étant et parlant à lui-même, nous lui avons redemandé les bagues, lequel nous a déclaré qu'il n'avait rien envoyé au bureau de garantie pour être soumis à l'essai, le vendredi ni le samedi, 18 et 19 août, mais que le sieur *Degans, fabricant bijoutier, rue du Petit-Lion Saint-Sauveur, n°. 6,* travaillait quelquefois pour lui, et qu'il l'envoyait au bureau de garantie pour faire contrôler les ouvrages en son nom; ayant visité les marchandises, et n'ayant rien trouvé en contravention aux lois, nous nous sommes transportés chez le sieur Degans (Thomas,) demeurant à Paris, rue du Petit-Lion Saint-Sauveur, n°. 6, au troisième, où étant et parlant à sa personne, nous lui avons fait con-

OBJETS
des Bulletins et renvois
aux Ouvrages dont ils
sont le supplément.

BULLETINS.

naître nos qualités, ainsi que l'objet de notre visite, et l'avons sommé de nous représenter les ouvrages qu'il a en sa possession, afin d'en faire l'examen en sa présence, et en celle de mondit commissaire, pour nous assurer s'ils sont revêtus des poinçons prescrits par la loi, comme aussi de nous représenter son poinçon de fabricant, voulu par l'article 72, et son registre timbré, voulu par l'article 74, aussi bien que le tableau énonçant les articles de la loi, voulu par l'article 78 de la loi précitée, et enfin les cinquante-une bagues qu'il avait présentées au bureau, sous le nom du sieur Picard, marchand bijoutier, ci-dessus cité; le sieur Degans nous a répondu qu'il avait livré lesdites bagues au sieur Picard, samedi dernier, *qu'il n'avait ni registre, ni poinçon, ni le tableau* énonçant les articles de la loi, et qu'il n'avait aucunes marchandises achevées, et qu'il n'y avait que six mois qu'il travaillait chez lui. Nous soussignés, ayant vu sur son établi une bague en fil demi-jonc, *revêtue du contrôle légal*, et ayant trouvé dans une boîte à limaille *vingt-deux petits morceaux d'or*, du même trait, en fil ou demi-jonc semblable à celui des bagues présentées au bureau, nous avons fait visite de son domicile et recherché lesdites bagues, que nous avons trouvées dans une boîte remplie de sciure de bois; en ce moment, le sieur Degans a dit qu'il était un homme perdu, *et qu'il était vrai qu'il avait rapporté la partie contrôlée des bagues à des chatons en or*, lesquels nous avons remis entre les mains de M. le commissaire de police, avec vingt autres anneaux restés intacts, tels qu'ils ont été présentés au bureau. Vu ce que dessus, et pour le sieur Degans être contrevenu aux articles 72, 74 et 78 de la loi précitée, et pour avoir commis le délit prévu par l'article 108 de la même loi, nous lui avons déclaré procès-verbal de contravention et de saisie; comme de fait nous avons saisi sur lui, qui en est le fabricant, les *vingt-huit bagues entées*, les vingt-deux fragmens, et les vingt anneaux restés intacts, et destinés à servir de pièces au procès, etc. etc. »

Ce procès-verbal constatait quatre contraventions

BULLETINS.

OBJETS
des Bulletins et renvois
aux Ouvrages dont ils
sont le supplément.

différentes : la première à l'article 72 de la loi du 19 brumaire an 6, *pour défaut de poinçon* ; la seconde à l'article 74 de la même loi, *pour défaut de registre* ; la troisième à l'article 78, *pour défaut de tableau* ; la quatrième enfin, à l'art. 108, pour avoir *rapporté la partie contrôlée de bagues* à des chatons en or.

Les trois premières contraventions rendaient le sieur Degans passible de la confiscation des objets trouvés chez lui, et d'une amende de 200 francs, conformément aux articles 80 et 107 de la loi du 19 brumaire. Elles étaient aussi, tant par leur nature que par les peines auxquelles elles donnaient lieu, du ressort du *tribunal de police correctionnelle*.

La quatrième contravention, au contraire, érigée en crime par l'article 108, lorsque le détenteur des objets sur lesquels sont entées les marques de poinçon, en est possesseur avec connaissance, en soumettant le sieur Degans, dans le cas où cette circonstance serait reconnue, à la peine de six années de travaux forcés, le rendait justiciable de la *cour d'assise*.

Cependant cette cour fut investie de l'affaire, non seulement sur le fait de l'*ente*, mais encore sur les trois contraventions constatées par le procès-verbal, en vertu d'un arrêt rendu le 18 avril 1812, par la cour de cassation, portant que les délits qui sont renvoyés à une cour d'assises, comme connexes à un crime qui forme l'objet principal de l'accusation, doivent être, comme le crime, soumis à la décision du jury, dans les faits élémentaires qui les constituent.

En conséquence, le jury fut appelé à prononcer sur *tous les faits* constatés au procès-verbal ; et sur ses déclarations négatives aux diverses questions qui lui furent soumises, le prévenu fut renvoyé de l'accusation, et main-levée des objets saisis fut donnée à son profit.

Cette procédure a paru irrégulière.

D'une part les questions n'avaient pas été régulièrement posées. La première et la plus importante a consisté à demander au jury si le sieur Degans était

OBJETS
des Bulletins et renvois
aux Ouvrages dont ils
sont le supplément.

BULLETINS.

possesseur, *avec connaissance*, d'ouvrages d'or sur lesquels les marques du poinçon de garantie se trouvaient entées? De cette manière, elle a embrassé et la contravention résultant du fait matériel de l'ente, et le crime établi par la possession, avec connaissance, d'objets entés; ou plutôt, elle n'a présenté que le caractère de criminalité prévu par la seconde partie de l'article 108 de la loi du 19 brumaire an 6. Elle devait au contraire être divisée en deux points bien distincts : l'un, de savoir si le sieur Degans avait été *possesseur* d'ouvrages sur lesquels les marques étaient entées; l'autre, s'il en avait été *possesseur avec connaissance*. Dans le premier cas, qui ne préjugeait rien sur le second, la confiscation devait être prononcée en faveur de la régie, aux termes d'un arrêt de la cour de cassation, rendu le 1er. juillet 1820, sur l'article 109 de la même loi. L'administration était, du reste, entièrement désintéressée à la résolution de la question de criminalité, qui ne pouvait être soutenue que par le ministère public, puisque n'intervenant dans la procédure que comme partie civile, elle ne peut avoir d'action que relativement à ses intérêts civils seulement.

En second lieu, les trois autres questions qui ont été soumises au jury, la touchaient directement et uniquement. Les faits auxquels elles se rapportaient n'étaient même, dans cette circonstance, de la compétence du jury, que par une extension de l'arrêt précité, du 18 avril 1812, qui n'était pas applicable aux contraventions en matières de Contributions indirectes.

En effet, d'après le droit commun qui a été suivi dans l'arrêt précité, aucune preuve ne peut résulter contre le prévenu de procès-verbaux, de rapports, ou toutes autres pièces qui peuvent être débattus à l'audience par l'accusé, ou contredits par audition de témoins : alors on conçoit bien qu'une cour supérieure, à qui appartient la connaissance du fait principal, ne renvoie pas à un tribunal inférieur la connaissance des faits secondaires qui lui sont connexes

BULLETINS.

OBJETS.
des Bul・tins et renvoié.
aux Ouvrages dont ils
sont le supplément.

Mais dans les causes qui intéressent l'administration des Contributions indirectes, une législation spéciale a, au contraire, donné aux pièces constitutives de son action, c'est-à-dire aux procès-verbaux, une force probante, qui ne peut être détruite que par une inscription de faux; les faits énoncés dans ces sortes d'actes sont réputés constans, et ne peuvent être soumis à l'épreuve du jury sans violer l'article 26 du décret du 1er. germinal an 13; aucun témoignage ne peut être invoqué contre les faits constatés par ces actes; quelles que soient les circonstances atténuantes, les juges n'y peuvent avoir aucun égard; la moralité des faits est hors de leur compétence. Il y a donc dans la manière de procéder une différence qui ne permet pas de suivre, dans ces sortes d'affaires, la marche tracée par l'arrêt du 18 août 1812, puisqu'il y aurait inévitablement violation, soit de la règle générale, établie par l'article 342 du code d'instruction criminelle, soit de la règle spéciale établie par l'art 26 du décret du 1er. germinal an 13, soit de la règle de compétence établie par l'article 90 de la loi du 5 ventôse an 12.

C'était donc évidemment au tribunal de police correctionnelle que devait être renvoyée la connaissance des contraventions constatées par le procès-verbal, pour y être jugées dans les formes prescrites par ce décret.

Ces motifs ont engagé la régie à prier M. le garde-des-sceaux de prescrire au ministère public, dans l'intérêt de la loi, de se pourvoir en cassation de l'arrêt de la cour royale précité; mais S. Exc. n'a pas cru devoir accueillir cette demande, par les motifs énoncés en sa lettre, ci-après rapportée, qui trace la marche que doivent suivre les tribunaux dans cette matière.

« Monsieur, le 21 mars dernier, vous m'avez fait l'honneur de m'adresser quelques observations sur une ordonnance du président de la cour d'assises de la Seine, portant acquittement du sieur *Degans*, orfévre, accusé d'avoir été possesseur, avec connaissance, d'ouvrages d'or, sur lesquels les marques du poinçon de

OBJETS
des Bulletins et renvois
aux Ouvrages dont ils
sont le supplement.

BULLETINS.

garantie se trouvaient entées , et de plusieurs autres
contraventions à la loi du 19 brumaire an 6.

» Je pense qu'en statuant sur cette affaire , la chambre
d'accusation de la cour royale de Paris *aurait dû
disjoindre* les faits qui portaient le caractère *de crime,*
et qui étaient de la compétence exclusive de *la cour
d'assises* , de ceux qui ne constituaient *que de simples
contraventions* , et qui , étant constatées par un procès-
verbal faisant foi jusqu'à inscription de faux, devaient
être renvoyés *devant le tribunal de police correctionnelle* , pour que ce tribunal appliquât à leur auteur
les peines déterminées par la loi du 19 brumaire an 6.

Mais comme cette disjonction n'a pas eu lieu ; que des
questions ont été soumises aux jurés sur les différens
faits imputés à Degans , et que ces questions ont toutes
été résolues négativement, je pense que l'ordonnance
d'acquittement , qui a été la suite de la décision du
jury, est régulière , et qu'il ne peut y avoir lieu d'en
provoquer la cassation.

» Je viens , au surplus , d'adresser des instructions à
ce sujet , au procureur général en la cour royale de
Paris, et je lui ai recommandé de veiller à ce que ,
lorsque des affaires semblables se présenteront , *les
faits ne constituant que de simples contraventions ,
soient disjoints de la cause* , et renvoyés devant le
tribunal de police correctionnelle. »

» Le garde des sceaux , ministre de la justice,

Signé DE SERRE. »

BULLETIN N°. 189. Il n'est dû qu'un seul droit
d'enregistrement, pour les procès-verbaux, quel
que soit le nombre des contrevenans dénommés
dans ces actes. (*Lettre du directeur général
de l'Enregistrement , du 7 avril* 1821.)

Les receveurs de l'Enregistrement , à Bordeaux ,
étaient dans l'usage d'exiger pour l'enregistrement

BULLETINS.

OBJETS
des Bulletins et renvois
aux Ouvrages dont ils
sont le supplément.

des procès-verbaux, autant de droits fixes qu'il y avait de contrevenans dénommés ; la régie s'étant pourvue contre cette perception auprès de M. le directeur général de l'Enregistrement, ce dernier a fait la réponse suivante.

A ajouter au Traité du contentieux, *tom.* 2, *p.* 390, *n.* 762, § IV.

« Monsieur et cher collègue,

» Vous m'avez fait l'honneur de m'écrire le 31 mars dernier, relativement à une réclamation de monsieur votre prédécesseur, contre l'usage qui était établi à Bordeaux, de percevoir sur les procès-verbaux des préposés des Contributions indirectes, autant de droits qu'il y avait d'individus dénommés dans ces procès-verbaux.

» Il a été reconnu que les actes de l'espèce ne donnent lieu, par eux-mêmes, *qu'à un seul droit,* quel que soit le nombre des contrevenans, et monsieur l'administrateur divisionnaire a annoncé, le 23 novembre 1820, que le directeur de l'Enregistrement à Bordeaux avait *prescrit de restituer* les droits mal-à-propos perçus.

Je dois croire qu'aucune difficulté de ce genre ne se reproduira à Bordeaux.

» *Signé* le comte CHABROL. »

BULLETIN N°. 190. Lorsqu'un contrevenant oppose au procès-verbal rédigé contre lui, une nullité résultant de l'omission, dans la copie qui lui a été délivrée, de l'une des formalités prescrites, à peine de nullité, par le décret du 1er. germinal an 13 ; le directeur doit veiller à ce que cette copie soit représentée à l'audience, pour y être vérifiée, visée dans le jugement et jointe aux pièces de la procédure.

Mais si la nullité indiquée a été accueillie en première instance, sans que le défenseur de la régie l'ait contestée ; et s'il n'a pas été

PROCÈS-VERBAUX.

COPIE.

NULLITÉ.

OBJETS
des Bulletins et renvois
aux Ouvrages dont ils
sont le supplément.

BULLETINS.

appelé de ce jugement au chef qui a accueilli la nullité, la régie n'est plus fondée à demander en cassation la production de cette copie, qui a servi de motif au jugement de première instance et d'appel, à l'effet de vérifier si la nullité existe réellement. (*Arrêt de rejet, du 16 novembre 1820.*)

Le 14 juillet 1818, le sieur Doriol, entrepositaire de boissons, se fit délivrer au bureau du nord, un congé pour faire extraire de son cellier deux barriques de vin à l'adresse et destination d'une nommée Maurice, propriétaire, demeurant rue Sauteyron, n°. 46. Les employés de la régie, soupçonnant la fraude, attendu que ce vin avait été acheté par la fille de la veuve Rivière, débitante de boissons, suivirent la charrette qui le portait, et, après l'avoir vu décharger et introduire chez cette dernière, demeurant même rue n°. 47, ils dressèrent procès-verbal de cette contravention, qui fut reconnue et avouée par la veuve Rivière elle-même.

L'original dudit procès, dûment enregistré, affirmé et signifié par les deux employés de la régie, ainsi que par le commissaire de police qui les avait assistés, fut signifié à la veuve Rivière, le lendemain 15 juillet.

Par acte du 27 du même mois, le directeur de la régie fit assigner la veuve Rivière devant le tribunal correctionnel de cette ville, pour se voir déclarer coupable de contravention à l'article 10 de la loi du 28 avril 1816, en conséquence, entendre prononcer la confiscation des deux barriques de vin saisies par le procès-verbal du 14, et se voir en outre condamner en cent francs d'amende et aux dépens.

Sur cette assignation, la veuve Rivière ne s'étant pas présentée à l'audience du 31, jour indiqué, il fut rendu contre elle un jugement par défaut, qui adjugea à la régie les conclusions par elle prises.

BULLETINS.

OBJETS
des Bulletins et renvois
aux Ouvrages dont ils
sont le supplément.

Ce jugement ayant été signifié à la veuve Rivière, celle-ci y forma opposition dans le délai prescrit par la loi. La cause appelée de nouveau à l'audience dudit tribunal, le 11 décembre dernier, la veuve Rivière invoqua contre le procès-verbal un moyen de nullité, tiré de ce que *la copie* de ce procès-verbal, qui lui avait été remise, ne portait que la signature d'un seul des employés, et qu'il n'y était nullement fait mention de celle du commissaire de police qui les avait assisté dans leur opération.

· Il paraît que cette omission ne fut pas vérifiée par l'avocat de la régie, qui pour obtenir, aux termes de l'art. 34 du décret du 1er.germinal an 13, la confiscation des objets saisis, demanda que la veuve Rivière fût interrogée ; le ministère public se joignit au défenseur de la régie, pour requérir l'interrogatoire de la prévenue.

« Mais le tribunal, attendu que ce n'est que de l'instruction qui peut avoir lieu dans une procédure, que peut ressortir la preuve d'une contravention, lorsque le procès-verbal est annullé; que cette preuve ne peut point résulter pour le tribunal de *l'interrogatoire* du contrevenant, qui peut être d'autant moins soumis à cette formalité, que la loi le dispense expressément de comparaître s'il ne le veut pas ;

Ordonna que, sans s'arrêter au réquisitoire du procureur du Roi, il serait procédé au jugement du fonds; et jugeant au fonds, le tribunal :

« Considérant que le procès-verbal est nul; que *la copie* délivrée à la veuve Rivière n'est pas conforme à ce qui est prescrit par le décret du 1er. germinal an 13 ; que cette nullité a été formellement reconnue par le défenseur de l'administration de la régie; attendu qu'il n'est pas possible de scinder la nullité prononcée par la loi, et de maintenir l'original qui se trouve dans les mains de l'administration, qui est forcée de convenir que la copie signifiée à la partie assignée est nulle; que dès-lors, les faits constatés par ce procès-verbal sont censés ne pas exister, et dès que l'administration n'a point prouvé que la veuve Rivière

OBJETS
des Bulletins et renvois
aux Ouvrages dont ils
s'ont le supplément.

BULLETINS.

ait reçu le vin adressé par le congé, ou toute autre personne qu'elle et à tout autre domicile que le sien, il est constant, pour le tribunal, qu'elle ne s'est point rendue coupable de la contravention qui lui est reprochée.

» Attendu, quant aux dépens du jugement par défaut, qu'aucune disposition du Code de procédure civile n'a maintenu l'usage de faire réformer les dépens à celui qui se laisse condamner par défaut; que le dernier article de ce Code abroge toutes lois et usages contraires à ces dispositions ; que l'on ne peut invoquer, pour la contravention qui tient du civil, la disposition de l'art. 54 du Code d'instruction criminelle, qui ne s'applique qu'à la poursuite des crimes et délits. » Le tribunal reçut la veuve Rivière opposante envers le jugement précédent, et remettant les parties aux même et semblable état qu'auparavant, la relaxa avec dépens.

L'administration des Contributions indirectes se rendit appelante de ce jugement, et il intervint, sur appel, l'arrêt dont la teneur suit :

« La cour : ouï le rapport publiquement fait à l'audience par M. Trenqualye, conseiller, qui a lu les pièces de la procédure ; ensemble les avocats et avoués des parties en leurs observations et conclusions :

» Ouï également le substitut de M. le procureur-général en ses conclusions verbales et motivées :

» Attendu que la copie du procès-verbal dressé par les employés de la régie, n'est revêtue que de la signature d'un seul employé, et qu'il n'y est nullement fait mention de celle du commissaire de police qui les a assités dans leur opération; que le défaut de cette formalité, rendant le procès-verbal nul, l'aveu fait par la veuve Rivière est censé n'avoir pas eu lieu, et par conséquent la saisie non avenue ;

» Attendu que, pour pouvoir invoquer les dispositions particulières de l'art. 34 de la loi du 1er. germinal an 13, il faudrait, qu'au défaut du procès-verbal, la contravention fût suffisamment constatée par l'ins-

BULLETINS.

OBJETS
de Bulletins et renvois
aux Ouvrages dont ils
sont le supplément.

truction de la procédure; que le procès-verbal étant nul, et rien dans la procédure n'offrant la preuve, soit par rapport, soit par témoins, que la veuve Rivière se soit rendue coupable de contravention, elle ne peut être déclarée coupable de celle dont elle est accusée par l'administration de la régie; que la loi n'autorisant pas l'interrogatoire des prévenus en matière de contravention, la veuve Rivière ne pouvait être soumise à cette formalité; qu'enfin le procès-verbal étant nul, et le congé ne portant pas le nom de la veuve Rivière, elle ne pouvait être considérée comme coupable;

» Attendu que, si les contraventions aux lois sur les boissons sont punies de peines correctionnelles ou rangées dans cette cathégorie, il y avait lieu d'appliquer à la cause les dispositions de l'article 187 du Code d'instruction criminelle, puisque c'est en vertu de ce Code que l'action a été introduite;

» Attendu, que si c'est en vertu dudit art. 187 que la veuve Rivière a été autorisée à former son opposition au jugement par défaut, contre elle rendu, le dernier paragraphe de cet article devait lui être appliqué par les premiers juges, en raison des frais frustratoires par elle occasionnés:

» Par ces motifs, la cour faisant droit à l'appel interjeté par l'administration des Contributions indirectes, du jugement rendu le 11 décembre 1818, par le tribunal correctionnel de Bordeaux, dans le chef qui a refusé de condamner la veuve Rivière aux dépens, qui ont été la suite du jugement rendu contre elle, par défaut, le 31 juillet; émendant quant à ce, et en vertu de l'article 187 du Code d'instruction criminelle, condamne ladite veuve Rivière aux frais d'expédition, signification et d'opposition du susdit jugement par défaut, rendu contre elle, le 31 juillet;

» Ordonne que les autres chefs du jugement du 11 décembre, recevront leur entière exécution; compense entre les parties les dépens faits en cause d'appel, sauf le coût d'enregistrement, expédition et signification du présent arrêt, qui demeure à la charge de la régie. »

OBJETS
des Bulletins et renvois
aux Ouvrages dont ils
sont le supplément.

BULLETINS.

C'est de cet arrêt, que la régie a sollicité la cassation, pour violation de l'article 190 du Code d'instruction criminelle et de l'article 34 du décret du 1er. germinal an 13.

Mais pendant l'instruction de cette affaire devant la cour suprême, la régie reçut des renseignemens, desquels il semblait résulter que l'omission de la signature d'un employé, sur *la copie* signifiée à la veuve Rivière n'existait pas réellement; ce qui porta la régie à demander que la cour suprême se fît représenter cette *copie* qui n'a jamais été jointe aux pièces.

Voici comment elle s'exprimait dans sa requête :

« Il est d'abord essentiel de remarquer que le jugement du tribunal correctionnel de Bordeaux, tout en admettant la nullité du procès-verbal résultant de l'irrégularité de la cause, n'avait point indiqué en quoi consistait cette nullité, circonstance que la cour de cassation a reconnu être de rigueur, par l'arrêt rapporté par Merlin, dans son recueil des questions de droit, au mot cassation, § 37; le jugement ne fait au reste aucune mention de la représentation de cette copie, qui ne fut point jointe aux pièces de la procédure, ainsi que cela devait être.

»D'un autre côté, l'arrêt de la cour royale n'exprime point que la représentation de cette copie ait eu lieu devant elle, et il y a lieu de croire qu'elle ne fut point produite devant cette cour, quoique l'un des motifs qui ont déterminé son arrêt, soit pris de ce que la copie dont il s'agit n'est revêtue que de la signature d'un seul employé, et qu'il n'y est nullement fait mention de celle du commissaire de police qui les a assistés dans leur opération.

»Ce qui paraît confirmer cette opinion, c'est que, dans l'exposé de l'affaire, l'on s'est servi de cette expression : *Il paraît que la copie de ce procès-verbal, qui fut laissée à ladite veuve Rivière, ne porte que la signature d'un seul employé, etc.*

»Certes, si la copie eût été sous les yeux de la cour, l'on n'aurait point exprimé dubitativement ce

BULLETINS.

OBJETS
des Bulletins et renvois
aux Ouvrages dont ils
sont le supplément.

qui pouvait, et devait l'être d'une manière affirmative ; et ce qui prouve encore davantage la non production de la copie, c'est que cette pièce ne se trouvait point jointe au dossier de la procédure transmis à la cour de cassation, ainsi que cela devait être, puisque de cette pièce résulte uniquement l'absolution de la prévenue, et qu'il est de principe que toutes les pièces qui peuvent servir à établir la culpabilité ou la justification des prévenus, doivent être produites devant les tribunaux et cours supérieures appelés à prononcer sur les affaires : c'est ce qui résulte d'ailleurs des dispositions de l'article 59 du décret du 18 juin 1811.

»La régie a d'autant plus de motifs pour insister sur la production de cette copie, que la cour royale de Bordeaux, en énonçant que cette pièce n'est revêtue que de la signature d'un seul employé, n'a point dit si cette irrégularité porte sur l'acte même, ou seulement sur celui qui en constate la délivrance.

»Dans ce dernier cas, il y aurait erreur de la part des juges, car l'irrégularité de l'acte de notification du procès-verbal ne vicierait point celui-ci, attendu que, l'original étant régulier ainsi que la copie, l'irrégularité de l'acte de notification de celle-ci ne pourrait invalider le procès-verbal, dont les faits y relatés se trouveraient alors singulièrement constatés, la représentation de cette même copie, justifiant d'ailleurs que les préposés ont satisfait au vœu de la loi.

Le défaut de signature du commissaire de police ne peut d'ailleurs être considéré comme une nullité, attendu qu'aucune disposition n'ordonne cette formalité, et que la présence de ces officiers n'ayant pour objet que de régulariser l'opération dans le domicile des non assujétis, il suffit que les procès-verbaux en fassent mention ; il a d'ailleurs été jugé par un grand nombre d'arrêts de la cour de cassation, et notamment par ceux des 31 juillet et 31 décembre 1807, 25 janvier 1811 et 24 janvier 1818, que le défaut d'assistance d'un commissaire de police n'annulle point les opérations des préposés.

OBJETS
des Bulletins et renvois
aux Ouvrages dont ils
sont le supplément.

BULLETINS.

»Ainsi, la régie a le plus grand intérêt à ce que la cour de cassation se fasse représenter la copie délivrée à la veuve Rivière; de son côté, la cour suprême a besoin d'avoir cette copie sous les yeux, avant de prononcer sur le pourvoi, afin de s'assurer si l'irrégularité existante, est au nombre de celles qui, d'après les termes formels du décret du 1er. germinal an 13, entraînent la nullité des procès-verbaux : cette production est d'autant plus indispensable, que l'arrêt attaqué n'a point précisé la nullité qu'il a admise ; la cour suprême ne peut dès-lors acquérir la certitude de l'existence légale de cette nullité, que par l'inspection de la copie.

»Si la veuve Rivière refusait, sur l'injonction qui lui serait faite par la cour, de produire la copie dont l'irrégularité a donné lieu à son absolution, il faudrait en tirer la conséquence que la prétendue nullité n'existe pas : *de his quæ non apparent et de his quæ non sunt idem fit judicium.*

Passant à l'examen des moyens de cassation, la régie faisait remarquer à la cour, que l'arrêt attaqué violait les dispositions des articles 190 du Code d'instruction criminelle et l'art. 34 du décret du 1er. germinal an 13.

En effet, l'art. 190 du Code d'instruction criminelle porte que : *les procès-verbaux* seront lus par le greffier, *le prévenu sera interrogé.*

La loi est donc ici impérative ?

Pourquoi le tribunal ne s'est-il pas, dans cette circonstance, conformé à la loi ?

Il a prétendu que, lorsqu'un procès-verbal est annullé, la preuve d'une contravention ne peut pas résulter de l'interrogatoire du contrevenant, qui peut être d'autant moins soumis à cette formalité, que la loi le dispense expressément de comparaître *s'il ne le veut pas.*

Ces motifs sont erronés.

1°. Le procès-verbal n'était pas encore annullé, puisque le jugement au fonds n'était pas rendu; l'instruction se poursuivait donc, or l'interrogatoire du

BULLETINS.

OBJETS
des Bulletins et renvois
aux Ouvrages dont ils
sont le supplément.

prévenu fait partie de *l'instruction*, d'après l'article 190 précité.

2°. Le prévenu, présent, ne peut se dispenser de répondre aux interrogations qui lui sont faites, soit par le président, soit par le ministère public, il peut même, dans tous les cas, être sommé *de comparaître en personne.*

C'est ce qui résulte des dispositions de l'article 185 du Code d'instruction criminelle, ainsi conçu :

« Dans les affaires relatives à des délits qui n'entraî-
» neront pas la peine d'emprisonnement, le prévenu
» pourra se faire représenter par un avoué; le tribunal
» pourra néanmoins *ordonner sa comparution en*
» *personne.* »

Le délit ou contravention dont il est ici question, n'entraînait pas la peine de *l'emprisonnement,* et la veuve Rivière pouvait se faire représenter par un avoué; mais ayant comparu en personne devant le tribunal, l'instruction devait se faire, à son égard, comme envers un prévenu présent : elle devait donc être interrogée.

Et lors même qu'elle n'eût pas été présente, le tribunal aurait pu ordonner sa comparution personnelle : il n'est donc pas exact de prétendre *qu'elle aurait pu se dispenser de comparaître si elle ne l'avait pas voulu.*

Mais enfin elle s'est *volontairement présentée* ; et lorsque le ministère public requérait qu'elle fût interrogée sur les faits consignés au procès-verbal, le tribunal, en ne déférant pas à cette réquisition, a formellement contrevenu à l'article 190 du Code d'instruction criminelle; il a de plus violé les dispositions de l'article 34 du décret du 1er. germinal an 13, qui prescrit aux juges de prononcer la confiscation des objets saisis, nonobstant la nullité du procès-verbal, *toutes les fois que la contravention est prouvée par l'instruction.*

Or, il résulte évidemment de cet article, que toutes les fois que la régie réclame du tribunal un acte qui fait partie de l'instruction d'une affaire, acte duquel

OBJETS
desBulletins et renvois
aux Ouvrages dont ils
sont le supplément.

BULLETINS.

il peut résulter la preuve de la contravention, indépendamment du procès-verbal, il est du devoir des juges de continuer l'instruction. C'est ce qui a été jugé par une foule d'arrêts de la cour de cassation : or, on ne peut nier que l'interrogatoire du prévenu ne soit une partie essentielle de l'instruction d'une affaire correctionnelle.

Ces divers moyens n'ont pas été accueillis par la cour de cassation ; son arrêt, à la date du 16 novembre 1820, est ainsi conçu :

» La cour : ouï le rapport de M. Chasle, conseiller, les observations de M⁰. Roger, avocat de l'administration, les conclusions de M. Hua, avocat-général :

» La cour, statuant en premier lieu sur les conclusions subsidiaires de l'administration, qui ont pour objet de faire ordonner que la veuve Rivière sera tenue de représenter la copie qui lui a été signifiée du procès-verbal, et qu'à défaut, la nullité qu'elle a alléguée, sera censée ne pas exister ;

» Attendu que la nullité que l'administration paraîtrait vouloir remettre en question devant la cour, a été jugée en première instance ; que le jugement a été acquiescé par les défenseurs de la régie ; que l'appel qui a été interjeté de ce jugement, a été restreint au chef qui avait refusé de procéder à l'interrogatoire de la prévenue, et à celui relatif aux frais, d'où il suit que la question de nullité du procès-verbal, a été irrévocablement jugée par l'effet de l'acquiescement ;

» La cour déclare l'administration non recevable dans ses conclusions subsidiaires ;

» Statuant, en second lieu, sur les moyens proposés à l'appui du pourvoi en cassation :

» Attendu que les motifs qui ont déterminé l'opinion des juges de la cour royale de Bordeaux, ne présentent aucune contravention formelle aux lois invoquées ;

» La cour rejette le pourvoi. »

OBJETS
des Bulletins et renvois
aux Ouvrages dont ils
sont le supplement.

BULLETINS.

BULLETIN N°. 191. Dispositions arrêtées entre les gouvernemens français et espagnol, en 1768, 1769 et 1787, relativement à la fraude et à la contrebande faite dans les ports ou sur les frontières de ces deux royaumes.

SAISIES OPÉRÉES
SUR LA
FRONTIÈRE
D'ESPAGNE.

Nous avons rapporté (Bulletin N°. 156) une décision du conseil d'administration, portant qu'il y a lieu d'appliquer, en matière d'Octroi et de Contributions indirectes, les dispositions d'une circulaire de l'administration des Douanes, rédigée d'après les instructions de S. Ex. le ministre des affaires étrangères, sur l'état actuel de nos relations avec l'Espagne. Comme d'autres parties de cette circulaire sont également susceptibles de régler la conduite des employés de la régie, notamment en ce qui concerne les fraudes et contraventions commises par les sujets espagnols, *dans les quatre lieues* de la frontière, nous croyons devoir rapporter ici cette circulaire en entier.

Circulaire de M. le directeur-général des Douanes, à ses préposés, sur l'exécution des conventions faites avec l'Espagne, en 1768, 1769 et 1787. Cette circulaire est à la date du 15 janvier 1816, et porte le n°. 100.

« J'ai été dans le cas, monsieur, de référer au ministre des finances de la question de savoir si les conventions faites avec l'Espagne, dans les années 1768, 1769 et 1787, devaient toujours être exécutées. S. Ex. a consulté elle-même le ministre des affaires étrangères dont la décision a été pour l'affirmative, sauf à apporter ultérieurement, s'il y a lieu, à ces traités, telles modifications qui auraient été consenties entre les deux gouvernemens de France et d'Espagne.

» Je m'empresse, en conséquence, de vous rappeler les principales dispositions de ces conventions, notamment de celle de 1787, pour que vous vous y conformiez ponctuellement, et que vous donniez au même effet, à vos subordonnés, les ordres nécessaires.

Tome II. 12

OBJETS
desBulletins et renvois
aux Ouvrages dont ils
sont le supplément.

BULLETINS.

» Suivant l'art. 2 de cette dernière convention, les objets de contrebande chargés dans les navires trouvés dans les ports, s'ils n'ont pas été déclarés dans les termes prescrits par l'art. 4 de la convention de 1768 (dans les vingt-quatre heures de l'arrivée), doivent être saisis et confisqués. Le bâtiment et le surplus de la cargaison ne peuvent être arrêtés ni punis en aucune manière, mais le tout remis au consul ou au vice-consul de la nation du bâtiment et capitaine, pour être procédé contre eux, suivant les ordres de leur gouvernement.

» Ainsi, dans tous les cas de l'espèce, il y a seulement lieu de saisir l'objet prohibé, et d'en poursuivre la confiscation, sans aucune autre condamnation ou peine.

» A l'égard de la contrebande, dit l'art. 6, que tenteraient de faire des bâtimens près des côtes et embouchures de rivières, dans les cales, anses et baies autres que les ports destinés et appropriés au commerce; si un bâtiment est surpris en jetant ou ayant jeté l'ancre dans lesdites côtes, anses ou baies, (sauf les cas de relâche forcée, pourvu qu'il n'y ait pas de preuve que ce soit un prétexte, et dans lesquels cas le capitaine devra faire avertir les employés des Douanes les plus voisins, en leur déclarant la marchandise qu'il a à bord, et les employés se conduire à son égard comme il est expliqué dans l'art. 10,) ledit bâtiment sera visité par les employés des Douanes; et s'ils y trouvent de la contrebande elle sera saisie et confisquée; *et le capitaine, l'équipage, le reste de la cargaison et le bâtiment seront jugés selon la loi de chaque pays, comme les nationaux qui auraient été surpris dans le même cas.* Si le capitaine, ou une partie de l'équipage, est surpris dans des barques ou canots, faisant la contrebande dans lesdites côtes, cales, anses ou baies, quoique le bâtiment ne soit pas à l'ancre, il en sera usé à l'égard de ceux qui seront saisis dans les barques ou canots, comme il vient d'être dit dans le même article.

BULLETINS.

OBJETS
des Bulletins et renvois
aux Ouvrages dont ils
sont le supplément.

» Je n'ai souligné le passage ci-dessus, qu'afin de faire remarquer davantage la différence que la convention a établie entre la contrebande tentée dans le port ouvert au commerce, et celle tentée en cherchant à se dérober à toute surveillance; et vous voyez que, dans ce dernier cas, le contrebandier espagnol perd toute sorte de privilége.

» L'art. 10, que je rappelle immédiatement comme étant cité dans celui qui précède, est ainsi conçu : « Les capitaines de navires français et espagnols, qui,
» par relâche forcée, entreront dans une rivière navi-
» gable, ou dans un port de France ou d'Espagne,
» autre que celui de leur destination, seront obligés
» de faire la déclaration de leur chargement; les
» officiers de la Douane auront le droit d'entrée au
» bord, jusqu'au nombre de trois, aussitôt après leur
» arrivée; cependant ils resteront sur le pont, et se
» borneront à veiller à ce que l'on ne sorte du na-
» vire, d'autres marchandises que celles que le capitaine
» sera forcé de vendre pour payer les vivres dont il
» aura besoin et les réparations du navire; et les
» marchandises qui seront débarquées pour tel effet,
» seront sujettes à la visite et au paiement des droits
» établis. »

» Il résulte aussi, comme vous le voyez, de cet article, qu'on est en droit d'exiger la représentation du manifeste de tous bâtimens espagnols entrant dans un port de France, même alors que le port ne serait pas celui de sa destination. On y est d'ailleurs formellement autorisé par l'art. 4 de la convention de 1768.

» D'après une des dispositions de la convention de 1769, il est d'obligation, toutes les fois qu'il s'agira de visiter un bâtiment espagnol, *d'avertir le consul pour qu'il assiste à cette visite.* Ainsi, en pareille circonstance, *les procès-verbaux devront toujours faire mention expresse de l'invitation faite à ce consul, AVEC INDICATION DE L'HEURE,* de se rendre à bord, pour être présent à l'opération, et constater sa

O' JETS
des Bulletins et renvois
aux Ouvrages dont ils
sont le supplément.

BULLETINS.

présence par sa signature, qu'il sera également invité d'apposer à l'acte. S'il ne jugeait pas à propos de s'y rendre, l'obligation serait censée remplie.

» Enfin, les articles 14 et 16 de la même convention de 1787, concernant les sujets espagnols qui passeraient d'Espagne en France, et les français qui passeraient de France en Espagne ; l'art. 14 veut : « Qu'ils ne soient
» point molestés à leur entrée en France, pour l'argent
» et espèces quelconques, effets, hardes, bijoux de
» leur usage, pour lesquels ils ne paieront aucun droit;
» qu'ils ne soient point non plus inquiétés pour les
» armes défendues et autres effets prohibés qu'on trou-
» verait sur leur personne, dont on se contentera
» d'empêcher l'introduction, en leur laissant la liberté
» de les renvoyer. »

» Tous les sujets français, dit l'art. 16, qui auront
» fait en Espagne la contrebande, *de quelqu'espèce*
» *que ce soit*, dans l'espace de quatre lieues de dis-
» tance de la frontière, seront *RENDUS pour la pre-*
» *mière fois*, avec les preuves du délit, pour être jugés
» selon les lois françaises. Il en sera de même à l'égard
» des sujets espagnols qui auront fait la contrebande
» en France, *DE QUELQU'ESPÈCE QU'ELLE SOIT*,
» dans l'étendue de quatre lieues de distance de la
» frontière. Et ceux desdits contrebandiers qui auraient
» commis des vols, des homicides ou des actes de
» violence ou de résistance contre la justice, les ron-
» des ou troupes, et ceux qui, après avoir été ren-
» dus une première fois, retomberaient de nouveau
» dans le même délit, seront seuls exceptés de la
» disposition du présent article. »

» Le mode d'exécution, dans le premier cas prévu par les articles, ne pourrait être que d'arrêter le con- trebandier espagnol et de le conduire devant le juge ou l'officier de gendarmerie le plus voisin, qui pren- drait les mesures et donnerait les ordres nécessaires pour qu'il fût reconduit sûrement jusqu'au premier poste espagnol, avec le corps de délit et le procès- verbal qui constaterait la contravention.

BULLETINS.

OBJETS
des bulletins et envois
aux Ouvrages dont ils
sont le supplément.

Telles sont, monsieur, les principales clauses des conventions, relativement à la contrebande par mer et à la contrebande par terre, d'Espagne en France et de France en Espagne.

» Vous avez vu plus haut qu'il était dans l'intention du gouvernement qu'elles fussent ponctuellement exécutées ; et je ne doute pas que vous fassiez à cet égard tout ce qui dépendra de vos soins et de votre surveillance.

Signé SAINT-CRICQ.

BULLETIN N°. 191. La résiliation des baux d'adjudication d'octroi, ne peut être prononcée par l'autorité locale, mais bien par le conseil de préfecture du département, sauf recours au conseil d'état. (*Ordonnance du Roi, du 3 juin* 1820.)

ADJUDICATION D'OCTROI.

RÉSILIATION.

COMPÉTENCE.

En 1814, le sieur N. était fermier de l'octroi de .... Par suite des événemens de la guerre, il demanda la résiliation de son bail, et de plus une indemnité pour des pertes qu'il prétendait avoir éprouvées ; mais loin de justifier de ses pertes, sa comptabilité se trouva dans un désordre tel, qu'il était difficile de ne pas y voir des intentions frauduleuses. La résiliation lui fut accordée, et ce fut une faveur dont il était peut-être très-peu digne : l'indemnité lui fut refusée.

Traité du contentieux, tom. 2, p. 352.

Cette circonstance, qui ne pouvait être ignorée des autorités locales, aurait dû faire écarter le sieur N..... de la concurrence à toute nouvelle adjudication de l'octroi de .....; et ce ne fut pas sans étonnement que l'on apprit à l'administration des Contributions indirectes, qu'il était intéressé dans celle qui fut faite le 27 janvier 1817. Cette admission fit pressentir, pour l'avenir, des désordres semblables à ceux que l'on avait découverts dans la comptabilité de 1814, et ce fut un

OBJETS
des Bulletins et renvois
aux Ouvrages dont ils
sont le supplément.

BULLETINS.

motif pour faire surveiller de près la gestion des nouveaux fermiers.

Ils étaient entrés en jouissance le 1er. mai 1817, et dès le 3 juin suivant, un employé supérieur s'expliquait ainsi sur leur compte:

« Il est difficile de trouver un désordre plus complet que dans la perception de l'octroi de ...., » qui vient d'être remis, depuis un mois., entre les » mains de plusieurs adjudicataires de cette ville ; je » n'ai trouvé aucun registre coté ni paraphé; les per- » ceptions sont confiées à des employés si peu payés, » qu'on ne peut avoir en eux aucune confiance ; il » n'existe pas de registre n°. 1er. ; et l'on porte les » recettes sur les registres des passe-debout. Les agens » des adjudicataires perçoivent de très-faibles sommes » sur de petites introductions de fourrages, n'en font » pas enregistrement, au mépris de l'article 6 du » cahier des charges, et n'en délivrent pas de quit- » tances. Ils rassemblent seulement ces sommes, au » bout d'une semaine ou plus, et c'est alors qu'ils » en font un seul enregistrement. Il est même bien » plus à craindre qu'ils n'en fassent pas du tout. »

Ces désordres furent dénoncés au préfet du département, qui fut en même temps invité à prendre des mesures pour les faire cesser. La correspondance du directeur fit connaître qu'en conséquence des ordres de ce magistrat, le maire avait en effet mandé le fermier principal, lui avait adressé de fortes réprimandes, et déclaré que, s'il s'écartait à l'avenir des clauses du cahier des charges, le résiliement du bail serait aussitôt provoqué.

Cet avertissement, contint les fermiers pendant quelques mois; mais en 1818, les infractions et le désordre ayant recommencé, le directeur chargea le contrôleur ambulant de vérifier le service et la comptabilité de l'octroi. Le rapport de cet employé est du 18 juillet de la même année; il signale les mêmes abus dont s'était déjà plaint l'inspecteur-général, et, de plus graves encore. Entre autres infractions, il a constaté: 1°, qu'au

BULLETINS.

OBJETS
des Bulletins et renvois
aux Ouvrages dont ils
sont le supplément.

mépris de l'article 6 du cahier des charges, qui veut
que les recettes soient portées jour par jour, article
par article, sans aucun blanc, ni transposition, ni
interligne, sur des registres à souche, les fermiers se
bornaient à faire délivrer, aux barrières, des passe-
debout, pour un grand nombre des articles les plus
considérables, dont le droit était censé payé ensuite
à un prétendu bureau central. Il est facile de voir
avec quelle facilité ce mode vicieux se prêtait à la
dissimulation des produits. Aussi la comparaison des
recettes avec les passe-debout enregistrés, a-t-elle prouvé que les fermiers avaient effectivement dissimulé la
perception d'une somme de 1990 f. 36 c., dans l'inter-
valle du 1ᵉʳ. mai 1817, au 18 juillet 1818.

2°. Qu'au mépris du même article, toutes les petites perceptions, au lieu de se faire article par article,
continuaient à se faire en masse, ainsi que s'en était
déjà plaint l'inspecteur-général, dans son rapport du
3 juin 1817. Il résultait en outre de ce mode vicieux,
que les quittances n'étaient pas délivrées, et que le
trésor était privé d'une de ses ressources.

3°. Qu'au mépris de l'article 92 de l'ordonnance
du 9 décembre 1814, et de l'article 16 du cahier
des charges, qui obligent les fermiers d'exercer, dans
l'intérêt des Contributions indirectes, tous les divers
genres de surveillance, ils avaient visé des passe-debout à la sortie, après l'expiration des délais, et
d'autres avant la délivrance des congés; d'où il est
résulté, pour le trésor, une perte de 158 f. 64 c.,
sans compter les pertes de la même nature, qu'il a
été impossible de vérifier, et que l'on peut justement
soupçonner. Comme l'on peut bien soupçonner encore
que les recettes dissimulées s'élèvent à des sommes
bien plus fortes que celles qui ont été vérifiées.

4°. Enfin, qu'au mépris de l'article 5 du cahier des
charges, ils avaient fait plusieurs perceptions non autorisées par le tarif, particulièrement sur les chevreaux,
dont le tarif ne dit absolument rien.

Ces abus étaient très-graves, et, avec le temps,
pouvaient s'aggraver encore ; il était donc urgent de

OBJETS
des Bulletins et renvois
aux Ouvrages dont ils
sont le supplément.

BULLETINS.

prendre la seule mesure qui pût les empêcher de se reproduire. Le directeur-général les fit connaître au préfet, par sa lettre du 21 août 1818, et l'invita, en même temps, à user, sans plus de ménagement, de la faculté que lui accordait l'article 40 du cahier des charges, d'évincer les fermiers de l'octroi. C'est en conséquence de cette lettre, qui ne prononçait pas un résiliement effectif, que le maire de …. ordonna, par son arrêté du 12 septembre suivant, que les fermiers cesseraient leur exercice et leur perception, le 15 du même mois, et que le bail à ferme fût définitivement résilié par arrêté du préfet, du 12 décembre, arrêté qui fut approuvé par S. Ex. le ministre des finances, le 12 mars 1819.

Cette marche n'a pas paru régulière au conseil-d'état, devant lequel les fermiers se sont pourvus en annullation de la décision du ministre qui approuve l'arrêté du préfet par lequel le résiliement du bail est prononcé.

Il résulte en effet des lois de la matière, comme de la loi du contrat, que ce résiliement ne pouvait être prononcé que par le conseil de préfecture.

L'article 136 du décret du 17 mai 1809, dispose formellement que les contestations qui pourront s'élever *entre les communes et les fermiers*, sur le sens des clauses des baux, seront déférées au préfet qui statuera, *en conseil de préfecture*, après avoir entendu les parties, sauf le recours au conseil-d'état.

L'article 33 du cahier des charges de l'adjudication de l'octroi de ….. porte la même disposition.

Il est d'ailleurs contre toutes les règles du droit commun, que le maire d'une commune, qui est partie intéressée dans un bail d'adjudication, puisse prononcer lui-même la résiliation de cet acte.

Aussi le conseil-d'état a-t-il annullé la décision ministérielle précitée, dans sa séance du 25 mai 1820, par les motifs suivans :

« Louis, etc., etc.

» Sur le rapport de notre comité du contentieux;

BULLETINS.

OBJETS
desBulletins et renvois
aux Ouvrages dont ils
sont le supplément.

» Vu la requête à nous présentée au nom des sieurs N.N. fermiers de l'octroi de .....; ladite requête enregistrée au secrétariat-général de notre conseil-d'état, le 15 septembre 1819, et tendant à ce qu'il nous plaise annuller, pour cause d'incompétence, excès et abus de pouvoir, et par tous autres moyens de droit, toutes décisions ministérielles, notamment celle de notre ministre des finances, en date du 12 mars 1819, énoncée dans la lettre de notre directeur-général des Contributions indirectes, du 18 du même mois, annuller, par les mêmes moyens, les arrêtés pris par le sieur ***, adjoint, faisant les fonctions de maire de ....., en date des 12 septembre et novembre 1818, et par le préfet, le 12 décembre même année ; ensemble toutes autres décisions incompétemment prises dans cette affaire ; ordonner que les supplians seront remis en possession de l'octroi à eux affermé; qu'il leur sera rendu compte, de clerc-à-maître, des perceptions faites depuis le 5 septembre 1818; sauf au maire de la commune à réunir le conseil municipal, à lui exposer les prétendus griefs allégués contre les fermiers, et à provoquer une décision dudit conseil, sur le point de savoir s'il convient de poursuivre devant l'autorité compétente la réparation de ces griefs, et la résiliation du bail ; condamner l'adversaire aux dépens ; et enfin autoriser les supplians à poursuivre en dommages et intérêts, et par toutes voies et moyens de droit, même par la prise à partie, le sieur R***., adjoint, à raison des actes arbitraires qu'il s'est permis au préjudice des supplians, ainsi que tous autres qui se trouveront avoir participé auxdits actes et par excès de pouvoir, sans préjudice de prendre contre eux telles autres conclusions qu'il appartiendra.

» Vu l'ordonnance de soit communiqué à la direction-générale des Contributions indirectes, et au maire de ......, et la signification faite le 2 novembre 1819, audit maire qui n'a pas répondu.

» Vu les observations à nous présentées par notre directeur-général des Contributions indirectes, lesdites

OBJETS
des Bulletins et renvois
aux Ouvrages dont ils
sont le supplément.

BULLETINS.

observations enregistrées audit secrétariat-général, le 16 février 1820, et tendant à ce qu'il nous plaise déclarer mal fondé le pourvoi des sieurs N.N., et à ce que les actes administratifs contre lesquels il est formé, soient maintenus, condamner lesdits sieurs N.N. aux dépens.

» Vu la réplique des sieurs N.N., enregistrée audit secrétariat-général, le 9 mars 1820, et tendant au maintien de leurs précédentes conclusions.

» Vu le bail à ferme de l'octroi de la ville de ...., du 20 janvier 1817.

» Vu l'arrêté de l'adjoint au maire de ....., du 12 septembre 1818, portant que les fermiers de l'octroi cesseront leurs fonctions, et que la perception sera gérée provisoirement par le sieur D.

» Vu l'arrêté du préfet du département, du 12 décembre 1818, portant, sauf l'approbation du gouvernement, que le bail de l'octroi de la ville de ...... est résilié et annullé sans indemnité, et que ledit octroi sera mis en régie intéressée, le plus promptement possible.

» Vu la lettre de notre directeur-général des Contributions indirectes, du 18 mars 1819, énonciative de l'approbation donnée, le 12 du même mois, par notre ministre des finances, aux articles 1, 2 et 3 de l'arrêté précité, du 12 décembre 1818.

» Vu l'arrêté du maire de la ville de ....., du 16 avril 1819, portant nomination du sieur P..., aux fonctions de gérant provisoire de l'octroi, en remplacement du sieur D...., précédemment nommé.

» Vu les autres pièces jointes au procès.

» Considérant, sur la compétence, qu'aux termes de l'article 33 du bail de l'octroi, les contestations qui pourraient s'élever entre la commune et l'adjudicataire, sur l'exécution ou le sens des clauses du bail, seront portées devant le conseil de préfecture, sauf recours au gouvernement; et que, dans l'espèce, le conseil de préfecture n'a pas été saisi de l'examen des contestations qui ont donné lieu à la résiliation du bail.

BULLETINS.

OBJETS
des Bulletins et renvois
aux Ouvrages, dont ils
sont le supplément.

» Considérant qu'aux termes de l'article 5, les plaintes pour concussions doivent être déférées aux tribunaux ordinaires.

» Considérant qu'aux termes de l'article 40 dudit bail, à défaut d'exécution des clauses et conditions, le maire pourra, avec l'approbation du préfet, et après sommation ou commandement à l'adjudicataire et à la caution, provoquer une adjudication à la folle-enchère, et commettre, s'il y a lieu, une ou plusieurs personnes, pour assurer provisoirement la perception ; mais que cet article suppose que le défaut d'exécution aura été préalablement constaté par un jugement ou une décision positive de l'autorité compétente ; que le maire de la ville de ....., l'une des parties contractantes, ne pouvait interpréter le contrat, *sans se rendre juge dans sa propre cause*; qu'ainsi, il a prématurément fait l'application des dispositions de l'article 40 du bail, et que, par ce motif, son arrêté n'était pas susceptible de recevoir l'approbation de l'administration supérieure.

» Considérant que, néanmoins, dans l'état actuel, il y a lieu de maintenir la gestion provisoire, jusqu'à ce qu'il ait été statué définitivement sur le fond de la réclamation.

» Notre conseil-d'état entendu, nous avons ordonné et ordonnons ce qui suit :

» Art. 1er. L'arrêté du maire de ....., du 12 septembre 1818, et l'arrêté du préfet du département, du 12 décembre suivant, approuvé par notre ministre des finances le 12 mars 1819, sont annullés pour excès de pouvoir, en ce qui concerne la résiliation du bail des fermiers de l'octroi de la ville de ....., toutes choses demeurant en l'état quant à la gestion provisoire.

» Art. 2. Les parties sont renvoyées devant le conseil de préfecture, qui statuera sur toutes les contestations qui font l'objet de l'article 33 du bail.

» Art. 3. Les dépens sont réservés.

» Art. 4. Notre garde-des-sceaux, ministre-secrétaire-d'état au département de la justice, et notre

OBJETS
des Bulletins et renvo-
aux Ouvrages dont il
sont le supplément.

BULLETINS.

ministre-secrétaire-d'état au département des finances
ont chargés, chacun en ce qui le concerne, de
l'exécution de la présente ordonnance.

» Approuvé le 3 juin 1820. *Signé* LOUIS.

» Par le Roi, le garde-des-sceaux, ministre de la
justice. *Signé* H. DE SERRE.

BACS ET BATEAUX.

CONTRIBUTION
FONCIÈRE.

FERMIERS.

A ajouter au
TRAITÉ *du con-*
tentieux, *tom 2,*
p. 215 *après le*
§ IX.

BULLETIN N°. 193. Les directeurs de la
régie doivent veiller avec soin à ce que l'une
des clauses du cahier des charges des baux
d'adjudication des bacs et bateaux porte expressément, *que la contribution foncière, et
tous autres impôts établis, ou qui pourraient
être établis sur cette exploitation, seront à
la charge des fermiers.* A défaut d'une clause
semblable, les fermiers seraient bien tenus,
aux termes des lois du 22 novembre 1790,
et 5 frimaire an 7, à faire l'avance de ces
contributions, mais la régie ne pourrait se
refuser à recevoir la quittance de ce paiement
comme à-compte sur le prix du bail; la contribution foncière étant à la charge des propriétaires, toutes les fois qu'une convention
expresse ne règle pas qu'elle sera supportée
par le fermier. (*Avis du conseil d'administration de la régie, du* 18 *avril* 1821.)

CIRCULATION
DES BOISSONS.

BULLETIN N°. 194. Les congés, acquits-à-
caution et passavans à destination de simples
particuliers n'étant nécessaires que pour lé-

BULLETINS.

OBJETS
desBulletins et renvois
aux Ouvrages dont ils
sont le supplement.

galiser la circulation des boissons et autres objets soumis à cette formalité, la réprésentation de ces expéditions ne peut être exigée que pendant le transport. Les boissons, une fois arrivées dans le domicile du particulier, les préposés n'ont plus le droit de réclamer ces expéditions. (*Arrêt du* 10 *pluviôse an* 7, *en matière de Douanes.*)

REPRÉSENTATION D'EXPÉDITION.

SIMPLES PARTICULIERS.

Nous avons établi cette doctrine dans notre Traité du contentieux, tome 1er., page 147, et si nous rapportons une nouvelle autorité sur ce point, c'est pour nous conformer au plan que nous nous sommes tracé, et qui consiste à rapprocher la jurisprudence des divers services publics analogues à celui de la régie. Les employés doivent se dispenser de verbaliser contre des particuliers qui ne pourraient représenter des expéditions pour des boissons déjà introduites dans leur domicile; il n'y a qu'une exception à cette règle. c'est celle à laquelle donne lieu le cas prévu par la dernière partie de l'article 237 de la loi du 28 avril 1816, et où les employés ont *vu* introduire dans le domicile d'un particulier, un chargement qu'ils soupçonnent frauduleux, et avec lequel ils s'introduisent simultanément dans la maison du particulier, auquel cas le défaut de représentation des expéditions serait une contravention.

Traité du contentieux, *tom.* 1, p. 147, § I.

On n'a pas besoin de faire remarquer au surplus que cette jurisprudence n'est pas applicable aux boissons introduites chez un marchand en gros, ou un débitant, parce que ceux-ci sont formellement obligés à représenter aux employés les expéditions qui ont dû accompagner les boissons introduites dans leur domicile.

BULLETIN N°. 195. Les receveurs de l'Enregistrement ne peuvent se dispenser d'enre-

CONTRAINTES.

OBJETS
des Bulletins et renvois
aux Ouvrages dont ils
sont le supplément.

BULLETINS.

gistrer *gratis* les contraintes décernées pour des droits dont le montant est inférieur à la somme de 25 francs, sous le prétexte que le débitant qui est contraint pour une somme moindre de 25 francs, paie cependant dans l'année une somme supérieure, et qu'alors sa cote annuelle de contributions ne permet pas *l'exemption*. (*Lettre du directeur-général de l'Enregistrement, du* 23 *juillet* 1821.)

Des difficultés s'étant élevées sur ce point entre le directeur de la régie à Ussel, et le receveur de l'Enregistrement de cette ville, il en fut écrit à monsieur le directeur-général de l'Enregistrement, qui a fait là réponse suivante.

« Monsieur et cher collègue,

» Vous annoncez, par la lettre que vous m'avez fait l'honneur de m'écrire le 16 de ce mois, que le receveur de l'Enregistrement à Ussel, département de la Corrèze, a perçu un droit fixe d'un franc, sur une contrainte décernée contre un débitant de boissons pour une somme au dessous de 25 francs, et qu'il a motivé cette perception sur ce que la faveur de l'enregistrement *gratis*, accordée par l'article 70 de la loi du 22 frimaire an 7, ne s'applique que quand *la contribution annuelle* du redevable n'excède pas en totalité 25 francs.

» Vous observez qu'on ne peut prendre pour bâse de la perception du droit d'enregistrement, la contribution annuelle d'un débitant, en regardant comme telle la somme qu'il acquitte pour droits de détail pendant une année, attendu que ces droits, purement éventuels, ne peuvent être fixés d'avance par un rôle comme les Contributions directes, et que le débitant peut, d'un moment à l'autre, cesser l'exercice de sa profession.

» Il vous semble que, dans l'espèce, les receveurs de l'Enregistrement doivent régler la perception d'après le montant de la créance pour laquelle la con-

BULLETINS.

OBJETS
des Bulletins et renvois
aux Ouvrages dont ils
sont le supplément.

trainte est décernée, à moins que cet acte n'ait pour objet le solde d'une créance primitive excédant 25 francs, quoique, par l'effet d'à-comptes payés, la contrainte ne soit décernée que pour une somme au-dessous de cette quotité.

» Je partage, Monsieur et cher collègue, votre opinion à ce sujet.

» L'article 70 de la loi du 22 frimaire an 7 autorise l'enregistrement *gratis* des actes ayant pour objet le recouvrement des Contributions directes ou indirectes, lorsqu'il s'agit de côtes de 25 francs et au-dessous, ou de droits non excédant en total la somme de vingt-cinq francs.

» La disposition de cet article, relative au taux des cotes, et sur laquelle le receveur d'Ussel prétend fonder sa perception, ne concerne que les Contributions directes et nullement les droits de détail sur les boissons. J'estime donc, ainsi que vous en êtes d'avis, que, pour les contraintes en paiement de droits de cette nature, l'enregistrement doit avoir lieu *gratis*, ou moyennant le droit d'un franc, selon qu'il s'agit de droits excédant ou non le taux de 25 francs réglé par la loi.

» Ce mode de perception est conforme à une décision ministérielle du 14 juillet 1807, portant que la faveur de l'enregistrement gratis est accordée pour les droits qui ne sont pas en principal au-dessus de 25 francs; mais que le droit d'enregistrement est exigible, quelque modique que soit la somme qui donne lieu aux poursuites, quand le droit principal s'élève au-delà de 25 francs.

« Je donne des ordres en ce sens au directeur dans le département de la Lozère. *Signé* CHABROL. »

BULLETIN Nᵈ. 196. Les marchands et fabri-cans d'ouvrages d'or et d'argent, ouvrés et non-ouvrés, sont tenus d'avoir un registre coté et paraphé par le maire, et d'y inscrire tous

BULLETINS.

les ouvrages d'or et d'argent qu'ils achètent ou vendent, à peine de confiscation desdits ouvrages et de l'amende prononcée par l'art. 80 de la loi du 19 brumaire an 6. (*Arrêt de cassation, du 30 juillet* 1819.)

Ce registre, dont la tenue est prescrite par l'art. 74 de la loi du 1er. brumaire an 6, devant être *coté et paraphé par l'administration municipale*, et cette formalité ne pouvant s'exécuter à l'instant même d'une vente ou d'un achat, il est évident que la loi a entendu qu'il existât même avant toutes ventes et achats; d'où il suit qu'un orfévre ne saurait s'excuser du défaut de registre, sous le prétexte que, n'ayant encore fait aucun autre achat d'ouvrage d'or et d'argent que celui qui a donné lieu au procès-verbal, il se proposait de se munir de ce registre qui, jusque-là, lui aurait été inutile. (*Arrêt de cassation, du 4 novembre* 1819, *affaire* Vaucher. M. Buschopp, *rapporteur.*)

BULLETIN N°. 197. Les acquits-à-caution forment entre l'administration qui les délivre et les parties qui les obtiennent un véritable contrat qui doit être exécuté suivant sa forme et teneur.

Dans le cas où les délais déterminés dans l'acquit ne sont pas suffisans, les retards doivent être constatés dans la forme prescrite par l'art. 8, titre 5, de la loi du 22 août 1791. (*Arrêt de cassation du 28 avril* 1818, *section civile, affaire* Allard.)

BULLETINS.

OBJETS
desBulletins et renvois
aux Ouvrages dont ils
sont le supplément.

BULLETIN N°. 198. L'enlèvement des boissons destinées à être mises dans la circulation, ne peut s'effectuer *de l'intérieur* des magasins de l'expéditeur, *à l'extérieur* de sa maison, sans que la déclaration prescrite par l'article 6 de la loi du 28 avril 1816, ait été préalablement faite au bureau de la régie, et que le déclarant se soit muni d'expéditions, qui doivent être représentées. En conséquence, des boissons chargées sur une charette, même non attelée, et stationnée sur la voie publique, sont saisissables si elles n'ont pas été déclarées, quel que soit le motif d'excuse que puisse alléguer le propriétaire. (*Arrêt de cassation, du 19 juillet 1821.*)

BOISSONS.

Le transport *de l'intérieur* d'un magasin *à l'extérieur*, constitue ce que la loi appelle *enlèvement* ou *déplacement.*

Nous avons professé cette doctrine dans l'ouvrage rappelé ci-contre, et nous l'avons fondée sur le contexte de l'article 6 de la loi du 28 avril 1816, et sur la conséquence raisonnable que l'on devait en tirer dans l'intérêt d'une bonne perception. Depuis, la cour de cassation l'a consacrée par l'autorité de son arrêt précité, qui en fait suffisamment connaître l'espèce.

Traité du contentieux, *tom. I, p.* 142.

« La cour : ouï M. Ollivier, conseiller en la cour, en son rapport, et M. Hua, avocat-général, en ses conclusions ;

» Statuant sur le pourvoi de l'administration des contributions indirectes ;

» Vu les articles 1 et 6 de la loi du 28 avril 1816:

» Attendu, que par ces articles, l'acception légale des mots *enlèvement* ou *déplacement* est clairement déterminée ;

» Que, d'après l'article 1er. ; le *déplacement* comme *l'enlèvement* ; donne lieu à la perception du droit de circulation; d'où il suit que cet effet doit résulter du *simple déplacement des boissons* fait par l'acheteur

OBJETS
des Bulletins et renvois
aux Ouvrages dont ils
sont le supplément.

BULLETINS.

de l'intérieur à l'extérieur de l'édifice où les boissons étaient placées ;

» Que, par l'article 6, *l'enlèvement* des boissons ainsi que leur *transport* d'un lieu dans un autre, imposent *également* à l'expéditeur et à l'acheteur l'obligation de faire une déclaration, et au conducteur celle d'être muni d'un congé, ou d'un acquit-à-caution, ou d'un passavant pris au bureau de la régie ; d'où il suit que ces obligations sont imposées, lors de *l'enlèvement effectué de l'intérieur à l'extérieur de l'édifice*, et avant que le transport à la destination s'ensuive, tout comme lorsque ce transport s'en est suivi ;

» Et, attendu que, dans l'espèce, il était constaté par le procès-verbal des employés, et non contredit par l'arrêt attaqué, non plus que par le jugement qu'il confirmait, que le 10 juin 1820, Joseph Guillaume avait acheté du vin chez l'adjoint de la commune de Chilly, et qu'il le transvasait dans les tonneaux chargés sur sa charette, *placée devant la maison* de l'adjoint ;

Qu'il n'a point été établi, comme le prévenu l'alléguait devant le tribunal correctionnel, que le chargement fut fait *dans l'intérieur des dépendances de l'habitation du vendeur*, et que le procès-verbal portant que c'était *au-devant de chez l'adjoint* que les employés avaient trouvé la charette chargée de six tonneaux où l'on transvasait le vin, ce chargement fait à l'extérieur, constituait, dans le sens de la loi, le *déplacement* ou *l'enlèvement*,

» Que, dès-lors, la disposition de l'article 1er. sur la perception du droit de circulation, et celle de l'article 6, sur l'obligation de prendre l'acquit-à-caution, le congé ou le passavant, étaient applicables ;

» Que, néanmoins, il est constaté par le procès-verbal sus-énoncé et non contredit par l'arrêt attaqué, que le prévenu, sommé à deux reprises d'aller prendre ses expéditions, s'y était refusé sous divers prétextes ; que, par ce refus, il s'était constitué en contravention

BULLETINS.

OBJETS
des Bulletins et renvois
aux Ouvrages dont ils
sont le supplément.

aux articles 1 et 6 de la loi du 28 avril 1816, et avait encouru la condamnation à l'amende ordonnée par l'article 19 de la même loi ;

Que, cependant, l'arrêt attaqué a confirmé le jugement de première instance, déclarant la régie non recevable dans sa demande en condamnation à l'amende contre le prévenu, sous prétexte que le vin était *chargé*, mais non *enlevé*, et que la disposition de la loi parlant de *l'enlèvement* et du *transport*, ne pouvait s'étendre au *simple chargement*;

» En quoi cet arrêt a violé les articles 1 et 6 de la loi du 28 avril 1816:

» Par ces motifs, la cour casse et anulle, etc. »

BULLETIN N°. 199. Les cabaretiers et autres débitans de boissons, sont tenus, sous peine de contravention à l'article 52 de la loi du 28 avril 1816, qui les soumet indéfiniment aux visites et exercices, de procurer aux employés la vérification et la dégustation des boissons *servies aux buveurs*, et la résistance qu'ils apporteraient ou feraient apporter par les buveurs à cette vérification, constitue, de la part de ces redevables, un véritable refus d'exercice. (*Arrêt de la cour de cassation, du 7 juin 1821.*)

CABARETIERS.

BOISSONS SERVIES AUX BUVEURS.

REFUS D'EXERCICE.

Cet arrêt, dont le dispositif expose suffisamment les circonstances de l'affaire qui y a donné lieu, est conçu dans les termes suivans :

« La cour : ouï M. Chasles, conseiller, et les conclusions de M. Hua, avocat-général ;

» Vu l'article 52 de la loi du 28 avril 1816:

» Attendu qu'il était constaté par le procès-verbal

Traité du contentieux, *tom.* I, p. 292, *n.* 292 ; *et page* 351, *n.* 306 *et suiv.*

OBJETS
des Bulletins et renvois
aux Ouvrages dont ils
sont le supplément.

BULLETINS.

du 11 novembre 1819, régulier dans sa forme, visé par le maire du lieu et affirmé, qu'au moment où les employés entrèrent dans la chambre où étaient les buveurs, chez le débitant Teyssèdre, la femme dudit Teyssèdre, qui tenait une bouteille à la main, alla renverser dans l'aiguière le liquide qui y était contenu ; que les employés ayant demandé *à cette femme* de leur donner du vin qui était *servi aux buveurs*, pour le confronter à celui de la cave, elle s'y refusa formellement, en disant aux employés des injures grossières et en invitant les buveurs à en faire autant; et que si ces buveurs, auxquels les commis ne firent aucune demande ni interpellation, se livrèrent à des menaces envers les employés, ce fut à l'instigation de la femme Teyssèdre ;

» Attendu que ces faits constituaient un refus formel d'exercice, qui était passible des peines portées par l'article 96 de la loi du 28 avril 1816, et qu'en refusant de les appliquer, sous le prétexte inexact et erroné que le procès-verbal n'établissait aucune contravention, le tribunal de Rhodez a violé l'art. 52 ci-dessus rappelé, et encore l'art. 26 du décret du 13 germinal an 13, qui veut que foi soit accordée aux procès-verbaux régulièrement rédigés et affirmés :

» Par ces motifs, la cour casse et anulle, etc. »

BULLETIN N°. 200. Les débitans de boissons ne peuvent se dispenser de représenter aux employés de la régie un *bail authentique* des locaux *dépendans et faisant partie de la maison qu'ils habitent et où ils exercent le débit*, qu'ils prétendraient avoir loués ou sous-loués à des tiers. En conséquence les boissons trouvées dans lesdits locaux, pour le loyer desquels il ne serait pas représenté de bail au-

BULLETINS.

OBJETS
des Bulletins et renvois
aux Ouvrages dont ils
sont le supplément.

thentique, sont réputées être leur propriété,
et sont saisissables s'ils ne les ont pas déclarées. (*Arrêt de cassation, du* 29 *juin* 1821.)

Le 22 mai 1820, les employés de la régie exer-
çant le sieur Balard, aperçurent dans sa cave une
porte dont ils demandèrent l'ouverture ; le débitant
répondit que c'était la porte d'une cave dont il était
principal-locataire comme de celle qui venait d'être
exercée, mais qu'il avait sous-louée au sieur Perousset,
habitant la même maison.

Voyez le
Traité du con-
tentieux, *tom.* I,
p. 325; § II;
*ainsi que le
changement ap-
porté à la ju-
risprudence y
rapportée par le*
Bulletin *n°.*162.

La dame Perousset, près de laquelle un des employés se rendit, confirma la déclaration du sieur
Balard, descendit pour ouvrir la cave, ouvrit en
effet une première porte, mais quand il s'agit d'ouvrir
la cave même, elle prétendit qu'elle ne savait où elle
avait mis la clef.

Cette clef était chez le sieur Balard ; la dame Perousset en la demandant ouvertement, aurait fait
reconnaître que la location qu'on prétendait lui avoir
faite de la cave, n'était qu'une supposition mensongère;
en conséquence, pour l'obtenir, elle eut recours à
l'artifice. Mais ses tentatives ayant été déconcertées par
la surveillance des employés qui restaient toujours
près d'elle, la dame Balard sortit, renvoya la clef
par une laitière qui la déposa au domicile de la dame
Perousset où celle-ci alla la prendre pour ouvrir
enfin la cave.

Ces circonstances formaient déjà une forte présomption de l'accord frauduleux établi entre les sieurs Balard et Perousset pour la location prétendue de la cave :
les réponses de la dame Perousset sur les vins que cette
cave renfermait fournirent une présomption nouvelle.
En effet, à une première interrogation, elle avait dit
que la cave renfermait deux pièces de vin, à la seconde
interrogation, faite après l'ouverture de la cave, elle
dit qu'elle croyait qu'il y en avait quatre, et l'hésitation de ses réponses, non moins que leur contradiction, prouvaient qu'elle ne connaissait point cette
cave dont elle s'était prétendue locataire.

OBJETS
des Bulletins et renvois
aux Ouvrages dont ils
sont le supplément.

BULLETINS.

Les employés demandèrent en conséquence au sieur Balard, la représentation du bail authentique qui devait justifier cette location ; et sur l'aveu qu'il n'en avait point, le considérant comme propriétaire des vins renfermés dans la cave et qu'il ne pouvait justifier par des expéditions, ils en déclarèrent la saisie pour contravention aux art. 6 et 61 de la loi du 28 avril 1816.

L'instance ouverte sur cette affaire, par suite du refus de transiger du contrevenant, le tribunal correctionnel de Lyon condamna la régie par les motifs :

« Que le sieur Perousset avait déclaré qu'il était locataire de la cave, que le vin et les futailles étaient sa propriété, ainsi que l'indiquaient les billets de mouvemens qu'il avait représentés ;

» Que le tribunal avait pris des renseignemens qui le confirmait dans l'idée que Perousset occupait réellement la cave et en avait habituellement la clef. »

La cour royale de Lyon ayant confirmé ce jugement en appel, par les mêmes motifs, la régie dut se pourvoir en cassation, et devant cette dernière cour elle a fait valoir les moyens suivans :

Les motifs sur lesquels sont assis le jugement de première instance et d'appel, a-t-elle dit, se réduisent à une simple allégation du sieur Perousset, démentie par les circonstances du procès-verbal ; à des expéditions que ce particulier a prises sous son nom, par suite de l'intelligence établie entre lui et le débitant Balard ; enfin, à de prétendus renseignemens, que, sans les indiquer, le tribunal annonce avoir pris.

Il suffit d'exposer ces motifs pour en faire sentir la faiblesse, car tout concourt à démontrer le recélé : la communication de la cave que l'on prétend être louée à Perousset, avec celle du cabaretier Balard, la possession de la clef entre les mains de ce dernier, et l'ignorance où la dame Perousset se trouvait relativement aux boissons que renfermait cette cave, toutes ces circonstances sont autant de preuves que le sieur Balard était propriétaire desdites boissons ; et la cour

BULLETINS.

OBJETS
des Bulletins et renvois
aux Ouvrages dont ils
sont le supplément.

suprême en a admis de semblables dans l'affaire du cabaretier Breton, par arrêt du 26 décembre 1818, rendu au rapport de M. Chasle, et textuellement rapporté au Traité du contentieux des Contributions indirectes, tome 1er., pages 325 et suivantes.

Mais quand les moyens admis en faveur du cabaretier auraient plus de solidité, quand les déclarations du sieur Perousset et les renseignemens pris par le tribunal mériteraient une entière confiance, ils ne pourraient remplacer la preuve légale requise pour constater le propriétaire de la cave et des boissons saisies.

Cette preuve légale ne peut résulter que d'un bail authentique; la cour l'a décidé dans un grand nombre d'arrêts, et spécialement dans ceux des 6 juin 1807 et 9 novembre 1810, et plus récemment dans celui du 27 novembre 1818, rendu au rapport de M. Chasle, dans l'affaire Villemain et Michaut, et qui est textuellement rapporté au même ouvrage, tome 1er., pages 325 et suivantes.

Cette décision est fondée sur ces motifs, que la défense faite aux propriétaires par l'article 61, pour prévenir la fraude, doit être appliquée avec bien plus de force et de raison aux débitans propriétaires ou principaux-locataires de maisons.

Qu'en autorisant un débitant à disposer sans bail, en faveur d'un tiers, d'une partie de la maison où il fait son débit, ce serait lui fournir le moyen de faire entrer chez lui, par l'interposition de son locataire, des boissons qui lui serviraient à alimenter son débit; que ce genre de fraude serait d'autant plus facile à pratiquer, que le débitant ayant les boissons sous sa main, à sa proximité, dans sa maison, échapperait à la surveillance la plus exacte.

Jamais cette doctrine ne put recevoir une application plus exacte et plus équitable que dans la circonstance qui fait l'objet de ce procès; en effet, la cave que Balard prétend avoir louée à Perousset, faisait partie des lieux occupés par le premier, et est encore contiguë à la cave où le débitant dépose ses boissons;

OBJETS
des Bulletins et renvois
aux Ouvrages dont ils
sont le supplément.

BULLETINS.

il était donc indispensable, pour prouver que Balard n'avait plus la jouissance de cette cave et des boissons qu'elle renferme, qu'il justifiât, par un acte authentique, que cette jouissance avait été transférée à un tiers.

Conséquemment au principe établi par la cour suprême, tout débitant qui ne justifie pas par bail authentique, de la location qu'il prétend avoir faite à un tiers, d'une cave dont il est propriétaire ou principal-locataire, surtout *lorsqu'elle est contiguë à celle dont il jouit*, est légalement supposé avoir en sa possession cette cave et les boissons qu'elle renferme : c'est l'hypothèse dans laquelle se trouvait placé le sieur Balard, qui n'a représenté ni bail authentique pour la cave qu'il prétendait avoir louée au sieur Perousset, ni expéditions pour les boissons qu'elle renfermait : la contravention constatée par les employés était donc réelle, et la saisie des boissons légitime ; et le jugement du tribunal de Lyon, ainsi que l'arrêt confirmatif qui ont décidé le contraire, présentent la violation manifeste de l'art. 61 de la loi du 28 avril 1816.

La cour de cassation ayant accueilli les moyens présentés par la régie, a rendu l'arrêt suivant :

« La cour : ouï le rapport de M. Chasle, conseiller, les observations de Me. Roger, avocat de la direction générale, celles de M. Le Roi de Neuvillette, avocat de Dominique Balard, partie intervenante, et les conclusions de M. Hua, avocat-général ;

Vu les articles 50 et 61 de la loi du 28 avril 1816, qui sont ainsi conçus :

« Article 50. Les cabaretiers etc., seront tenus de » faire leur déclaration et de désigner les espèces et » quantités de boissons qu'ils auront en leur posses- » sion, dans les caves ou celliers de leur demeure ou » ailleurs, etc.

« Art. 61. Il est fait défenses aux vendans en détail, » de recéler des boissons dans leurs maisons ou ailleurs, » et à tous propriétaires ou principaux-locataires,

BULLETINS.

OBJETS
des Bulletins et renvois
aux Ouvrages dont ils
sont le supplément.

» de laisser entrer chez eux des boissons appartenant
» aux débitans, sans qu'il y ait de bail par acte au-
» thentique pour les caves, celliers, magasins et autres
» lieux où seront placées lesdites boissons. Toutes
» communications intérieures entre les maisons des
» débitans et les maisons voisines sont interdites, et
» les commis sont autorisées à exiger qu'elles soient
» scellées. »

» Attendu que les défenses faites à tous propriétaires
et principaux-locataires de laisser entrer chez eux des
boissons appartenant aux débitans, sans qu'il y ait
bail authentique, doivent nécessairement s'appliquer
aux débitans qui louent à des tiers des appartemens,
caves, celliers ou magasins *dépendans et faisant partie
de la maison qu'ils habitent et où ils font leur débit;*
que sans cette précaution d'un bail authentique, com-
mandée par la loi, toutes les boissons trouvées dans
les pièces prétendues louées, sont censées, de droit,
appartenir au débitant, propriétaire ou principal-locataire de la maison;

» Que s'il en était autrement, les débitans pourraient
impunément faire entrer chez eux des boissons sous
des noms supposés de prétendus locataires, alimenter
frauduleusement leur débit, et consommer ainsi la
fraude dans l'enceinte de leurs maisons, sans craindre
la surveillance des employés;

» Attendu, dans l'espèce, qu'indépendamment des
différentes circonstances rappelées au procès-verbal des
employés du douze mai 1820, lesquelles décélaient
la fraude du débitant Balard, et son concert frauduleux avec son soi-disant locataire Perousset, il était
constaté par ledit procès-verbal, que dans la cave
même où les employés exerçaient ordinairement les
boissons de Balard, ils aperçurent une porte qui
communiquait à une autre cave; qu'y étant entrés,
après bien des difficultés et des tergiversations de la
part de la femme Perousset, ils y trouvèrent une
pièce de deux cent dix litres pleine de vin rouge,
et une autre pièce en vidange, que ladite femme

BULLETINS.

réclama comme lui appartenant en sa qualité de locataire ; que les employés ayant demandé à Balard
s'il avait fait un bail authentique, il répondit qu'il
n'y en avait pas ;

» Que toutes ces circonstances, et principalement
l'absence d'un bail authentique, formaient une présomption de droit que toutes les boissons existantes
dans la maison de débit dudit Balard, étaient sa
propriété, et qu'il était en contravention à la loi,
pour n'avoir pas déclaré à la régie, et pour avoir
recélé les boissons trouvées et saisies dans la deuxième
cave ;

» Qu'il s'ensuit que la cour royale de Lyon a violé
les lois ci-dessus rappelées, en ne condamnant pas
ledit Balard aux peines de confiscation et d'amende
qu'elle a prescrites, et en le déchargeant de l'action
de la régie, sur le prétexte qu'il ne résultait du procès-
verbal que des probabilités et conjectures qui en pouvaient motiver une condamnation :

» La cour reçoit ledit Balard partie intervenante ;
et faisant droit, tant sur ladite intervention que sur
le pourvoi de l'administration, casse et anulle l'arrêt
de la cour royale de Lyon, etc.

TABAC DE
FRAUDE TROUVÉ
EN LA POSSESSION
D'UN
PARTICULIER.

PEINE
APPLICABLE.

BULLETIN Nº. 201. L'existence, dans le
domicile d'un particulier, d'une quantité
quelconque de tabac de fraude, donne lieu
contre ce particulier, à l'application des
peines prononcées par l'article 218 de la loi
du 28 avril 1816 ; l'article 222 de la même loi
n'est applicable qu'au cas de *vente* à domicile
ou de *colportage* des tabacs de fraude.

L'amende de 10 francs par kilogramme de
tabac saisi, prononcée par ledit article 218,
n'est pas susceptible d'être modérée par les

BULLETINS.

OBJETS
des Bulletins et renvois
aux Ouvrages dont ils
sont le supplément.

tribunaux, toutes les fois que la quantité de tabac saisi ne produit pas, à raison de 10 francs par kilogramme, une somme supérieure à trois mille francs. *(Arrêt de cassation, du 11 mai 1821.)*

Traité du contentieux, *tom.* 1, *n.* 285.

Le 27 octobre 1819, les employés de la régie, par suite d'un avis qui leur avait été donné de la fraude sur les tabacs à laquelle se livrait le sieur Joseph Vinet, aubergiste au hameau de Bancal, commune de Beausemblant, département de la Drôme, se rendirent chez ce particulier, et, après une perquisition exacte dans sa maison, ils y trouvèrent une quantité de 265 kilogrammes de tabac en poudre et à fumer, qu'ils reconnurent être du tabac de contrebande, et dont ils déclarèrent la saisie.

Le sieur Vinet prétendit que ce tabac avait été déposé chez lui à son insçu, pendant une absence qu'il venait de faire; la dame Vinet, son épouse, allégua que ce tabac pouvait avoir été mis dans sa cave, qui ne fermait pas à la clef, par un voiturier qui avait logé chez elle la nuit dernière.

Ces allégations ne pouvant détruire le fait de contravention et la responsabilité qui frappe le propriétaire pour les objets de fraude déposés dans son domicile, le sieur Vinet fut traduit devant le tribunal correctionnel, qui rendit le 15 novembre 1819, le jugement suivant :

« Le tribunal, etc., considérant que le fait de possession ne peut être allégué que lorsque le détenteur a une connaissance certaine de cette possession;

» Qu'il résulte du procès-verbal des employés de la régie, ce qui n'a point été contredit, qu'au moment où ces employés se sont présentés dans l'auberge du sieur Vinet, pour y faire leur recherche, celui-ci ne s'y est point opposé, et leur a dit qu'il ignorait s'il pouvait avoir chez lui du tabac en fraude, attendu qu'il venait de s'absenter de son domicile; ce qui est

OBJETS
des Bulletins et renvois
aux Ouvrages dont ils
sont le supplément.

BULLETINS.

d'autre part établi par les deux procédures faites devant le suppléant du juge-de-paix de Saint^t Vallier, et devant le maire de Beausemblant, les 30 octobre et 1er. novembre 1819;

» Et qu'enfin, on ne peut être coupable de recel que sciemment:

» Par ces motifs, le tribunal décharge Joseph Vinet des faits prononcés contre lui au procès-verbal du vingt-sept octobre 1819, etc.

La régie ayant interjeté appel de ce jugement, la cour royale de Grenoble rendit, le 10 mars 1820, l'arrêt dont la teneur suit :

« Considérant qu'il est constant en fait que 265 kilogrammes de tabac en contrebande ont été trouvés dans une cave appartenant à Vinet et fermant à clef; qu'une aussi grande quantité de tabac n'a pu y être cachée sans sa participation ou celle de sa famille ; qu'une quantité aussi considérable de tabac ne peut être considérée comme formant sa *provision*, et donne lieu à la *supposition qu'il en vendait* aux particuliers; qu'il se trouve, dès-lors, dans le cas des dispositions de l'art. 222 de ladite loi, concernant ceux qui vendent des tabacs en fraude à leur domicile, ou ceux qui en colportent ;

» Vu, par la cour, les art. 222 et 225 de la loi du 28 avril 1816, 194 du code d'instruction criminelle, et l'art. 52 du code pénal.

» La cour, sans s'arrêter aux fins de non-recevoir, exception et moyens de nullité, fins et conclusions proposés par Joseph Vinet dont elle le déboute ; faisant droit à l'appel émis par l'administration des Contributions indirectes du jugement rendu par le tribunal correctionnel de l'arrondissement de Valence, le 15 novembre 1819, réforme ledit jugement pour mal jugé au fond, et par jugement nouveau, déclare Joseph Vinet convaincu d'avoir eu en sa possession la quantité de 265 kilogrammes de tabac en poudre et à fumer, excédant de beaucoup la provision présumée, ledit tabac conséquemment destiné au débit ; et pour

BULLETINS.

OBJETS
des Bulletins et renvois
aux Ouvrages dont ils
sont le supplément.

réparation, le condamne à une amende de cinq cents francs envers l'état, à tenir prison jusqu'au paiement de ladite somme, et aux dépens liquidés sommairement à la somme de cent-dix-neuf francs quatre-vingt-neuf centimes, y compris ceux de première instance, au paiement desquels il pourra être contraint par toutes voies de droit, même par corps, sauf son recours contre qui de droit, défenses contraires réservées: au surplus, prononce la confiscation au profit de la régie des 265 kilogrammes de tabac à fumer et en poudre saisis chez ledit Vinet. »

La régie se pourvut contre cet arrêt pour fausse application de l'art. 222, et par violation de l'art. 218 de la loi du 28 avril 1816.

Il est évident que cet arrêt contenait une violation des articles 217 et 218 de la loi du 28 avril 1816, qui défendait *toute provision* de tabac, autre que celui provenant des manufactures royales, à peine de 10 fr. d'amende par kilogramme de tabac trouvé en la possession des particuliers. Mais la cour royale, dans l'intérêt du prévenu, n'avait cru y voir qu'une contravention à l'article 222, dont la peine est plus légère que celle prononcée par l'article 218 de la même loi. C'était une erreur évidente ; car prétendre appliquer au simple détenteur, la peine infligée par l'article 222 à celui *qui est surpris vendant*, c'est aller contre les règles du droit criminel qui ne permettent pas de punir sur un simple soupçon, mais qui exigent, au contraire, un fait constant réputé crime, délit ou contravention. Or, ici le fait constant était un entrepôt de tabac de contrebande formé chez Vinet, et cet entrepôt devait conserver le caractère de *provision*, tant qu'il ne s'y joignait pas le fait de vente. Il est hors de doute que si les peines portées par l'article 222 de la loi eussent été plus fortes que celles de l'article 218, la cour royale n'aurait nullement pensé à les appliquer au délit dont Vinet était convaincu, et elle se serait, en cela, conformé à la loi et à la jurisprudence.

OBJETS
des Bulletins et renvois
aux Ouvrages dont ils
sont le supplément.

BULLETINS.

On a prétendu que, même en appliquant à l'espèce les dispositions de l'article 218, la cour avait pu modérer l'amende à 500 fr., ainsi qu'elle l'a fait; cette proposition est une nouvelle erreur.

L'article 218 porte bien que l'amende de 10 fr. par kilogramme ne pourra être inférieure à 100 fr., ni supérieure à 3000 fr., mais cette disposition se comprend parfaitement : elle a pour objet de graduer la peine, et de mettre des bornes à l'indulgence, comme elle pose des limites à l'extrême rigueur.

Ainsi, lorsque l'on ne saisit, par exemple, que 3 kilogrammes de tabac, l'amende, à raison de 10 fr. par kilogramme, ne s'élèverait qu'à 30 fr., et comme cette peine serait trop minime, l'article applique à cette contravention une amende de 100 fr.

De même, si l'on saisissait une quantité considérable, comme, par exemple, 600 kilogrammes, l'amende qui serait de 6000 fr. est réduite par le législateur à un *maximum* de 3000 fr., peine suffisante pour réprimer la contravention.

Mais toutes les fois que l'amende s'élève, à raison de 10 fr. par kilogramme, à une somme intermédiaire entre le minimum et le maximum fixé par l'art. 218, les juges ne peuvent la modérer sans contrevenir à la loi qui défend aux tribunaux de réduire le amendes, lorsque la quotité en est déterminée par la loi.

Ces considérations ayant porté la régie à se pourvoir en cassation, l'arrêt de la cour royale de Grenoble a été cassé par celui dont la teneur suit :

« La cour : ouï le rapport de M. Chasle, conseiller, les observations de M. Roger, avocat de l'administration, et les conclusions de M. Hua, avocat-général;

» Vu les articles 217, 218 et 222 de la loi du 28 avril 1816:

» Attendu que le procès-verbal dressé contre Vinet avait constaté qu'il avait dans son domicile et en sa possession, 265 kilogrammes de tabac, tant en poudre que propre à fumer, non revêtu des marques et vignettes de la régie, et reconnu de contrebande;

OBJETS
des Bulletins et renvois
aux Ouvrages dont ils
sont le supplément.

» Que ce fait rentrait dans l'article 217 ci-dessus, et dans la pénalité portée par l'article 218;

» Et qu'au lieu d'appliquer ces deux articles audit Vinet, la cour royale de Grenoble se fondant sur ce qu'une quantité aussi considérable de tabac ne pouvait pas être présumée former la provision de Vinet, et sur la supposition qu'il en vendait aux particuliers, lui a seulement appliqué l'amende prononcée par l'art. 222, qui ne concerne que la vente et le colportage de tabac en fraude, quoique ni l'un ni l'autre de ces faits ne fussent établis au procès-verbal; en quoi ladite cour a faussement appliqué aux faits du procès l'art. 222, et violé les articles 217 et 218 de la loi du 28 avril 1816 :

» Par ces motifs, la cour casse et annulle, etc.

BULLETIN N°. 202. Les procès-verbaux ne font fois en justice jusqu'à inscription de faux, que des *faits* qu'ils annoncent s'être passés au *moment où le procè-verbal est déclaré*, et non pas des *faits* qui sont *racontés* dans lesdits procès-verbaux, comme s'étant passés à une époque antérieure. (*Arrêt de rejet, du 2 mars* 1821.)

Foi due aux procès-verbaux.

Lorsque des *faits antérieurs* peuvent faire *présumer* qu'un particulier se livre à la fraude, les employés qui, par suite de la connaissance qu'ils ont de ces mêmes faits, verbalisent plus tard pour un *fait réel et actuel* de contravention, font bien de faire, dans leur procès-verbal, le récit de ces faits antérieurs, parce qu'ils peuvent servir à éclairer la régie et les tribunaux sur la nature des faits actuels; mais le narré que font les employés d'un fait antérieur de *fraude*, ne peut ajouter aucune gravité au fait actuel, lorsque celui-ci ne constitue pas lui-même une contravention.

Traité du contentieux, *tom.* 1, p. 424, *n.* 358.

OBJETS
des Bulletins et renvois
aux Ouvrages dont ils
sont le supplément.

BULLETINS.

Le 24 novembre 1818, les employés de l'octroi au bureau de Lizieux, de la ville de Caen, rédigèrent le procès-verbal dont la teneur suit :

« Nous, etc., certifions que le dimanche 22 du présent mois, étant dans le bureau de Lizieux, à la demi-lune, s'est présenté un particulier que nous avons reconnu être Jacques *Duhomme*, demeurant à Saint-Poux, et le sieur Loisel, montés sur chacun un cheval bâté et garni des ustensiles utiles *pour le transport de deux barils.* Le sieur Duhomme s'étant approché, nous a demandé s'il pouvait entrer deux fûts d'eau-de-vie *sur un acquit-à-caution* dont il était porteur, et nous l'a exhibé. Vérification faite, nous avons reconnu qu'il était émané de la recette principale d'*Honfleur*, bureau de Beuvron, sous le N°. 88, en date du 21 novembre, pour le transport de deux fûts d'eau-de-vie contenant ensemble un hectolitre vingt-cinq litres *pour le compte du sieur Chesnel, débitant* de Caen. Nous avons observé au sieur Duhomme que l'acquit sus-désigné se trouvait *périmé* et non avenu ; le sieur Duhomme a répliqué qu'il avait eu le malheur de s'enivrer, *qu'il avait perdu son acquit*, qu'il avait passé la nuit à le chercher, et que voilà ce qui l'avait empêché d'arriver le 21, et qu'il espérait qu'en se pourvoyant devant qui de droit, on allait lui rendre justice, puisque nous persistions à lui refuser une quittance d'entrée. Il s'est retiré, *emportant l'acquit* qu'il nous avait confié. Hier 23, est comparue en notre bureau l'épouse du sieur Duhomme, conduisant un cheval chargé de deux fûts remplis d'eau-de-vie, nous a demandé à acquitter les droits ; nous lui avons demandé les expéditions favorisant le transport, elle nous a présenté un *acquit-à-caution* de la recette principale d'Honfleur, N°. 88, du bureau de Beuvron, signé Halley, portant enlèvement de deux fûts d'eau-de-vie pour le compte du sieur Chesnel, débitant, lequel acquit nous avons parfaitement reconnu *pour être celui* délivré le 21 novembre au susdit bureau, qui nous avait été *montré* le 22 par le sieur Duhomme ; nous avons remarqué

BULLETINS.

OBJETS
des Bulletins et renvois
aux Ouvrages dont ils
sont le supplément.

et fait remarquer à la dame Duhomme qu'on avait *changé la date et substitué les mots* 23 *à ceux* 21, que le mot Jacques Caraise *surchargé*, n'existait point et que le mot Duhomme avait été ajouté, enfin qu'on avait voulu rendre valide le 23 novembre, l'acquit délivré le 21 qui est nul; ce que nous avons fait remarquer à la dame Duhomme. A quoi elle a répondu que *le buraliste s'était trompé*; qu'au surplus s'il y avait quelque chose d'irrégulier, elle se faisait fort de le faire rectifier de nouveau. Avons répliqué que nous n'admettrions pas plus son acquit du 23 que du 21. Vu la contravention aux art 1, 6, 9 et 13 de la loi du 28 avril 1816, lui avons déclaré procès-verbal et saisie des deux futs d'eau-de-vie, contenant 1 hectolitre 25 litres, estimés cent trente francs, etc.

L'affaire ayant été portée devant le tribunal civil de première instance, il intervint le jugement dont la teneur suit:

« Attendu qu'il est demeuré constant que la femme Duhomme était *munie d'un acquit-à-caution* lorsque l'eau-de-vie fut présentée au bureau d'entrée, mais dont la *date* du vingt-trois novembre était *surchargée*, ce qui en fit *suspecter* la sincérité;

» Attendu que cette femme a produit à l'audience *un certificat* du buraliste de Beuvron, qui atteste que cet acquit-à-caution a réellement été délivré le *vingt-trois* novembre, ce qui écarte toute idée de fraude, puisque ce fut ce jour-là que les deux barils d'eau-de-vie furent présentés au bureau de Lisieux, d'où suit qu'il n'y a pas lieu à la confiscation conclue;

» Attendu que la femme Duhomme n'est pas fondée dans sa demande en dommages-intérêts, parce que la régie avait des *motifs de suspicion* légitimes pour faire arrêter l'eau-de-vie dont il s'agit:

» Le tribunal, ouï le procureur du Roi, par jugement en premier ressort, prononcé publiquement, dit à tort la saisie des deux barils dont est question, condamne la régie à en faire la remise au sieur Chesnel qui les avait achetés, avec dépens. »

OBJETS
des Bulletins et renvois
aux Ouvrages dont ils
sont le supplément.

BULLETINS.

La régie ayant interjeté appel de ce jugement, comme blessant la foi due au procès-verbal qui, par la relation de *faits antérieurs* y relatés avec les *faits actuels*, constituait évidemment, de la part de Duhomme, une contravention manifeste à la loi; la cour royale de Caen confirma le premier jugement par les motifs suivants : •

« Considérant que s'il est vrai que les contraventions et fraudes en matière d'octroi et autres impôts indirects doivent être sévèrement punis, le législateur a voulu qu'elles fussent constatées et légalement prouvées;

» Considérant qu'il est constant par le procès-verbal des employés, que la femme Duhomme s'est présentée le 23 novembre dernier au bureau de l'octroi de Lisieux, en la ville de Caen, pour y déclarer qu'elle voulait faire entrer dans cette ville deux barils d'eau-de-vie, et en payer les droits, et qu'elle a représenté un acquit-à-caution à elle délivré par le receveur de Beuvron, portant la date dudit jour 23 novembre; que les employés ont prétendu que les deux barils d'eau-de-vie avaient été déclarés le 21; que cet acquit-à-caution portant dans son principe la date dudit jour 21 novembre, qu'il avait été falsifié et altéré, et la saisie bien fondée;

» Considérant que ce soutien des employés n'a pu constater une contravention de la part des époux Duhomme, puisque véritablement il n'en existe pas; qu'il a été établi devant le premier juge par un certificat du receveur de Beuvron, que cet acquit-à-caution était à la véritable date du 23 novembre; que sur l'appel de la régie, ce même receveur s'est présenté devant la cour, et y a soutenu la sincérité de son certificat, et que les surcharges et ratures existant dans l'acquit-à-caution représenté étaient de son fait; d'où il suit que l'acquit-à-caution présenté par la femme Duhomme le 23 novembre pour entrer les deux barils d'eau-de-vie, encore bien qu'il fût surchargé, n'en était pas moins un acte légal, et qui devait écarter toute idée de contravention; qu'ainsi le procès-verbal des em-

BULLETINS.

OBJETS
des Bulletins et renvois
aux Ouvrages dont ils
sont le supplément.

ployés était sans principe comme sans fondement , le premier juge a eu raison de n'y avoir aucun égard et de délier les époux Duhomme de l'action dirigée contre eux , en ordonnant la restitution de l'eau-de-vie :

« Par ces motifs et ceux employés au jugement dont est appel , la cour , faisant droit sur l'appel , et statuant , dit que , par le jugement dont est appel , a été bien jugé , mal et sans griefs appelé ; ordonne que ce dont est appel sortira son plein et entier effet, avec dépens. »

C'est cet arrêt qui a été dénoncé à la cour de cassation par la régie , comme contenant violation de l'art. 26 du décret du 1er. germinal an 15 ; mais cette cour, dans son arrêt ci-dessous rapporté , a distingué dans le procès-verbal les faits seulement *racontés* , de ceux que cet acte constate s'être passés lors de sa rédaction , et confirmé son ancienne jurisprudence ; elle a d'ailleurs consacré de nouveau la règle , que les certificats délivrés par les employés de la régie , ne peuvent atténuer la foi due aux procès-verbaux , en ce qui concerne les faits y constatés. Voici le texte de l'arrêt de rejet.

« La cour de cassation , section criminelle , a rendu l'arrêt suivant :

» Ouï M. Ollivier, conseiller en la cour , en son rapport, les observations de Me. Cochin , avocat , plaidant pour la régie , et M. Hua , avocat-général , en ses conclusions ;

La cour , après en avoir délibéré en la chambre du conseil , statuant sur le pourvoi de l'administration des Contributions indirectes envers l'arrêt de la cour royale de Caen , chambre de police correctionnelle, le 18 juin 1819 :

Attendu, *en droit,* que la disposition de l'art. 26 du décret du 1er. germinal an 13 , portant que les procès-verbaux seront crus jusqu'à inscription de faux , ne peut avoir d'application qu'aux faits *déclarés* dans les procès-verbaux dressés pour la constatation des contraventions.

OBJETS
des Bulletins et renvois
aux Ouvrages dont ils
sont le supplément.

BULLETINS.

» Attendu, *en fait*, que, dans l'espèce, il faut remarquer dans le procès verbal des employés deux parties essentiellement distinctes :

» 1°. Le *narré* de ce qui s'est passé le 22 novembre avec le *sieur Duhomme*, lorsqu'il se présenta au bureau pour demander si, au moyen d'un acquit-à-caution du bureau de Beuvron, du 21, qu'il exhiba, on laisserait passer deux futs d'eau-de-vie, qu'il se proposait de transporter, sur quoi on lui fit une reponse négative;

» 2°. La *déclaration* des faits relatifs à la *femme Duhomme*, lorsque le 23 novembre cette femme se présenta, avec un acquit-à-caution du même jour, comme légitimant le transport de deux futs d'eau-de-vie, que les employés saisirent en les réputant transportés en fraude.

» Attendu que, sur la première série, il n'y avait qu'un *récit* des faits arrivés le 22 novembre, qu'*alors* il n'en avait été dressé aucun procès-verbal, et que le récit qui en avait été fait, *après coup*, dans le procès-verbal du 23, n'a pas eu lieu contradictoirement avec le sieur *Duhomme* que ces faits concernaient; que d'ailleurs ils ne présentaient pas de contravention sujette à constatation, que dès-lors ils ne pouvaient être réputés former partie d'un procès-verbal de *contravention* dressé contre la *femme Duhomme* seulement, ni par conséquent avoir le caractère probant, attribué par la loi aux faits de *contravention* constatés par des procès-verbaux qui, en conséquence, en font foi jusqu'à inscription de faux.

» Attendu, quant à la seconde série des faits *constatés* par le procès-verbal du 24 novembre, contre la femme Duhomme, que ces faits consistaient dans la présentation de deux futs d'eau-de-vie, dont le transport était accompagné d'un acquit-à-caution du 23 novembre, délivré au bureau de Beuvron; que les énonciations de cet acquit-à-caution s'appliquaient identiquement à la qualité et quantité d'eau-de-vie transportée, et qu'on n'avait pas dépassé le bureau où il devait être remis;

BULLETINS.

OBJETS
des Bulletins et renvois
aux Ouvrages dont ils
sont le supplément.

» Qu'il était indifférent que cet acquit-à-caution contînt des surcharges, dès que ces surcharges ne portaient pas sur une partie *essentielle*, et que d'ailleurs *l'acquit-à-caution n'était pas argué de faux.*

» Qu'en cet état, la cour de Caen a pu, sans recourir à la déclaration du buraliste de Beuvron, *qui ne pouvait être d'aucun poids* *, considérer l'acquit comme régulier, la circulation de la boisson comme ayant lieu *sans fraude*, et ne devant pas entraîner la saisie.

* Voy. d'autres arrêts rapportés à cet égard Traité du contentieux, tom. 2, p. 78, n. 489.

» Que, par conséquent, le dispositif de son arrêt, en confirmant le jugement qui prononçait l'annullation de la saisie, n'a commis aucune violation du décret du 1er. germinal an 13, art. 26, sur la foi due aux procès-verbaux, ni d'aucun article de la loi du 28 avril 1816, sur les expéditions, et que, sous l'un comme sous l'autre rapport, il ne saurait présenter d'ouverture à cassation.

» Attendu d'ailleurs que la procédure est régulière, la cour rejette le pourvoi de l'administration des Contributions indirectes envers l'arrêt de la cour royale de Caen, chambre des appels de police correctionnelle, du 18 janvier 1819, confirmatif du jugement du tribunal correctionnel de Caen, du 19 décembre précédent, qui annulle la saisie des deux barils d'eau-de-vie dont il s'agit; et vu l'article 436 du code d'instruction criminelle, faisant droit sur l'intervention de Duhomme, condamne l'administration des Contributions indirectes envers lui à l'indemnité de 150 fr., non compris le coût et la signification du présent arrêt.

» Ainsi fait et jugé, etc.

BULLETIN N°. 203. Lorsqu'un procès-verbal constate un fait qui ne constitue pas par lui-même une fraude ou une contravention, et n'est susceptible de présenter ce caractère

OBJETS
des Bulletins et renvois
aux Ouvrages dont ils
sont le supplément.

BULLETINS.

qu'à l'aide du raisonnement, d'inductions ou de quelques autres opérations de l'esprit, les tribunaux peuvent, sans violer la foi due aux procès-verbaux, ordonner des vérifications et expertises propres à les éclairer sur la qualification à donner au fait énoncé au procès-verbal.

Ainsi, des employés ayant constaté, par procès-verbal, qu'un distillateur opérait sur des *sirops de fécule de pomme de terre*, et, PAR CONSÉQUENT sur des *substances farineuses*, sans avoir fait la déclaration spéciale prescrite pour ces sortes de distillation, un tribunal a pu, sans violer la foi due au procès-verbal, soumettre à des experts chimistes la question de savoir si le *sirop de fécule* peut être considéré comme *substance farineuse. (Arrêt du 23 février 1821.)*

Le 7 octobre 1819, les employés de la régie à la résidence de Paris, se transportèrent dans la distillerie du sieur Dulamée, établie rue Pétrelle, n°. 3, à l'effet de vérifier ses travaux, de reconnaître l'exactitude de ses déclarations de mise de feu, et de prendre en charge ses produits de fabrication. Conformément à sa déclaration de la veille 6 octobre, les feux étaient allumés sous deux chaudières, servant, l'une à tirer des petites eaux, et l'autre à rectifier. Une troisième chaudière, dont la déclaration précitée ne faisait aucune mention, fut trouvée chaude, ce qui annonçait qu'on l'avait employée tout récemment ; et sur l'observation que l'on en fit au sieur Dulamée, celui-ci dit aux employés que cette chaudière *lui servait à faire bouillir les eaux nécessaires à préparer ses fécules de pomme de terre et farines gâtées, pour les distiller ensuite.* Continuant leurs visites, les employés trou-

BULLETINS.

OBJETS
des Bulletins et renvois
aux Ouvrages dont ils
sont le supplément.

vèrent *plusieurs cuves, les unes vides, les autres remplies en partie, et d'autres pleines d'une matière qui leur parut assez farineuse, et être en grande fermentation,* et que le sieur Dulamée dit être *les matières dont il tirait ses petites eaux, pour en faire ensuite de l'eau-de-vie.*

Ces faits et les aveux du sieur Dulamée, faisant penser qu'il distillait des pommes de terre, et sa déclaration du 6 octobre n'étant pas celle voulue par l'article 139 de la loi du 28 avril 1816, les employés n'ont pu se dispenser de verbaliser à sa charge, malgré qu'il ait immédiatement prétendu qu'il était *distillateur de sirop, et non pas de substances farineuses.*

Ce procès-verbal ayant été porté en justice, le sieur Dulamée fit valoir devant le tribunal des considérations dont nous allons présenter l'analyse.

Si l'origine du sirop sucré de fécule de pomme de terre était inconnue et qu'il fût lancé tout-à-coup dans le commerce, il serait, sans difficultés, assimilé aux autres sirops de la même nature, à la mélasse, par exemple, et l'on pourrait le soumettre à la fermentation et à la distillation, sans exiger, pour lui, d'autres formalités que celles exigées par l'art. 141 de la loi du 28 avril. Il en serait sans doute ainsi du sirop que l'on pourrait extraire de la châtaigne, si l'on en venait un jour à faire cette opération d'une manière aussi économique qu'on l'a faite, pendant quelques années, pour le sirop de raisin. Le silence de la loi du 28 avril sur des matières qui n'étaient pas encore connues, n'empêcherait pas de les assimiler à la mélasse, avec laquelle elles ont une analogie complette. Examinons si les élémens qui entrent dans la composition du sirop de fécule de pomme de terre peuvent changer quelque chose à cette analogie.

Ces élémens sont, non la *farine*, mais la *fécule* de pomme de terre (distinction importante et qu'il ne faut pas perdre de vue), l'eau commune, l'eau en vapeur et de l'acide sulfurique. Il s'établit entre toutes

OBJETS
des Bulletins et renvois
aux Ouvrages dont ils
sont le supplément.

BULLETINS.

ces matières une action chimique qui n'est pas encore bien connue, dont l'effet est la formation d'un sirop sucré, dans laquelle il s'opère une métamorphose complette de la fécule.

Cette découverte curieuse a été faite en 1812, mais ce n'est qu'à la fin de 1816 que l'on en a fait l'application à la distillation de l'eau-de-vie, dont les opérations préliminaires sont, comme pour la mélasse, de faire subir au sirop la fermentation vineuse, au moyen d'un ferment qui consiste, soit en levure de bière, soit en levain de farine.

Si l'on examine avec soin les procédés employés pour cette distillation, on se convaincra :

1°. Que les cuves qui servent à la fermentation de ce *sirop* ne peuvent absolument être employées à la fermentation des substances farineuses, qui sont l'objet du paragraphe 1er. du chapitre 6 de la loi du 28 avril 1816;

2°. Que les alambics sont disposés de manière à ne pouvoir recevoir le *magma* épais que forment les substances ci-dessus lorsqu'elles sont soumises à la distillation, et qu'ils ne peuvent recevoir que des substances très-fluides. Celles que distille le sieur Dulamée est un mélange de *sirop* de fécule de pomme de terre et d'eau de bac, mis en fermentation par un levain de farine, à défaut de levure de bière, que les brasseurs de Paris n'ont pu lui procurer dans cette saison avancée. C'est sans doute de ce levain que les employés ont voulu parler dans l'article du procès-verbal ci-dessus cité. Peut-être encore ont-ils pris pour *matière farineuse*, de la craie en poudre que l'on est obligé d'employer pour neutraliser ce qui reste d'acide sulfurique dans le sirop; et *pour fermentation*, l'effervescence que produit cette opération. Ce levain avait été déclaré, et il est d'ailleurs en si petite quantité, qu'il ne peut influer sensiblement sur les produits.

Dans une matière si neuve, et qui n'est encore bien connue que des chimistes, l'erreur des employés est

BULLETINS.

OBJETS
des Bulletins et renvois
aux Ouvrages dont ils
sont le supplément.

probable, et la foi due à leur procès-verbal ne peut s'appliquer qu'à des points de fait ordinaires, qui se passent en leur présence, et non à des raisonnemens par lesquels ils prétendraient résoudre une question phisico-chimique, celle de savoir si la distillation du sirop sucré, dont la bâse est la fécule de pomme de terre, peut être assimilée à une distillation de substances farineuses.

L'on ne pourrait opposer, avec quelque apparence de raison, qu'une seule objection à l'opinion qui voudrait assimiler les distillations de sirop de fécule à celles de mélasse : la crainte que le distillateur ne fît fermenter ses fécules directement, comme substances farineuses. Cette crainte n'est pas fondée, car il est certain que *la fécule*, séparée comme elle l'est du parenchyme et de la matière sucrée, *n'est pas susceptible de fermentation vineuse*; mais le fût-elle, il y aurait si peu de bénéfice à l'employer de cette manière, plutôt que de l'employer en sirop, qu'une telle erreur n'est pas à craindre de la part des distillateurs. Il y a plus, c'est que la facilité de convertir la fécule en sirop, doit faire abandonner partout la distillation de la pomme de terre en nature, excepté par les cultivateurs qui y trouveront toujours une ressource précieuse pour nourrir leurs bestiaux.

Ces motifs ayant fait impression sur l'esprit des juges, il intervint le jugement interlocutoire dont la teneur suit :

« Le tribunal, après en avoir délibéré conformément à la loi, faisant droit : attendu qu'il n'existe point dans la cause de documens suffisans, le tribunal avant faire droit, ordonne que trois experts chimistes, dont les parties conviendront dans la huitaine du présent jugement, sinon les sieurs Deyeux, rue de Tournon, n°. 8, Clairon, pharmacien du Roi, rue Saint-Dominique, n°. 46, et Pelletier, pharmacien, rue Jacob, experts, que le tribunal nomme d'office, serment par eux préalablement prêté devant le président de cette chambre, se transporteront, à la requête de

OBJETS
des Bulletins et renvois
aux Ouvrages dont ils
sont le supplément.

BULLETINS.

la partie la plus diligente, dans les atteliers de Dulamée, en présence de l'autre partie, ou elle dûment appelée, à l'effet, par lesdits experts, de prendre connaissance des procédés et matières employés par ledit Dulamée, et de donner leur avis motivé sur la question de savoir si, d'après les procédés et matières par lui employés, dans les proportions mentionnées en ses diverses déclarations, il doit être considéré, ou non, comme distillateur de grains, pommes de terre et autres substances farineuses; à l'effet de quoi lesdits experts entendront les parties, prendront tous les renseignemens qu'ils croiront convenables, et dresseront un procès-verbal, lequel fait et rapporté, il sera conclu et statué ce qu'il appartiendra, tous droits, moyens et dépens conservés. »

Ce jugement ayant été attaqué par la voie de l'appel, fut confirmé par la cour royale de Paris; la régie s'est pourvue en cassation, et devant cette cour, elle a développé les moyens suivans.

La loi du 28 avril 1816, au chapitre 6, intitulé des distilleries, impose des obligations différentes à ceux qui distillent des grains, pommes de terre et autres substances farineuses, et à ceux qui distillent des vins, cidres, poirés, marcs, lies et fruits, qu'elle désigne plus spécialement sous la qualification de bouilleurs. La déclaration de mise de feu, faite par le sieur Dulamée, en conformité de l'article 141 de ladite loi, était une déclaration de bouilleur : si donc les employés l'ont surpris distillant des pommes de terre, ou autres substances farineuses, il n'avait pas satisfait aux obligations que la loi lui imposait, il était en contravention, les employés devaient verbaliser à sa charge.

Ce procès-verbal, régulier en sa forme, contre lequel Dulamée ne s'est point inscrit en faux, prouve-t-il suffisamment que ce distillateur opérait sur des pommes de terre ou autres substances farineuses? Telle est la question qui a été soumise aux tribunaux, et en différant de la décider conformément à ce qui

BULLETINS.

OBJETS
des Bulletins renvois
aux Ouvrages dont ils
sont le supplément.

a été établi par le procès-verbal, ils ont refusé la foi
due à des faits affirmés sous serment, qui doivent être
tenus pour constans tant qu'on ne s'est pas pourvu
contre le procès-verbal par la voie de l'inscription de
faux. Ils ont voulu faire vérifier des faits anciens,
passés sans retour, par des faits nouveaux qui peuvent
n'y avoir aucun rapport; car il est très-possible que
le 7 octobre Dulamée distillât des pommes de terre,
et qu'au jour de l'expérience à faire, il ne distille,
comme il le prétend, que du sirop de fécule, ou
même d'autres sirops.

Les tribunaux ont refusé de croire à des faits affirmés sous serment, suivant les formes voulues par le
décret du 1er. germinal an 13; car dans le procès-
verbal, les employés déclarent qu'ils ont trouvé une
chaudière, non comprise dans la déclaration du 6,
*sous laquelle il n'y avait pas de feu, mais qui était
encore très-chaude*, et qui servait audit Dulamée *a
faire bouillir les eaux nécessaires à préparer ses fécules de pomme de terre et farines gâtées, pour les
distiller ensuite.* Quoi de plus précis que ce fait et
cet aveu qui ont une liaison intime? Et comment des
experts pourraient-ils maintenant reconnaître l'inexactitude de cet énoncé du procès-verbal, vrai ou faux?

S'il était faux, le premier devoir de Dulamée était
de s'inscrire contre, dans les délais et suivant les
formes voulues par l'article 40 du décret du 1er. germinal an 13; il ne l'a pas fait, donc l'énoncé est
exact; et s'il est exact, Dulamée est un distillateur
de *pommes de terre et de farines gâtées*, non pourvu
de la déclaration voulue, donc il est en contravention
et le procès-verbal concluant.

Les employés ont *vu plusieurs cuves, les unes
vides, les autres remplies en partie, et d'autres
pleines d'une matière assez farineuse et en grande
fermentation*, que Dulamée leur a dit être *les matières
dont il tirait les petites eaux, pour en faire ensuite
de l'eau-de-vie.* Dulamée ne s'est point inscrit en faux
contre le procès-verbal, donc cet énoncé est exact,

OBJETS
des Bulletins et renvois
aux Ouvrages dont ils
sont le supplément.

BULLETINS.

donc il était en contravention, et le procès-verbal concluant. Et comment des experts pourraient-ils maintenant reconnaître que ces matières, qui ont toutes été immédiatement distillées, ne renfermaient pas de matières farineuses ? Ce que l'on soumettrait à présent à la distillation, ce qu'on y aurait soumis le 12 novembre, et même quelques jours après le 7 octobre, pourrait-il prouver que les cuves en fermentation ledit jour ne contenaient pas de matières farineuses ? Non. Donc l'expérience ordonnée ne peut être d'aucune utilité, ni par conséquent ajouter aux documens fournis par le procès-verbal, régulier en sa forme et non argué de faux. Et comme ce procès-verbal renferme en lui-même preuve suffisante de la contravention du sieur Dulamée, il est évident que le jugement et l'arrêt attaqués violent les dispositions de la loi du 28 avril 1816, les articles 154 et 189 du code d'instruction criminelle et le décret du 1er. germinal an 13, notamment ce dernier, qui prononce, article 26, que *les procès-verbaux rédigés et affirmés, suivant les formes voulues, seront crus jusqu'à inscription de faux.*

Par ces motifs la régie sollicitait la cassation de l'arrêt qui avait ordonné la preuve d'un fait qui, énoncé très-clairement au procès-verbal, devait être réputé constant aux yeux des tribunaux.

Mais la cour suprême n'a pas vu dans cet arrêt la violation de la foi due au procès-verbal ; elle n'y a reconnu qu'une disposition préparatoire, tendant à éclaircir un point de fait, à l'égard duquel les employés n'avaient pu émettre qu'un jugement dont l'évidence pouvait démontrer l'erreur ; et, en cela, cette cour a parfaitement jugé.

La distillation du sirop de fécule est une découverte nouvelle qui remplace avec avantage la distillation de la pomme de terre; or le distillateur pouvait soutenir, avec quelqu'apparence de raison, que distiller du sirop, n'est pas distiller une substance farineuse, bien que le sirop provienne originairement

BULLETINS.

OBJETS
des Bulletins et renvois
aux Ouvrages dont ils
sont le supplément.

d'un corps farineux. D'un autre côté, le sieur Dulamée prétendait que la *matière blanche* que les employés avaient vu *fermenter* dans les cuves, n'était autre chose que de la *craie* jetée dans la dissolution de la fécule par l'acide sulfurique, et que la présence de cet agent avait mis *en effervescence*. Or eût-il été raisonnable que le distillateur intentât aux employés une action criminelle, pour s'être mépris sur un procédé avec lequel il n'était pas étonnant qu'ils ne fussent pas encore familiers, puisqu'il avait été récemment découvert par les chimistes, et le tribunal n'avait-il pas eu également raison de chercher à éclaircir ce point de fait, autrement que par la voie criminelle ?

Voici l'arrêt rendu par la cour de cassation, le 23 février 1821.

« La cour de cassation, section criminelle, a rendu l'arrêt suivant :

» Oui le rapport de M. Chasle, conseiller, et les conclusions de M. Fréteau de Peny, avocat général:

» Attendu que le tribunal de première instance du département de la Seine n'ayant point trouvé dans le procès-verbal des employés de l'administration, ni dans l'instance, des documens suffisans pour décider la question de savoir si le prévenu devait, ou non, être placé dans la classe des distillateurs, d'après ses procédés et les matières par lui employées dans ses opérations, avait ordonné que, par des experts-chimistes, convenus par les parties, ou par lui nommés d'office, il serait fait vérification desdits procédés et matières, et ensuite, par eux donné leur avis motivé sur la question de savoir si, d'après lesdits procédés et matières employés et mentionnés dans les déclarations du prévenu, il devait, ou non, être considéré comme distillateur de grains, pommes de terre et autres substances farineuses;

Que ce jugement interlocutoire par lequel aucuns des faits établis au procès-verbal n'avaient été méconnus, ne portait aucune atteinte à la foi qui lui était due d'après l'art. 26 du décret du 1er. germinal an

OBJETS
des Bulletins et renvois
aux Ouvrages dont ils
sont le supplement.

BULLETINS.

13, et qu'il ne contrevenait pas plus aux dispositions de la loi du 28 avril 1816, puisqu'il ne préjugeait même pas le fonds du procès ;

» Attendu qu'en confirmant ledit jugement, la cour royale de Paris n'a pu contrevenir ni au réglement du 1er. germinal an 13, ni à la loi du 28 avril 1816:

» Par ces motifs, la cour rejette le pourvoi de la direction générale des Contributions indirectes, etc.

Significations
faites par les
employés.

Formalités.

BULLETIN N°. 204. Les employés de la régie qui donnent eux-mêmes *assignation* à un contrevenant, aux termes de l'article 28 du décret du 1er. germinal an 13, ou qui signifient une *contrainte* à un redevable, ainsi qu'ils y sont autorisés par l'art. 44 du même décret, ne sont pas tenus, comme les huissiers, de faire mention du *coût* de ces actes. *(Lettre du Directeur-général de l'Enregistrement, du 13 septembre 1821.)*

« Vous m'avez fait l'honneur de m'informer le 30 juillet dernier, que le receveur de l'Enregistrement au bureau de Carignan, s'appuie sur l'article 67 du code de procédure civile, pour exiger des préposés de votre administration, le paiement d'une amende de 5 francs, pour chaque omission, sur les exploits dressés par eux, de la mention du *coût* de l'acte.

» Vous observez que le décret du 1er. germinal an 13, qui règle la forme de procéder sur les contraventions en matière de contributions indirectes, n'ayant prescrit aucune formalité pour les actes du ministère des préposés, la cour de cassation a plusieurs fois décidé que l'omission des énonciations prescrites par le code de procédure civile, ne donnait pas lieu à la nullité d'une assignation dressée par un employé, comme si elle eût été notifiée par un huissier.

BULLETINS.

OBJETS
des Bulletins et renvois
aux Ouvrages dont ils
sont le supplément.

» Vous m'invitez, en conséquence, à faire cesser la prétention du receveur au bureau de Carignan, qui est le seul qui ait élevé la difficulté dont il s'agit.

» D'après les renseignemens transmis par le directeur des domaines, à Mezières, il paraît que le receveur de Carignan n'a pas exigé d'amendes des préposés des Contributions indirectes, pour le défaut de la mention prescrite par l'article 67 du code de procédure civile, et qu'il s'est borné à leur faire à ce sujets de simples observations.

» Toutefois, le mode de poursuites contre les redevables envers votre administration étant déterminé par un réglement special, j'estime, ainsi que vous le pensez, monsieur et cher collègue, et que la cour de cassation l'a reconnu, qu'il n'y a pas lieu d'appliquer à ces poursuites les formes du code de procédure civile.

» Un avis du conseil d'Etat, approuvé le 1er. juin 1807, confirme cette opinion. Il établit que le code ne porte aucune atteinte aux dispositions existantes, concernant les affaires qui intéressent l'Etat, et pour lesquelles il a toujours été regardé comme nécessaire de s'écarter de la loi commune par des lois spéciales, afin de simplifier la procédure.

» Je donne des ordres pour que la difficulté élevée à Carignan ne se renouvelle pas. »

« Je suis, etc. »

BULLETIN N°. 205. La déclaration d'appel d'un jugement rendu en matière de contributions indirectes, doit être faite, au plus tard, le *neuvième* jour, et y compris celui de la signification de ce jugement; l'article 1033 du code de procédure, qui porte que les jours de départ et d'échéance ne sont pas compris dans les délais, n'est pas applicable aux ma-

---

(224)

OBJETS
des Bulletins et renvois
aux Ouvrages dont ils
sont le supplément.

BULLETINS.

tières sur lesquelles il existe des dispositions spéciales. (*Arrêt de cassation*, du 27 avril 1821.)

Traité du contentieux, tom. 2, p. 104, n. 513.

Par jugement rendu le 24 août 1820, par le tribunal correctionnel de Bordeaux, la nommée Françoise Pouble, débitante de boissons de ladite ville, fut condamnée à une amende, pour contravention à l'article 59 de la loi du 28 avril 1816, en ce qu'elle avait fait un remplissage hors la présence des préposés.

Ce jugement fut signifié à Françoise Pouble, le 2 octobre 1820.

Le 11 du même mois, elle fit signifier sa déclaration d'appel à la régie, avec assignation devant la cour royale de Bordeaux, chambre des appels de police correctionnelle.

Devant cette cour, l'administration demanda que Françoise Pouble fût déclarée *non recevable* dans son appel, pour ne l'avoir pas interjeté dans le délai prescrit par l'article 32 du décret du 1er. germinal an 13; mais ce moyen fut rejeté par la cour royale, par les motifs exprimés dans l'arrêt suivant :

« La cour : ouï le rapport publiquement fait à l'audience du 15 février dernier, par M. Lamouroux, conseiller, qui a lu les pièces de la procédure, ensemble les avocats et avoués des parties, chacun en leurs observations et conclusions;

» Ouï, également, M. l'avocat-général en ses conclusions verbales et motivées;

» Attendu, sur la fin de non recevoir proposée par l'administration de la régie des Impôts indirects, que le jugement qu'a obtenu celle-ci le 24 août 1820, a été signifié à Françoise Pouble *le 2 octobre* suivant, et que l'acte d'appel de cette dernière a été signifié à ladite administration le 11 *du même mois* ;

» Attendu que le décret du 1er. germinal an 13, art. 32, porte que l'appel devra être notifié dans la huitaine de la signification du jugement;

BULLETINS.

OBJETS
des Bulletins et renvois
aux Ouvrages dont ils
sont le supplément.

» Attendu que la solution de la question que la cause présente à résoudre dépend toute entière de savoir si, dans le calcul du délai de l'appel, il faut compter le jour de la signification du jugement et celui de l'échéance des délais pour appeler, ou s'il ne faut compter ni l'un ni l'autre ;

» Attendu que le décret du 1er. germinal an 13, est une loi spéciale sur la matière dont s'agit au fond, et que si ce décret s'était expliqué là-dessus, il faudrait s'en tenir rigoureusement à ce qu'il aurait prescrit, mais que, dans son silence, il faut nécessairement recourir à la loi générale ; que la loi générale en matière d'appel est le code de procédure civile ; que l'art. 1033 de ce code dispose que le jour de la signification ni celui de l'échéance ne sont jamais comptés pour le délai général fixé pour les ajournemens, les citations, sommations et autres actes faits à personne ou domicile ;

» Que l'appel interjeté est un acte qui doit être fait à personne ou domicile, qu'il est, conséquemment, compris dans la disposition générale de l'art. 1033 du code de procédure civile ; que la cour de cassation l'a décidé ainsi par plusieurs arrêts, et particulièrement par un arrêt du 22 juin 1813, qui, sur un pourvoi d'office du procureur-général Merlin et pour hommage à la loi, cassa un arrêt de la cour de Turin qui avait accueilli une fin de non-recevoir dans l'hypothèse que présente la cause actuelle ;

» Attendu que la disposition de l'art. 1033 du code de procédure civile n'est pas introductive d'un droit nouveau, mais confirmative d'un droit ancien et existant bien antérieurement à l'époque de la publication du décret du 1er. germinal an 13 :

» Par ces motifs, la cour, sans s'arrêter à la fin de non-recevoir proposée par l'administration de la régie des Contributions indirectes, ordonne que les parties viendront plaider au fond, etc. »

Cet arrêt, violant ouvertement les dispositions de l'art. 32 du décret du 1er. germinal an 13, la régie

OBJETS
des Bulletins et renvois
aux Ouvrages dont ils
sont le supplément.

BULLETINS.

s'est pourvue en temps utile et dans les formes légales, et elle a défendu son pourvoi par les moyens suivans :

« L'article 32 du décret du 1er. germinal an 13, forme le code spécial de la régie relativement à l'appel des jugemens correctionnels, rendus en matière de contributions indirectes, ainsi que la cour de cassation l'a reconnu elle-même par divers arrêts. *

» Or, cet article est ainsi conçu : « *L'appel* devra » être notifié DANS *la huitaine de la signification* du » jugement, sans citation préalable au bureau de paix » et de conciliation : APRÈS *ce délai il ne sera point* » *recevable*, et le jugement sera exécuté purement et » simplement. »

» D'après les termes formels de cet article, il faut donc pour que l'appel soit recevable, qu'il soit notifié DANS *la huitaine* de la signification du jugement, et *non* APRÈS *la huitaine* expirée.

» Or, le jugement ayant été signifié le 2 *octobre*, l'appel devait être notifié au plus tard *le* 10 *octobre*, qui complétait la huitaine ; il ne l'a été que le 11 octobre, par conséquent *après le délai*, ce qui le rendait non-recevable.

» Mais, a dit la cour royale de Bordeaux, le code de procédure a été promulgué après le décret du 1er. germinal an 13, et comme ce décret garde le silence sur la question de savoir si la *huitaine* dont parle l'article 32 doit être ou non *franche*, il faut recourir à la loi générale, c'est-à-dire au code de procédure civile, par conséquent à l'article 1033 de ce code, pour résoudre la difficulté ; et comme cet article décide formellement qu'on ne doit jamais compter le jour de la signification ni celui de l'échéance pour le délai général fixe pour les ajournemens, les citations, sommations et autres actes faits à personne ou domicile, et que l'appel est un acte fait à personne ou domicile, il est valable dans la cause comme fait dans *la huitaine franche* de la signification du jugement dont il s'agit.

» On répond, que du moment que le décret du 1er. germinal an 13 contient, par son article 32, une

BULLETINS.

OBJETS
desBulletins et renvoie
aux Ouvrages dont ils
sont le supplément.

disposition *spéciale* réglant *la forme et le délai de l'appel* en matière de contributions indirectes, on ne peut recourir aux dispositions du code de procédure civile, qui sont totalement étrangères à la matière.

» Que le maintien *des lois spéciales*, rendues antérieurement à la promulgation des codes de procédure civile, d'instruction criminelle et pénal est une suite des principes sur *la spécialité*, consacrés par de nombreux arrêts de la cour de cassation et par l'art. 484 du code pénal.

» Qu'ainsi c'est à l'article 32 du décret du 1er germinal an 13, qu'il faut seulement s'arrêter pour savoir si l'appel de Françoise Pouble est ou non-recevable.

» Cet article en disant : *Dans la huitaine de la signification*, laisse assez entendre qu'elle doit être simplement *complette* et non *franche*, c'est-à-dire que le dernier jour de la *huitaine* après celui de la signification est le *terme fatal*, en sorte qu'un jugement signifié le *premier*, donne à la partie qui veut en appeler, le droit de notifier son appel le neuvième jour, et non *le dixième*, parce qu'encore une fois, cette huitaine est *complette* et non *franche*, d'après les termes de l'art. 32 du décret précité. »

Il ne faut pas s'étonner de cette dérogation au droit commun; elle est une conséquence de la règle qu'a suivie constamment le législateur, de déterminer les délais selon la nature des matières: le code de procédure civile en offre plusieurs exemples.

L'article 157 porte : « Si le jugement est rendu » contre une partie ayant un avoué, l'opposition ne » sera recevable que *pendant la huitaine*, à compter » du jour de la signification à avoué. »

« *Dans la huitaine* de la saisie-arrêt ou opposition, dit l'art. 563, le saisissant sera tenu de dénoncer » la saisie-arrêt ou opposition au débiteur saisi et de » l'assigner de validité. »

L'appel d'un jugement d'ordre ne sera reçu, aux termes de l'article 763, s'il n'est interjeté *dans les dix jours de la signification à avoué.*

OBJETS
desBulletins et renvois
aux Ouvrages dont ils
sont le supplément.

BULLETINS.

Or, dans ces différentes matières, les principes généraux consacrés par l'art. 1033, ne sont pas applicables, ainsi que l'a décidé la cour de cassation, notamment par arrêt du 6 juillet 1812, et les cours royales de Turin et de Limoges, par arrêts des 4 mai 1806 et 15 novembre 1811.

Dans aucun de ces cas, ni la *huitaine*, ni les *dix jours* ne sont *francs*. seulement ils doivent être *complets*. Cependant nulle différence dans l'expression *pendant la huitaine*, art. 157, dans *la huitaine*, art. 563, dans *les dix jours*, art. 763, avec ces mots de l'art. 32 du décret du 1er. germinal an 13, *dans la huitaine* de la signification; et comme le même silence que la cour royale de Bordeaux reproche à l'art. 32 du décret précité se rencontre dans les articles du code que l'on vient de rappeler, il en résulterait, dans son système, que la cour de cassation et les autres cours du royaume auraient ainsi, et à différentes reprises, consacré une jurisprudence erronée; ce qui n'est pas proposable.

Ces moyens ont été accueillis par la cour suprême, qui a rendu, le 27 avril 1821, l'arrêt dont la teneur suit:

« La cour : ouï le rapport de M. le chevalier Bailly, conseiller, subrogé à M. le conseiller Chasle, et les conclusions de M. Hua, avocat-général :

» Vu les articles 32 du décret du 1er. germinal an 13, 1033 du code de procédure civile :

» Considérant que le décret du 1er. germinal an 13 est une loi spéciale pour la matière des contributions indirectes, d'où il suit que la disposition de son art. 32, qui a fixé le délai dans lequel la partie qui croit avoir à se plaindre d'un jugement de première instance rendu en cette matière, doit en notifier appel, est également spéciale et doit être observée tant qu'il n'y aura pas été expressément dérogé par une loi postérieure ;

» Considérant que le code de procédure civile est une loi générale, étrangère à la procédure à suivre en matière de contributions indirectes ; que, par conséquent, il ne pourrait être légalement invoqué pour

BULLETINS.

régler le délai d'appel en cette matière, qu'autant que, par une disposition spéciale, il aurait été dérogé audit art. 32 du décret susdaté : mais qu'on ne trouve une telle dérogation, ni dans l'art. 1033, ni dans aucun autre article de ce code, d'où la conséquence que, s'agissant, dans l'espèce jugée par l'arrêt dont la cassation est demandée, de l'appel d'un jugement intervenu en matière de contributions indirectes, c'était ledit article 32 du décret du 1er. germinal an 13 qui seul devait être appliqué par la cour royale de Bordeaux ;

» Considérant que la huitaine énoncée dans cet article 32, ajoutée au jour de la signification du jugement, ne pouvait former qu'une collection de neuf jours et que l'appel devant, aux termes du même article, être notifié *dans* cette huitaine, il est évident que l'appel en question devait être déclaré *non-recevable*, s'il n'avait été signifié que le dixième jour de cette signification ;

» Considérant, en fait, que le jugement dont appel a été signifié à Françoise Pouble, le 2 octobre 1820 ; qu'elle n'en a appelé que le 11 de ce mois, qui était le dixième jour, compris celui de la signification, par conséquent *après* la huitaine *dans* laquelle le décret voulait que l'appel eût lieu, sous peine d'être jugé *non-recevable* ; et que la fin de non-recevoir résultant de l'expiration de cette huitaine, a été formellement proposée par la régie intimée ;

» Considérant que, néanmoins, sous le prétexte que le susdit article 32 ayant gardé le silence sur le point de savoir si, dans le délai de l'appel, le jour d'échéance de la huitaine était ou n'était pas compris, il fallait recourir au code de procédure civile, la cour royale de Bordeaux, chambre des appels de police correctionnelle, a jugé sur le fondement et par application de l'article 1033 de ce code, que le délai déterminé par ledit article 32 du décret, devait être de huitaine franche du huitième jour comme de celui de la signification du jugement ; et, par suite, a rejeté la fin de non-recevoir par son arrêt du 1er. mars 1821.

OBJETS
des Bulletins et renvois
aux Ouvrages dont ils
sont le supplément.

BULLETINS.

» En quoi ladite cour a violé le texte formel de l'article 32 du décret dudit jour 1er. germinal an 13, en même temps qu'elle a fait une fausse application dudit article 1033 du code de procédure civile:

» Par ces motifs, la cour faisant droit sur le pourvoi de la régie , casse ledit arrêt du 1er. mars 1821 , etc.

SERVICE
DES POSTES.

TRANSPORT
DES LETTRES
CACHETÉES
OU
NON CACHETÉES.

Traité du con-
tentieux, tom. 1,
p. 376.

BULLETIN N°. 206. Il est défendu aux entrepreneurs de voitures publiques , et en général à toutes personnes , autres que les agens de l'administration des Postes, de transporter des *lettres* et papiers du poids de deux livres et au-dessous , quand même les lettres ne seraient pas *cachetées*. (*Arrêt de cassation, du 18 février 1820.*)

Bien que la surveillance du transport des lettres et paquets, dont l'administration des Postes a le privilége , ne rentre pas dans les attributions ordinaires des préposés de la régie des Contributions indirectes , cependant, comme dans certains cas ces préposés peuvent agir comme auxiliaires de ceux de l'administration des Postes, nous avons cru devoir leur faire connaître cet arrêt qui , d'ailleurs , fait suite aux dispositions que nous avons rapportées dans notre Traité du contentieux.

« La cour, sur les conclusions de M. Hua , avocat-général, et après qu'il en a été délibéré en la chambre du conseil, statuant sur le pourvoi du procureur du Roi, de Vannes, envers le jugement de ce tribunal, du 19 janvier dernier :

» Vu les arrêts du conseil, des 18 juin et 29 novembre 1681 , rapportés dans l'arrêté du directoire exécutif du 26 ventôse an 7 ; la loi du 26 août 1790, sur la direction et l'administration générale des Postes, deuxième partie , article 4 , n°. 5 ; la loi du 21 septembre

BULLETINS.

1792; les arrêtés du directoire exécutif des 2 nivôse et 7 fructidor an 6; l'arrêté des consuls du 27 prairial an 9:

» Attendu que, par les arrêts de réglement précités, et d'après les lois et arrêtés qui en ordonnent l'exécution, il est défendu à tous les entrepreneurs de voitures libres, et à toute personne étrangère au service des Postes, de s'immiscer dans le transport des lettres, paquets et papiers du poids de deux livres et au-dessous, dont le port est exclusivement confié à l'administration des Postes aux lettres, à peine d'une amende de cent cinquante francs, à trois cents francs ;

» Attendu que, dans l'espèce, il est reconnu constant par le jugement qu'a confirmé le jugement attaqué, que le prévenu, commissionnaire étranger à l'administration des Postes, a transporté des lettres dont le port était exclusivement confié à cette administration ; que dès-lors il était en contravention aux arrêts de réglement, lois et arrêtés défendant aux entrepreneurs de voitures libres, et à toutes personnes étrangères au service des Postes, de s'immiscer dans le transport des lettres, confié à cette administration ; qu'il devenait conséquemment passible de la condamnation à l'amende de cent cinquante francs à trois cents francs ;

Que néanmoins le jugement du tribunal correctionnel de Quimper, confirmé par celui du tribunal correctionnel de Vannes, l'a renvoyé de la citation à lui donnée par le ministère public, dans l'intérêt de la direction des Postes, sous le prétexte que les lettres dont il fut reconnu porteur n'étaient pas *cachetées*;

» Mais que, dans les prohibitions qu'ils prononcent, les arrêts de réglement, lois et arrêtés précités ne font point de distinction entre les lettres non cachetées et celles qui le sont, et qu'au transport des unes comme des autres, ils appliquent les mêmes peines ;

» Que dès-lors le jugement attaqué a violé les dispositions des arrêts des 18 juin et 29 novembre 1681, des lois des 26 août et 21 septembre 1792, des ar-

OBJETS des Bulletins et renvois aux Ouvrages dont ils sont le supplément.	BULLETINS.

rêtés du directoire exécutif des 2 nivôse, 7 fructidor an 6, et 26 ventôse an 7, et de l'arrêté des consuls du 27 prairial an 9. — Casse.

BULLETIN N°. 207. Les services dans les équipages et convois militaires, de toute espèce, antérieurs à 1807, époque où ce service a reçu la forme et les règles de l'organisation militaire, ne sont pas admissibles dans la liquidation des pensions de retraite sur fonds de retenue. (*Avis du comité des Finances du 28 avril* 1820, *approuvé par le ministre des Finances, le* 1er. *juin suivant.*)

« Le comité des Finances, sur l'envoi qui lui a été fait par le ministre secrétaire d'état au même département, d'une liquidation de pension en faveur du sieur L...., ex-vérificateur à l'administration centrale des Contributions indirectes, dont l'emploi a été supprimé:

» Vu l'ordonnance du 25 novembre 1814, les décisions du ministre des Finances, du 29 décembre 1808, et 11 janvier 1820 :

» Considérant que, dans les services présentés dans la liquidation du sieur L...., il y a lieu d'admettre les dix-huit ans, un mois, onze jours qu'il a été employé à la caisse de l'Extraordinaire, à la Liquidation générale et aux Contributions indirectes ; mais que ses services comme conducteur, capitaine et chef de division dans *les transports et convois militaires*, équipages des vivres et de l'artillerie, s'ils sont considérés comme *services civils*, doivent être compris dans la catégorie des services civils près des armées, que le comité a signalés comme inadmissibles, par son avis du 10 décembre 1819, approuvé du ministre le 11 janvier suivant ;

BULLETINS.

OBJETS
des Bulletins et renvois
aux Ouvrages dont ils
sont le supplément.

» Que, dans le cas contraire, bien qu'il se fasse au ministère de la guerre une assimilation des divers emplois autrefois existans dans le service des équipages militaires, avec des grades correspondans depuis qu'il a été organisé militairement, et que le ministre de la guerre admette ce service dans la liquidation de ses pensions, cependant le comité pense qu'il n'y a lieu d'admettre comme service militaire, dans les équipages et convois militaires de toute espèce, que ceux rendus depuis l'époque où il a été organisé militairement;

» Est d'avis :

» Qu'il y a lieu de liquider la pension du sieur L.... à 1089 fr. pour dix-huit ans un mois et onze jours, de services civils, et de rejeter de la liquidation les services comme conducteur, capitaine et chef de division dans les transports et convois militaires, équipages des vivres et de l'artillerie, et comme inspecteur des relais militaires.

» Le comité pense que, pour éviter d'ailleurs que de pareils services ne soient présentés dorénavant dans la liquidation des pensions qui sont soumises à son examen, il y a lieu, par le ministre, de déclarer aux différentes administrations de son département, que sa décision du 11 janvier 1820 infirme celle du 29 décembre 1818, et qu'il n'y a plus lieu d'admettre, dans la liquidation des pensions, les services dont cette dernière décision faisait mention.

» Fait en comité, le 28 avril 1820, signé Bérenger, président; Odonnell, rapporteur.

» Approuvé le 1er. juin 1820, le ministre des Finances, signé Roy.

Bulletin N°. 208. Les services militaires récompensés, ne doivent pas entrer dans la liquidation des pensions de retraite que les administrations de finances accordent sur les

SERVICES MILITAIRES RÉCOMPENSÉS. Traité du contentieux, *tom.* 1, p. 61, 62, 63 et 65.	fonds de retenue. (*Avis du comité des Finances, du 5 janvier 1821, approuvé le 27 du même mois.*) « Le comité des *Finances*, sur le renvoi qui lui a été fait par son excellence le ministre secrétaire d'état au même département, d'un rapport relatif à la pension proposée par l'administration générale des Douanes en faveur de M. le général D., comme inspecteur-général, depuis le 10 février 1803, au 1er. janvier 1816, époque de la suppression de son emploi, ce qui forme douze ans dix mois vingt-un jours de service : » Vu le certificat du premier commis des Finances, chargé de la dette publique, duquel il résulte que le pensionnaire jouit déjà d'une pension militaire de de 2000 francs à la charge des fonds généraux ; » Vu les états de services militaires de monsieur le général D., dont la durée est de vingt-sept ans un mois et dix-huit jours ; » Vu les ordonnances royales des 22 novembre 1815, 20 juin 1817, 18 juillet 1818, et la décision du ministre des Finances du 17 novembre suivant : » Considérant que depuis la faculté de cumuler deux ou plusieurs pensions, les unes sur le trésor, les autres à la charge des fonds de retenue, reconnue par l'ordonnance du 8 juillet 1818, celle du 22 novembre 1815, qui n'admet que les services militaires non récompensés dans les élémens de la liquidation des pensions sur les fonds de retraite, doit reprendre son entière application ; » Que les dispositions de la décision de son excellence le ministre des Finances, du 17 novembre 1818, doivent être restreintes *aux services civils* seulement, conformément à l'art. 4 de l'ordonnance du 8 juillet 1818 ; » Que, conformément à l'ordonnance du 22 novembre 1815, les services militaires de M. le général D. ayant été récompensés, ne peuvent plus être comptés pour la fixation de la quotité de la pension qui lui est due sur les fonds de retenue de l'administration des Douanes ;

BULLETINS.

OBJETS
des Bulletins et renvois
aux Ouvrages dont ils
sont le supplément.

» Qu'ainsi, au lieu de liquider cette pension sur le pied de 6,000 francs, il y a lieu de lui accorder seulement une somme annuelle de 2,578 francs, récompense proportionnée aux douze années dix mois vingt-un jours de service dans les Douanes comme inspecteur-général :

» Est d'avis qu'il y a lieu de liquider au profit de M. le général D., en sa qualité d'inspecteur-général des Douanes, une pension de 2,578 francs sur les fonds de retenue de ladite administration, sauf à monsieur le général D. à conserver sa pension militaire sur les fonds généraux.

» Les sommes qui auraient pu, jusqu'à présent, être payées à M. le général D., en excédant de la pension ci-dessus, ne donneront lieu à aucune répétition en imputation, attendu les dispositions successives et opposées des ordonnances du 22 novembre 1815, 20 juin 1817, et 8 juillet 1818. »

BULLETIN N°. 209. Les employés qui se permettent de supprimer un procès-verbal moyennant une rétribution quelconque, commettent le crime de *concussion* ou de *corruption*, selon les circonstances qui ont précédé, accompagné ou suivi la suppression de cet acte.

La circonstance que *le fait* qu'ils avaient constaté par le procès-verbal ne constituait pas une contravention, ne les rendrait pas excusables, attendu qu'ils ne sont pas juges de la qualification à donner au fait qu'ils ont constaté. Ils doivent, dans tous les cas, remettre les procès-verbaux qu'ils ont rédigés à leur directeur, qui seul peut prendre sur ces sortes d'actes, ou solliciter de la régie, une

EMPLOYÉS.

SUPPRESSION
DE
PROCÈS-VERBAL.

CRIME
DE CONCUSSION
OU
DE CORRUPTION.

OBJETS
des Bulletins et renvois
aux Ouvrages dont ils
sont le supplément.

BULLETINS.

détermination définitive. (*Arrêt de cassation, du* 16 *septembre* 1820.)

Cet arrêt a été rendu sur le pourvoi du procureur-général de la cour de cassation, contre un arrêt de chambre d'accusation, qui avait qualifié *escroquerie* le délit de *suppression* de procès-verbal moyennant une rétribution, commis par un garde-champêtre. Cet arrêt pouvant s'appliquer aux délits de ce genre qui seraient commis par des préposés de la régie, nous avons cru devoir le rapporter ici textuellement, d'autant plus qu'il vient à l'appui de la jurisprudence que nous avons fait connaître dans notre ouvrage ci-contre rappelé.

« La cour : sur les conclusions de M. Hua, avocat-général :

» Vu les articles 408 et 416 du code d'instruction criminelle, d'après lesquels la cour de cassation doit annuler les arrêts qui ont violé les règles de compétence ; l'art. 231 du même code, qui ordonne le renvoi devant la cour d'assise, des prévenus contre lesquels il est jugé qu'il existe des charges suffisantes sur un fait qualifié crime par la loi :

» Vu aussi les articles 174 et 177 du code pénal :

» Attendu qu'il a été reconnu, par la chambre d'accusation de la cour royale de Metz, qu'il y avait charges suffisantes contre André Warnet, garde-champêtre, sur la prévention d'avoir exigé et de s'être fait remettre, en sa qualité d'officier de police judiciaire, une somme de 12 f. et un bon de 28 f. dont il avait reçu depuis le montant, *pour supprimer un procès-verbal* qu'il avait rédigé, en sa dite qualité, *sur un fait par lui déclaré constituer un délit soumis à sa surveillance et à ses recherches* ; que cette chambre d'accusation a refusé de reconnaître, dans le fait de cette prévention, le caractère du crime de concussion, et même celui du crime de corruption ; qu'elle a jugé qu'il ne pouvait être considéré que comme un délit

BULLETINS.

OBJETS
des Bulletins et renvois
aux Ouvrages dont ils
sont le supplément.

d'escroquerie, puni de simples peines correctionnelles
par l'art. 405 du code pénal, parce que ce n'était
qu'à l'aide de manœuvres frauduleuses, pour faire
naître la crainte d'un événement chimérique, que
Warnet s'était fait remettre cette partie de la fortune
du nommé Huart; qu'elle a, en conséquence, renvoyé ce prévenu devant la chambre civile de la cour
royale, pour y être jugé sur ce délit, en sa dite qualité
d'officier de police judiciaire, conformément aux art.
479 et 483 du code d'instruction criminelle;

» Mais que l'art. 405 du code pénal n'était nullement applicable au fait de la prévention; que le délit
d'escroquerie prévu par cet article, est celui qui peut
être commis par des particuliers ou par des fonctionnaires, lorsqu'ils agissent hors de l'exercice de leurs
fonctions, et ainsi sans l'influence qu'exerce le pouvoir; mais que des manœuvres frauduleuses employées
par un fonctionnaire public dans l'exercice de ses
fonctions, pour parvenir à un fait criminel et puni
par la loi, loin de dénaturer ce fait et de le dépouiller
de son caractère légal, en augmentent la gravité par
l'abus de l'autorité qui en facilite l'effet; que, dans
l'espèce, le fait de prévention, reconnu contre Warnet,
constituait un acte de concussion, ou, du moins, de
corruption; que, considéré comme un acte de concussion, il était qualifié crime par l'art. 174 du code
pénal; que, réputé seulement acte de corruption, il
avait la même qualification, d'après l'art. 177 du
même code;

» Qu'il ne sortirait pas de l'application de ce dernier article, par la supposition que Huart ne se serait
pas rendu coupable d'un délit sur lequel Warnet eût
eu *le droit de rédiger le procès-verbal* dont il s'est
abstenu, ou qu'il a supprimé moyennant l'argent qu'il
a exigé et qui lui a été donné; qu'il a suffi, pour
la criminalité de Warnet, *qu'il ait prétendu et dit
avoir le droit de rédiger ce procès-verbal* en sa
qualité de garde-champêtre; que son crime n'a pu
dépendre de la culpabilité de Huart; qu'il a été ca-

ractérisé par son fait personnel et par son intention; que, d'ailleurs, la seconde disposition de l'art. 177 est co-relative avec la première, qu'elle s'applique donc, comme elle, à un acte illégitime ainsi qu'à un acte légitime; que le cas de l'acte illégitime renferme même une nuance plus forte de gravité, puisque l'abus de la crédulité y est réuni à celui de l'autorité;

» Que le renvoi en police correctionnelle prononcé par la chambre d'accusation de la cour royale de Metz, a donc été une violation de l'art. 231 du code d'instruction criminelle et des règles de la compétence, établies par la loi :

» D'après ces motifs, la cour, statuant sur le pourvoi du procureur-général près cette cour, casse et annule l'arrêt rendu par ladite cour, chambre des mises en accusation, le 19 août dernier, sur la prévention portée contre André Warnet; et, pour être prononcé de nouveau;

» Renvoie, etc. »

CONTRAINTES.

FORMULES IMPRIMÉES.

VISA POUR TIMBRE.

BULLETIN N°. 210. Les *formules imprimées de contraintes*, en usage pour le service des Contributions indirectes, doivent être *visées pour timbre* par les receveurs d'Enrégistrement dans les chefs-lieux de département. (*Lettres du directeur-général de l'Enrégistrement, des 13 novembre 1821 et 10 février 1822.*)

Traité du contentieux, tome 2, p. 386.

Les receveurs de l'Enregistrement à Crest et à Besançon, s'étant refusés à viser pour timbre les formules imprimées des contraintes dont se servent ceux de la régie pour le recouvrement des Contributions indirectes,

OBJETS
des Bulletins et renvois
aux Ouvrages dont ils
sont le supplément.

BULLETINS.

il en fut référé à M. le directeur-général de l'Enregistrement, qui écrivit à son collègue des Contributions
indirectes la lettre suivante :

« Monsieur et cher collègue,

» Vous annoncez, par la lettre que vous m'avez
fait l'honneur de m'écrire le 27 octobre dernier, que
les receveurs de l'Enregistrement à Crest et à Besançon refusent de revêtir de la formalité du timbre les
formules imprimées de contraintes pour le service de
votre administration, et vous m'invitez à faire cesser
ce refus.

» Une décision ministérielle du 8 février 1814, qui
n'a point été abrogée, autorise les receveurs de l'Enregistrement dans les chefs-lieux de département à
timbrer à l'extraordinaire, et ceux des autres résidences
à viser pour timbre, moyennant le paiement des
droits, les formules des procès-verbaux de saisie et
des transactions en matière de Contributions indirectes.

» Cette décision ayant eu pour but de faciliter le
service de votre administration, me paraît applicable
aux formules de contraintes, comme à celle des
procès-verbaux et des transactions. Je donne des ordres
en conformité aux directeurs de Valence et de Besançon.

» J'ai l'honneur d'être avec un sincère attachement,
monsieur et cher collègue, votre très-humble et très-
obéissant serviteur, le conseiller d'état, directeur-
général.   *Signé* CHABROL. »

Les mêmes difficultés s'étant élevées de la part de
plusieurs autres receveurs, monsieur le directeur-général des Contributions indirectes écrivit à son collègue
pour le prier d'écrire circulairement, dans l'objet, à
tous les directeurs, et il en reçut la réponse suivante :

« Monsieur et cher collègue,

» Je donne des ordres, ainsi que vous m'y invitez,
par la lettre que vous m'avez fait l'honneur de m'a-
dresser le 14 de ce mois, pour que les directeurs de
l'Enregistrement, dans les divers départemens, auto-
risent les receveurs à appliquer aux *formules imprimées*

BULLETINS.

de contraintes , pour le service de votre administration, la décision ministérielle du 8 février 1814 , qui prescrit aux receveurs dans les chefs-lieux de département de timbrer à l'extraordinaire , et ceux des autres résidences de *viser pour timbre ,* moyennant le paiement des droits, les formules imprimées des procès-verbaux et des transactions en matière de Contributions indirectes.

» Je suis, etc. *Signé* CHABROL. »

FRAIS.

COMPTABLES.

PRIMES
D'APUREMENT.

BULLETIN N°. 211. Les frais faits par les divers comptables de la régie ne sont susceptibles d'être supportés par les primes d'apurement de compte , qu'autant que ces frais ont eu pour objet le recouvrement de droits ou de sommes dont l'exigibilité *n'était pas contestée* par le débiteur. Quant aux frais exposés pour recouvrement de droits contestés et que , par cette raison , le comptable n'a pu opérer en temps utile, ils doivent tomber à la charge de la régie, bien que le comptable ait reçu sa prime d'apurement. (*Décision du conseil d'administration , du* 14 *février* 1822.)

BULLETINS

DES

CONTRIBUTIONS INDIRECTES,

Faisant suite au TRAITÉ DU CONTENTIEUX,

Par Mr. D'AGAR, Chef de la Division du Contentieux de
la Régie, Auteur du *Nouveau Ferrière*, de la *Traduction*
du *Legum delectus* de *Domat*, et d'autres Ouvrages
de Jurisprudence.

TOME II.

TROISIÈME LIVRAISON.

Six Livraisons, dont la dernière comprend une Table
Alphabétique des Matières, forment un volume, dont le
prix, *franc de port*, par la poste, est de *sept* francs.
Le prix du premier volume déjà publié, est de six
francs, pris à Paris, et de sept francs par la poste.
Les demandes doivent être adressées à M. RENARD,
Libraire, *rue Sainte-Anne*, No. 71.

ERRATA.

Il s'est glissé dans la précédente livraison deux fautes d'impression, que nous nous empressons de signaler.
BULLETIN No. 157, au lieu de *Décision du 15 février 185*;
LISEZ: 15 *février* 1815.
BULLETIN No. 158, au lieu de *Décision du 30 juin 1827*;
LISEZ: 30 *juin* 1817.

TABLE SOMMAIRE DES BULLETINS

Contenus dans la troisième Livraison du second Volume.

Fin des Bulletins de la 3me. Livraison.

DELAGUETTE, Imprimeur, rue Saint-Merry, No. 22, à Paris.

/

BULLETINS

DES

CONTRIBUTIONS INDIRECTES,

Faisant suite au TRAITÉ DU CONTENTIEUX,

Par Mr. D'AGAR, Chef de la Division du Contentieux de la Régie, Auteur du *Nouveau Ferrière*, de la *Traduction* du *Legum delectus* de *Domat*, et d'autres Ouvrages de Jurisprudence.

TOME II.

QUATRIÈME LIVRAISON.

Six Livraisons, dont la dernière comprend une Table Alphabétique des Matières, forment un volume, dont le prix, *franc de port*, par la poste, est de *sept* francs.

Le prix du premier volume déjà publié, est de six francs, pris à Paris, et de sept francs par la poste.

Les demandes doivent être adressées à M. RENARD, Libraire, *rue Sainte-Anne*, N°. 71.

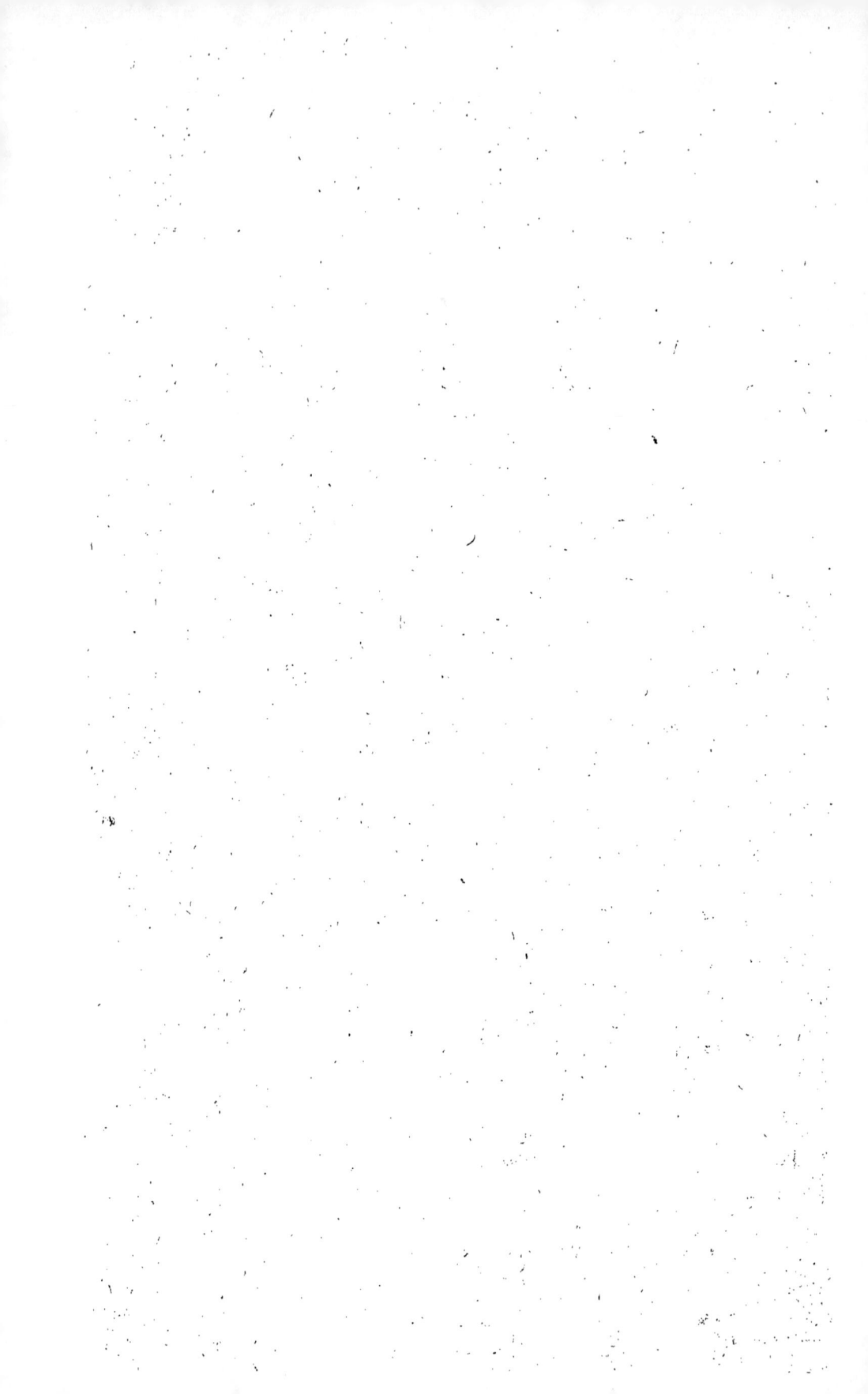

TABLE SOMMAIRE DES BULLETINS

Contenus dans la quatrième Livraison du second Volume.

Fin des Bulletins de la 4me. Livraison.

DELACUATTE, Imprimeur, rue Saint-Merry, N°. 22, à Paris.

BULLETINS

DES

CONTRIBUTIONS INDIRECTES,

Faisant suite au TRAITÉ DU CONTENTIEUX,

Par Mr. D'AGAR, Chef de la Division du Contentieux de la Régie, Auteur du *Nouveau Ferrière*, de la *Traduction du Legum delcetus de Domat*, et d'autres Ouvrages de Jurisprudence.

TOME II.

CINQUIÈME LIVRAISON.

Six Livraisons, dont la dernière comprend une Table Alphabétique des Matières, forment un volume, dont le prix, *franc de port*, par la poste, est de *sept* francs.

Le prix du premier volume déjà publié, est de six francs, pris à Paris, et de sept francs par la poste.

Les demandes doivent être adressées à M. RENARD, Libraire, *rue Sainte-Anne*, N° 71.

TABLE SOMMAIRE DES BULLETINS

Contenus dans la cinquième Livraison du second Volume.

Fin des Bulletins de la 5ᵐᵉ. Livraison.

DELACUETTE, Imprimeur, rue Saint-Merry, N°. 22, à Paris.

www.ingramcontent.com/pod-product-compliance
Lightning Source LLC
Chambersburg PA
CBHW071615210326
41519CB00049B/2133